本研究得到国家自然科学基金（70873082）资助

中国农产品应对 SPS 措施的策略及遵从成本研究

董银果　著

中 国 农 业 出 版 社

前 言

卫生与植物检疫（Sanitary and Phy to sanitary，SPS）措施历史上早已存在，但直到20世纪90年代以来，才被各国广泛应用于农产品、食品国际贸易中，作为一种有效的进口限制措施，引起了各国政府及经济学家的广泛关注。SPS措施之所以演变为一种有效的非关税措施主要有两个直接原因，一是乌拉圭回合将农产品被纳入WTO规制范畴；二是20世纪90年代食品安全危机的频繁爆发。

SPS措施对我国的农产品贸易也产生了重大而深远的影响，这一问题也引起国内众多学者的关注。本书是作者继2005年《SPS措施对猪肉国际贸易的影响及中国遵从方略研究》（专著）、2011年《中国农产品贸易与SPS措施》（与陈志刚、宋海英、王鑫鑫合著）之后第三本关于SPS措施的研究著作。

本书的突出特点是：（1）突出对SPS措施的系统性研究。从SPS措施是什么、它的国际规则是什么？它如何影响中国农产品出口？中国农产品出口怎么办等方面全面分析了SPS措施的本质、国际规则、贸易效应以及中国农产品的对策；（2）从理论上加强对SPS措施的研究深度。采用动态博弈模型研究了SPS措施设立中的均衡问题，运用局部均衡引入歧视性因素分析了SPS措施对出口国贸易的影响效应，采用微观经济学分析方法研究了SPS措施对企业短期和长期的影响效应。这样使得SPS措施的理论研究更加趋于成熟；（3）更加强调SPS措施的实证研究。本书采用宏观面板数据以鳗鱼孔雀石绿标准为典型，分析了SPS措施（以孔雀石绿最大残留限量作为指标）对我国水产品出口的影响程度，并运用典型地区的微观调研数据，采用Logit模型分析了我国农产品出口企业遭遇SPS措施的主要原因，在此基础上采用最优尺度方法分析出口企业遵从成本的影响因素；（4）遵从成本视角。全书都是从“遵从成本”的视角探讨SPS措施的影响及中国农产品的对策，这是最突出的特点。理论上的动态博弈模型及局部均衡模型、微观经济学模型都是围绕遵从成本展开的，而实证研究也是探索中国农产品在不同市场的遵从成本，遵从成本的影响因素，最后从遵从成本与遵从收益的均衡、遵从资源与遵从能力等角度，提出了“退出”、“申诉”和“遵从”三种应对策略。

在本书的写作中，我的研究生姜盼、张洁、尚慧琴、韩立彬、邱荷叶参与了数据的查阅、整理及部分文稿工作，在此表示感谢。

内 容 提 要

随着WTO农业谈判的推进，关税等传统贸易壁垒逐步削减，非关税措施逐渐取代关税并成为影响农产品国际贸易的主要因素之一。尤其是以保护人类食品安全和动植物健康与环境安全为由的卫生与植物检疫（SPS）措施，对农产品国际贸易产生了日益重要的影响。作为全球第5大农产品出口国和第4大农产品贸易国的中国，虽然加入WTO后农产品对外贸易取得了突飞猛进的发展，但农产品出口却受到国外SPS措施的严峻挑战。那么，如何突破卫生与植物检疫措施等非关税贸易措施，将中国劳动密集型农产品的比较优势转变成竞争优势来实现出口的增长，解决农村劳动力就业和增加农民收入，成为当前亟待解决的战略问题之一。

本书主要内容如下：

引言 阐述了项目的背景、研究目标和拟解决的关键问题，综述了国内外文献，提出项目的思路、技术路线、研究方法以及可能的创新之处。本项目的目标是：区分SPS措施与SPS壁垒；探析SPS措施对中国农产品贸易的作用机理和影响效应，理清不同层次市场SPS措施的遵从成本，探寻中国遭遇SPS的内外环境和因素以及应对SPS策略与措施选择等。

SPS措施基础研究 主要界定了SPS措施的内涵和外延，梳理了SPS与技术性贸易措施、绿色贸易措施的关系，提出了评判SPS的8条标准。研究发现：SPS措施是与安全（食品安全、动植物群体安全、环境安全）密切相关的技术性措施，属于技术性贸易措施的一种；SPS措施与绿色贸易措施有相交之处，即保护环境安全的措施既属于SPS措施也属于绿色贸易措施，其他保护环境而与安全无关的措施也有可能属于技术性贸易措施。这样本书清楚地区分了常被国内文献混用的“SPS措施”、“技术性贸易措施”、“绿色措施”。SPS措施是否构成壁垒，学者们采取回避态度，为此，本项目原创性地提出8条具体判断标准（前三条选择其一），即基于科学依据且为保护消费者、动植物生命安全所必须；经过科学的风险评估；符合国际标准；对国内产业和外国企业一视同仁；与同类可供选择的措施相比对贸易的负面影响最小；使用规定和检验方法透明并对所有进口商信息均等；通知与执行有“合理”间隔并对发展中国家留有较长时间；残留限量毒性分析方法符合国际惯例并能向发展中国家提供必要的技术援助。根据这样的标准，大部分SPS措施不能归为壁垒，而现实中存在大量的“客观性SPS壁垒”，即由于经济、技术、人力资本等原因，发展中国家对于发达国家的SPS措施存在着巨大的遵从困难，需要发达国家和国际组织进行援助。

SPS措施与世界贸易组织（WTO）规则的一般研究 为项目提供法律和宏观环境框架，主要分解和阐述WTO、SPS协议等关于SPS措施的国际规制及指定的贸易争议仲裁机构的运作程序，《SPS协议》与《TBT协议》的侧重点与区别，分析和评价这种制度安排的优点与欠缺之处；进而详细分析WTO争端解决机制对5例SPS案例的处理及其主要的争议点，即科学依据及5.7条的适用条件、风险评估的有效性、SPS措施的一致性问题、最低贸易限制和透明度等问题。研究指出目前的SPS规制的最大特点是科学依据的重要性。SPS措施在表面公平的背后其实对于经济、技术落后的发展中国家更多地意味着挑战，因此，发展中国家应积极参与到国际规则的制定中，扭转贸易中的被动局面。同时，对任何一个国家尤其是发展中国家，遵从SPS措施成本最低的方法是采纳国际标准。

SPS措施影响我国农产品贸易的实证和量化研究 在理论研究的基础上又通过实证研究考察了SPS的影响效应。分析了我国农产品的贸易现状；运用典型数据论证了SPS对我国农产品贸易的影响；通过山东、浙江、福建三省88家企业的典型调查分析了SPS对我国重点农产品出口地区的影响；通过水产品、蔬菜、禽肉和茶叶的影响效应的分析演绎了SPS对我国优势农产品的影响。运用引力模型模拟了SPS措施（即国外孔雀石绿标准）对中国水产品（鳗鱼）的影响效应。运用Logit模型探索了SPS措施影响中国农产品贸易的因素。研究发现：我国近60%的出口企业受到SPS措施的影响，而以日本、美国和欧盟为主要市场的企业中80%都受到SPS的影响；我国传统的具有比较优势的农产品如水产品、蔬菜、茶叶和禽肉等受到巨大的影响和损失；SPS以控制动植物疫病、生物性污染、化学品残留和物理性污染的方式影响农产品贸易，现实中，尤其以化学品残留对我国农产品贸易带来的影响最为严重，导致遵从成本直线上升，竞争力减弱，出口量下降，甚至有些企业退出市场。国外孔雀石绿标准上升1个PPb，中国鳗鱼出口下降8.8%。标准的歧视性是影响中国农产品遭遇SPS措施的首要因素，国内外标准差异较大也是影响我国农产品遭遇SPS的重要因素。

遵从成本与SPS措施影响农产品贸易的理论模型 主要界定了遵从成本的内涵和外延，分析影响遵从成本的各个要素；运用动态博弈模型分析了SPS措施的产生，运用经济学局部均衡分析框架建立SPS措施对农产品贸易作用机理和影响效应的宏观模型和微观模型。研究发现，SPS措施的制定和执行过程都需要大量的成本，贸易双方确保制定标准的合理性，以减少SPS措施的遵从成本和管理成本。同时，贸易双方降低合作风险，增加SPS措施的额外收益。标准是否普遍采纳即是否存在歧视对遵从成本影响很大，当贸易小国面对所有进口商歧视时的遵从成本最高，而当非歧视情况下，出口商面对的遵从成本最低。按照遵从成本的排序为：贸易小国面临所有进口商的歧视≥贸易小国面临贸易大国的歧视≥贸易大国面临所有进口国的歧视≥贸易小国面临一个贸易小国的歧视≥贸易小国面临无歧视≥贸易大国面临无歧视。以上理论创新的政策含义：歧视将导致高昂的遵从成本，消除歧视是降低遵从成本的第一步；出口商市场的单一化都会导致高昂的遵从成本和贸易损失，故出口商必须避免过分依赖某一单一市场的状况，特别是发达国家市场；国际范围无歧视情况下的遵从成本为各种情况下的最低，而执行国际范围的无歧视则是推行国际标准，提高国际采标率，统一执行国际标准可以有效降低各国的交易成本和遵从成本。

SPS措施与中国农产品的遵从成本 在以上实证研究的基础上，运用最优尺度方法分析了SPS措施遵从成本的影响因素，进而将国际农产品市场进行分类研究，这是本研究的特色和创新之一。分析了一级、二级和三级农产品市场的SPS措施及对我国农产品贸易的影响，分析了我国遭遇SPS措施的国内国际因素。研究指出：不同市场类型对企业遵从成本影响较大，一级市场以日本、欧盟和美国为主，居民收入水平高，经济科技发达，SPS措施的标准高于国际标准，遵从难度大，遵从成本高，对我国农产品贸易影响大，目前出口到一级市场的农产品约占我国农产品总出口的55%左右，而农产品出口受损的85%左右来自于一级市场的SPS措施；二级市场包括中国香港、韩国和新加坡等，收入水平相对较高，SPS措施以国际标准为主，我国出口到二级市场的农产品约占总出口的20%；三级市场包括俄罗斯、马来西亚、泰国、菲律宾等，收入相对较低，标准略低于国际标准，我国出口到三级市场的农产品占总出口的25%左右。由此结构发现，我国农产品出口过于集中在一级市场，二级市场的比例相对偏低，导致SPS措施使我国的贸易损失倍增。目前我国农产品市场集中化的趋势正在改变，多元化明显，主要体现在由一级市场向二级、三级市场转移趋势明显。这验证了不同层次、不同级别市场的SPS对我国农产品产生不同影响，一级市场高昂的遵从成本导致出口企业向二级三级市场转移。同时，我国农产品出口遵从成本不断攀升除了市场因素外，主要存在三个方面的深层原因，即环境、规制和TTA。环境因素使SPS措施成为国际农产品市场竞争的主要手段，我国农产品生产环境劣势明显而发达国家控制着国际经济秩序；我国多部门管理模式、产业体系不发达等制度因素同样影响我国农产品出口；追溯、透明和质量安全控制方面我国与国外差异较大，导致我国农产品的安全竞争力较弱。

我国农产品贸易应对SPS的总体方略研究 在前文研究的基础上，提出我国农产品的应对策略。首先，从国外SPS措施的歧视性、申诉的渠道和公平性、遵从的资源和能力以及遵从成本与收益的比较等关键因素出发，在"退出"、"申诉"以及"遵从"三者之间做出选择以及每种选择的影响因素。其次，提出我国农产品应对SPS措施的"退出"策略，阐述在退出策略时政府、协会以及企业的具体措施；再次，给出我国农产品应对SPS措施的"申诉"策略，主要论述申诉的条件以及政府、协会与企业的协调；最后，讨论我国农产品应对SPS措施的"遵从"策略，遵从的条件以及政府、协会及企业的具体措施。研究指出，由于遵从成本与遵从收益之间的差异以及遵从的资源、能力、动力等方面的欠缺，我国农产品正从一级市场向二级、三级市场转移，这就是"退出"策略；利用SPS的特别贸易关注和争端解决机制去申诉我国农产品贸易面临的不公平待遇，挑战国际贸易中壁垒，尤其是日本的贸易歧视，则必须有充分的论据和风险分析报告，这要求政府、行业组织和企业齐心协力，发挥各自职能，做好衔接问题。对于国外有科学依据的SPS措施，尽管给我国农产品贸易造成了一定损失，当我们无力改变外部的因素时，积极主动的遵从不失为最好的选择，这要求政府贯彻"四体联动"的应对模式，行业组织做好指导、协调、服务工作并发挥谈判、自律功能，也要求企业积极进行技术改造，实施差异化战略，提高产品的竞争力。

重 要 术 语

缩写	英文全称	中文名称
ALOP	Approprint Level of Protection	适度保护水平
BRC	British Retail Consortium	英国零售商标准
CAC	Codex Alimentarius Commission	食品法典委员会
DCB	Dispute Settlement Body	争端解决机制
EUREPGAP	Euro - Retailer Produce GAP	欧盟零售良好农业生产
FAO	Food and Agriculture Organization	联合国粮食与农业组织
FDA	Food and Drug Administration	（美国）食品与药品管理局
GAP	Good Agricultural Practices	良好农业生产
GATT	General Agreement on Tariffs and Trade	关税与贸易总协定
GDP	Gross Domestic Product	国内生产总值
GLS	Gerenal Least Square	广义最小二乘法
GMO	Genetically Modified Organisms	转基因
GMP	Good Manufacturing Practice	良好作业规范
HACCP	Hazard Analysis and Critical Control Point	危害分析与关键点控制
IPPC	International Plant Protection Convention	国际植物保护公约
ISO	International Organization for Standards	国际标准化组织
LAC	Long - term Average Cost	长期平均成本
LMC	Long - term Marginal Cost	长期边际成本
LOD	Limit of Determination	（农残）最小检出量
MRL	Maximum Residue Limit	最大残留限量
NAFTA	North American Free Trade Agreement	北美自由贸易协定
NGO	Non - Governmental Organization	非政府组织
OIE	Office International Des Epizooties	国际动物卫生组织
OECD	Organization for Economic Co - operation and Development	经济合作与发展组织
OLS	Ordinary Least Squares	一般最小二乘法

（续）

缩写	英文全称	中文名称
ppb	part per billion	十亿分之
ppm	ppm part per million	百万分之
ppt	part per trillion	万亿分之
PPM	Production and Processing Methods	生产和加工方法
SAC	Short Average Cost	短期平均成本
SMC	Short Marginal Cost	短期边际成本
SPS	Sanitary and Phytosanitary	卫生与植物检疫
TBT	Technical Barriers to Trade	技术性贸易壁垒
WHO	World Health Organization	世界卫生组织
WTO	World Trade Organization	世界贸易组织

目　录

第一章

引　言

1.1 研究的背景、目的和意义

1.1.1 研究的背景

20 世纪 90 年代以来，随着疯牛病、口蹄疫、禽流感等动物疫病和食品安全危机事件的增多，特别是乌拉圭回合通过《实施卫生与植物卫生措施协议》（Agreement on the Application of Sanitary and Phytosanitary Measures，SPS）后，各国政府为了保护国民健康，动植物安全，纷纷提升安全标准，强化 SPS 措施对国内产业和本国市场的保护。SPS 措施是指与食品安全、动植物健康和环境安全风险密切相关的技术性贸易措施，它是各国政府为保护消费者食品安全、动植物生命和健康以及生态环境，制定的法规、标准、方法和要求，包括加工和生产方法、检测、检验、出证和批准程序、检疫处理、统计、取样和风险评估方法以及与食品安全直接相关的包装和标签要求等。SPS 措施因而成为 WTO 框架下国际贸易必须遵循的一种游戏规则，实质上是一把“双刃”剑①。

受此影响，中国的优势农产品茶叶、蜂蜜、大虾、禽肉、蔬菜等在国外市场尤其是发达国家市场频亮黄灯、红灯，更为严重的是，国外的 SPS 措施往往具有连锁效应，很快从一国传到另一国，因而对中国农产品出口造成很大影响。中国加入 WTO 的第一年损失达 100 亿美元；2005 年，

---

① 董银果．SPS 壁垒的评判标准探讨［J］．国际商务研究，2009（1）．

42%的农产品出口受到国外 SPS 措施的影响，其直接损失约为当年出口额的 26.7%，机会损失与当年出口额之比高达 96.6%①；2006 年，约 90%的农产品受到 SPS 措施不同程度的影响②；2008 年，52.5%的农产品出口企业受到 SPS 措施影响，直接损失 154.6 亿美元，相当于当年农产品总出口额的 38.3%。为了遵从进口国 SPS 措施，中国出口企业的生产成本增加了 3.27%③。实践表明，SPS 措施已成为影响中国农产品贸易的主要限制因素，急需研究应对策略。

1.1.2 研究的目的

本研究的主要目的是分析 SPS 对我国农产品贸易的影响效应及其影响程度，剖析中国农产品遭受 SPS 措施的深层原因，分析中国农产品在不同层次市场的遵从成本，根据遵从成本和收益定位目标市场，从政府、协会和企业角度提出应对 SPS 措施的策略。具体说来研究要实现的目标包括：

（1）揭示 SPS 措施影响农产品贸易的作用机理。作为一项对农产品贸易影响深远的贸易措施，SPS 措施设立中存在的歧视性、进出口国在国际贸易中的地位（贸易大国或贸易小国）以及进出口市场的集中程度都对贸易量和遵从成本产生较大影响，本项目从以上核心要素出发研究 SPS 措施的作用机理和影响效应。

（2）将实证研究与贸易实践结合，调查我国农产品出口企业遭遇 SPS 措施状况，探析企业遭遇 SPS 措施的原因，并采用实证模型量化 SPS 措施对我国农产品贸易的影响程度，比较我国典型农产品与国外同类产品竞争力的差异，探寻我国遭遇 SPS 及 SPS 措施导致我国农产品遵从成本攀升的深层原因。

（3）提供一套我国农产品应对国外卫生和植物检疫（SPS）措施的反应方略。本研究从遵从成本、遵从资源与遵从能力的角度提出应对 SPS 措施的反应模式，设计“退出”、“申诉”和“遵从”三种模式的应用条件

① 国家质检总局．中国技术性贸易措施年度报告 2006.

② 商务部．2006 国外技术性贸易措施对我国对外贸易影响调查报告．

③ 国家质检总局．中国技术性贸易措施年度报告 2009.

及政府、行业协会和企业在反应策略中的角色和功能，以及他们之间的功能衔接问题。

1.1.3 研究的意义

1. 理论意义

SPS措施是国际贸易中新兴的非关税措施，它以保护人类的食品安全、动植物群体的安全以及环境的安全为初衷，具有合理性、合法性。但是，该措施具有两面性，极有可能演变为贸易壁垒，对各国的贸易尤其是农产品贸易产生重大影响。即使作为一般的贸易措施，由于国际间经济、科技水平的差异，往往是发达国家的SPS措施给发展中国家的农产品出口造成很大的遵从成本。对于发展中国家而言，选择是否遵从进口国的SPS措施，一方面取决于进口国设立SPS措施中是否具有歧视性，另一方面取决于本身的遵从成本、遵从收益和遵从能力以及遵从动力的综合作用。本研究欲从这一新的视角系统研究SPS措施的作用机理、影响贸易的模式、遵从成本的大小及其影响因素，深化SPS的研究并丰富有关非关税措施和农产品贸易的研究。

2. 现实意义

SPS措施已经成为21世纪我国农产品出口面临的主要非关税措施，怎样应对成为政府和企业亟待解决的问题。本研究认为，国外有些SPS措施确实包含着某种程度的政治因素，但不能把所有SPS一概视为壁垒，而从心理拒绝它。当它构成壁垒时，利用国际规则，寻找有力证据，通过谈判和申诉，维护自身权益；当不构成壁垒而又无法改变外部（经济、政治、文化）环境时，及早、积极、主动的遵从无疑是明智的选择，而遵从成本是个重要的决定变量。根据遵从成本定位目标市场，为企业的应对策略及市场选择提供实证依据。同时，以遵从国际标准和国外合理的SPS措施为契机，积极推动我国食品的追溯、透明和质量安全保证体系的发展，加强食品、农产品供应链的垂直一体化管理、发展我国食品的冷链系统，强化我国动物疫病和植物虫害的预防和控制，从整体上提高我国的SPS水平和产品的国际竞争力。

1.2 国内外研究动态综述

1.2.1 国外研究动态综述

国外关于SPS的研究主要集中于四个方面：一是SPS措施产生与形成的原因；二是SPS措施影响贸易的分析框架；三是SPS措施影响贸易的实证度量；四是对SPS措施的反应战略和遵从成本的研究。

1.2.1.1 SPS措施产生和形成的原因

对于SPS措施的产生原因，经济学家认为是由于市场失灵，而对于市场失灵，又从不同的角度进行解释。第一种观点认为市场失灵源于外部性，因而提出了外部成本内在化的解决思路，如采用社会制度安排弥补市场失灵①。制度性安排被定义为：约束个人、团体以及正式组织的一组正式或非正式规则②。政府通过食品安全标准和检验提高私人企业生产不安全食品的边际成本，使安全食品的生产达到理想产量水平。其难点是政府干预的相对成本与收益的衡量和食品安全"社会理想"水平的确定。而成本收益的经济学家则认为，食品安全战略对于食品工业或法规制定者的目标是不应完全消除食品所带疾病的所有风险，因为这种安全战略的成本将大大超过收益。实际应允许存在一个食品安全的"理想"水平，这意味着对社会来说，存在着一个可接受水平的食品安全风险。然而对食品工业和法规制定者来说困难在于对理想水平的确定以及达到这一理想水平的食品安全战略③。第二种观点认为，市场失灵的原因在于信息不对称④，提出三种解决思路：其一在私人市场上，生产者通过加贴产品标签、质量评估

① Mahe, L. - P. Environment and quality standards in WTO: new protectionism in agricultural trade? A European perspective [M]. Conference paper at Eight Annual Congress of European Agricultural Economists. 3 - 7 September, Edinburgh, UK, 1996.

② North, D. Institutions, Institutional Change and Economic Performance (Political Economy of Institutions and Decision). Cambridge University Press, Cambridge. 1990.

③ Hobbs, J. E. and Kerr, W. A. Costs/benefits of microbial origin, Encyclopedia of Food Microbiology, in Robinson, R. and Patel, P (Eds) Academic Press, London, UK, 480 - 486, 1999.

④ Akerlof G. A. The Market for 'Lemons': Quality, Uncertainty and the Market Mechanism [J], Quarterly Journal of Economics, 84, 488 - 500. 1970.

结果向消费者表明自己生产的是安全食品。其二，通过制订公共政策和对加工工业的严格管制以确保他们向社会提供安全食品。其三，提出公私结合的解决方案，即由国家质量安全监督机构给予私人的商标、质量安全评估方案授信，并提出当市场失灵普遍存在时，必须采用公共政策或公私结合的解决思路，以阻止"搭便车"现象[①]。第三种观点认为，市场失灵是由于交易成本的存在。交易的搜寻、谈判、监控和执行成本的变化可能导致在工业中形成紧密的垂直或水平联盟。食品安全是食品质量的最低层次，但是，由于信息不对称，消费者（下游的食品企业）在购买前常常不可能发现食品安全问题。这就增加了下游企业质量安全的监控成本，这就是建立紧密垂直供应关系的最初动机。在质量安全检查的情况下，对于未及时发现食品分销和零售环节的病菌超标的法规处罚，促使形成紧密产加销供应链关系以降低交易风险成本[②]。

1.2.1.2 SPS措施影响贸易的分析框架

国外关于SPS措施影响贸易的分析框架主要有三种模式：即微观经济学、局部均衡和一般均衡。

从微观经济学角度研究法规标准对贸易影响的文献可分为两类：一类主要集中研究由标准、法规所增加的遵从成本的决定因素以及企业对标准、法规的战略反应[③④]。研究表明，当标准普遍采用时，遵从成本就低，因此，对于国际谈判者来说，最重要的是看标准是否普遍适用[⑤]。另一类主要关注政府对法规标准的战略使用以及对市场准入、国际竞争和福利的影响。其中包含的主要观点有：①如果公司通过设立和实施某种国内标准从而达到增加外国竞争者遵从成本的目的，那么该公司就有很强的动力来

---

① 董银果，徐恩波．国内外关于SPS措施的研究动态综述［J］．对外贸易大学学报，2007（1）．

② Williamson，O. E. Economic Organization：Firms，Markets and Policy Control［M］，Harvester Wheatsheaf，Hemel Hempstead，UK，1986.

③ Antle J. M. Benefits and Costs of Food Safety Regulation［J］. Food Policy，24 605 - 623，1999.

④ Baldwin R.，Cave M. Understanding Regulations：Theory，Strategy and Practice［M］，Oxford University Press，New York.

⑤ Mattoo A. Discrimnatory Consequence of Non - Discriminatory Standards［J］. Journal of Economic Integration，March 2001.

使用这种标准法规工具①。②设立标准的战略动力是，假设外国公司的利润不对本国福利做贡献②，标准常常要比必要水平严厉，以抵消负面的外部性，因而 SPS 措施常常伴随着保护主义的因素③。③如果国内市场较小，外国公司不可能按照两个标准生产或者使全部产品适应本国的更高标准。④当规模大小不同的两个国家，在不完全竞争部门单边或双边引入不同类型质量安全标准时④，安全标准和技术规定将导致潜在的利益冲突，大国/富国的公司在不同标准的所有情况下必将是主要赢者，而两国消费者的利益将被引致成本增加的标准所伤害。这两点发现都和发展中国家的利益密切相关。首先，他们显示小国/穷国在标准战中贸易条件会恶化。其次，当标准要求小国/穷国产生共同的固定成本以便向大国/富国出口他们的产品，这会引起多种均衡和许多协调的困难。因此，安全标准存在着被有意或无意地过分使用以限制竞争，这就是标准的歧视作用。Matoo 还研究了非歧视的安全标准却产生歧视性效果的问题。他认为，当标准设立处于外国生产者的理想状态即是放弃遵从，从而使国内生产者垄断国内市场⑤。上述两类研究的共同点是，他们都倾向于集中研究标准、法规对消费者和生产者的福利影响。

1. 局部均衡分析法

局部均衡分析法（Partial equilibrium approach）建立在微观供需理论框架的基础上，通过观察 SPS 措施实施前后的市场均衡，包括生产者供给曲线和成本函数，消费者效用曲线和消费曲线，价格、贸易量及福利等变量的变化，研究 SPS 措施对某一特定行业的影响。局部均衡的研究集

---

① Wallner K. Mutual Recognition and the Strategic Use of International Standards [R]. Working Paper，Stockholm School of Economics. 1998.

② Gandal N. Quantifying the Trade Impact of Compatibility Standards and Barriers：An Industrial Organization Perspective [C]. Paper prepared for the World Bank workshop on Trade and Standards. 2000.

③ Fisher R.，Serra P. Standards and Protection [J]. Working Paper. Journal of International Economics. 2000.

④ Ganslandt，M.，Markusen J. National Standards and International Trade [R]. Working Paper No. 547. The Research Institute of Industrial Economics，Stockholm，2001.

⑤ Mattoo A. Discrimnatory Consequence of Non-Discriminatory Standards [J]. Journal of Economic Integration，March 2001.

中在SPS措施对贸易流动、价格和福利的影响上。大多数研究假设SPS措施的效应仅仅是关税式的，因此关税等值可以被计算出来[①]。在研究SPS措施贸易影响的研究中，必须考虑该SPS措施是针对世界各国或者针对单个国家，属于全球统一标准，还是国家特定标准。目前，国际组织以及SPS协议都要求成员国采纳国际协调标准。协调标准或统一标准通过降低生产商的适应成本而促进贸易，也通过建立了规范的产品质量和较低的搜寻成本而获得消费者的信任[②]。另一方面，协调降低了产品品种，并可能迫使消费者购买各种他们认为是低人一等的产品。因此，Moenius（2004，2006）表明，标准的统一未必促进贸易[③]。局部均衡方法的优点是，不仅能度量SPS措施对某一具体因素的影响，也可度量众多复杂因素的影响。其缺点包括：一是模型的分析框架在实践中难以把握，要求对需求曲线和市场竞争类型有明确的假设和规定；二是模型建立在大量的计量参数估计基础上，计算工作量和数据量非常大；三是需求函数较难以标准化。

2. 一般均衡分析法

一般均衡分析法（General equilibrium approach）主要是考察降低商品出口的国界成本、遵循进口国的各项标准所带来成本在多大程度上可以提高整体的福利水平。使用一般均衡法的研究着重区分SPS措施的需求和供给效应及贸易溢出效应。SPS措施对贸易的影响直接作用于均衡价格曲线，而均衡价格曲线的移动导致外部不均衡[④]。这种外部不均衡引起收入水平和国内利率变化。这种分析框架可以用计算机实证验算一般均衡模

---

① Krissoff B.，L. Calvin，and Gray. Barrier to Trade in Global Apple Markets，Fruit and Tree Nuts Situation and Outlook/ FTS-280/August，Economic Research Service，US Department of Agriculture. 1997.

② Moenius，J. The Good，the Bad and the Ambiguous：Standards and Trade in Agricultural Products. IATRC Summer Symposium，May 28-30，Bonn，Germany，2006.

③ Moenius，J. Information versus product adaptation. The role of Standards in trade，WKellogg School of Management Working Paper，Northwestern University，2004.

④ Oyejide T. A.，Ogunkola.，Bankole S. A. Quantifying the Trade Impact of Sanitary and Phytosanitary Standards：What is Known and Issue of Importance for Subsaharan Africa [M]. Paper prepared for the Workshop on "Quantifying the Trade Effect of Standards and Regulatory Barrier：Is it Possible?" holding at World Bank on Thursday，April 27，2000.

型。如 Gasiorek 等（1992）采用规模报酬递增的假设，通过建立 CGE 模型来分析 SPS 对欧盟经济的影响①；Harrison 等（1996）使用一般均衡模型分析了欧盟成员国之间的标准协调问题②。一般均衡分析模型（CGE）的优点在于，它能克服局部均衡的静态效应，不仅可以评估行业间的标准对产出、价格、就业、贸易量以及经济福利的影响，也可以分析一国或多国不同的市场结构、需求和政策的影响。而它的局限性在于，第一，在引入法规标准后的经济系统较为复杂，很难精确度量；第二，法规定性内容多数难以度量，目前将法规与贸易量直接进行回归还缺乏理论上的支持；第三，法规和标准本身显示的复杂性。因此，一般均衡模型量度的结果不可能准确到直接用于实际的贸易谈判中，只能显示技术壁垒影响的大致程度，为贸易谈判者提供参考依据。

1.2.1.3 SPS 措施贸易效应的实证度量

1. 贸易效应的量度工具及评价

在 SPS 贸易效应的实证研究中，最困难的工作就是选择度量 SPS 效应的工具，从阅读的文献来看，目前国内外学者主要采纳以下三种度量工具：

(1) 频度工具（Frequency - type instruments）。主要采用频度比率、进口覆盖率等指标，度量 SPS 对某国、某产业或产品影响的规模、程度和范围。频度比率是指进口国各具体产品类别所涉及的某特定 SPS 措施或总体 SPS 措施的比例，这一指标关注的是进口国政府是否制定了有关 SPS 标准、法规及其影响比率，它与具体产品是否实际进口及其进口价格等因素虽然无关，但包括了对某些产品禁止性贸易措施，从而较全面地考察进口国 SPS 措施实施情况。进口覆盖率指标与实际进口有关，着重衡量进口国对某类进口产品实施 SPS 措施/壁垒的比例，以便反映进口贸易

---

① Gasiorek, M., A. Smith and A. J. Venables. Trade and Welfare: A General Equilibrium Model. In: Trade Flows and Trade Policy After "1992." L. A. Winters (ed). Cambridge, U. K.: Cambridge University Press, 1992.

② Harrison, G., T. F. Rutherford, and D. G. Tarr. Increased Competition and Completion of the Market in the European Union: Static and Steady State Effects, Journal of Economic Integration, Vol 11, No. 3: 332 - 365.

实际受到影响幅度以及进口国不同 SPS 措施在限制进口上的相对重要程度。根据 Beghin 和 Bureau（2001）[①]，频度工具数据主要来源于：一是采取法规本身的数据，如法规数量，法规页数或者法规、标准的水平等来设置代理变量；二是采用边界口岸产品遭受拒绝的频度数据，其中包括法规导致的产品进口拒绝次数、频率比、进口遭拒覆盖面；三是采用工业国家原告反对歧视性法规的实际行为或向国际仲裁机构通知或诉讼方面的数据。频度工具的优点是计算简便，可直接显示 SPS 措施或壁垒规模的相对大小，也可作为进一步计量研究的投入数据；这一方法的缺陷是假设 SPS 措施的覆盖率和频率越高，其对贸易的限制作用越大。事实上，SPS 措施是复杂化的，其对不同产品有不同的影响方式。目前文献在计算总量影响时很少考虑不同措施的贸易影响权重。另外，SPS 措施未必对贸易都是负面影响，它可能促进了贸易发展，而加总的贸易影响就没有考虑标准的贸易促进作用。采用这一方法面临的困难是：首先，文件规定的标准和其他规范性要求可能不同，可能包含一个以上的标准信息内容和具体要求。因此，在国家规定的页数的统计数字是不可能提供一个明确的规范程度的措施。其次，监管数量没有揭示有关规定的执行程度。如果没有有效的执行，标准是不可能有意义地影响经济行为。第三个困难涉及的进口覆盖指数计算。迪尔多夫和斯特恩（1997）认为，对于一般非关税措施，应该计算总价值或一旦非关税措施被取缔的进口量。然而在实践中，这种信息无法观察到。因此，通常使用被 SPS 措施扭曲后的观察值或进口量。总之，频率和覆盖面的措施是有限的使用。还有一个困难就是数据收集比较困难，各国对 SPS 数据的通报并不均衡。

（2）数量工具（Quantitative instruments）。其理论基础是 SPS 措施的实施或者提升导致进口数量的下降，因此一般通过比较其实施前后的贸易量来度量其贸易效应。在实际运作中，一般借助计量经济模型将实际贸易额与扣除 SPS 措施外的各种贸易决定因素回归后的残差来量度，或直接用各种虚拟变量代表 SPS 措施进行回归来量度，其中虚拟变量可以是

① Beghin, J. C., and J. C. Bureau. Quantitative Policy Analysis of Sanitary, Phytosanitary and Technical Barriers to Trade. Economic Internationale 87, 2001.

标准或法规的数量或发生频率、对企业调查的结果或标准本身水平等[①]。如Swann等（1996）将英国1985—1991年的净出口、出口和进口数据对两国各自“特定标准”数及“共享标准”数做了回归[②]。数量工具的优点是直观明了，彰显SPS对于贸易流量的影响。其缺点在于以标准数作为解释变量进行计量分析需要大量的数据，实证结果的准确性受到数据来源的限制；同时同一标准对不同产业和产品的影响程度不同，不同标准产生的实际经济影响也不相同，而忽略这些客观差异进而将不同类型具有不同影响程度的标准数据汇总在一起，必然对量度结果的准确性造成影响[③]。

(3) 价格工具（Price instruments）。其理论基础在于SPS措施的实施必然对进口商品的价格产生影响，故通过计算SPS对价格的影响程度来度量其贸易效应。但由于SPS措施实施前后的进口价格难以及时获取，一般通过实施SPS措施过程中的贸易额以及国内与进口商品的供给与需求弹性进行调整，计算价格工具的大小。价格工具的优势是能够使政府和企业看到SPS对价格产生的影响，其局限性表现在：价格工具量度的是所有进口非关税措施的汇总效应，难以区分SPS措施在其中所起具体的作用，因此就效应的准确性和可靠性而言，劣于频度工具；同时农产品与食品贸易中质量差异是客观存在的，而价格工具却对进口产品与国内产品做了同质假定，因此其效应的准确性受到质疑，一般仅适用于产品相对标准化的个案研究，对大规模实证研究并不可行。

以上三种度量工具各有利弊，频度工具和数量工具在实证研究中应用较广，尤其是频度工具的标准水平、边界拒绝数、通报数量等在许多实证方法中均被采纳，数量工具中采用标准水平如农药的最大残留量指标的研究也较为广泛，而价格工具在案例研究中采用较多。

2. 贸易效应的量度方法及评价

一般而言，SPS措施贸易影响的度量技术大致可分为两类，事前方法

---

① Beghin, J. C., and J. C. Bureau. Quantitative Policy Analysis of Sanitary, Phytosanitary and Technical Barriers to Trade. Economic Internationale 87：107－130，2001.

② Swann, Peter, Paul Temple, and Mark Shurmer. Standards and Trade performance：The UK Experience. Economic Journal 106，(1996)：1297－1313.

③ 张海东．SPS壁垒及其经济效应量度研究新进展［J］．管理世界，2008（2）．

和事后方法。事后方法在控制对贸易影响的其他变量基础上，将观察到的贸易流量变动归因于 SPS 措施的变动。这种方法一般采用历史数据评估标准与贸易量之间的关系，或者构建标准的频度和覆盖范围的计量经济学模型。包括，频度和覆盖率指标、重力模型以及单个企业出口决定模型。而事前方法往往在 SPS 措施实施之前就预估其可能的经济影响。一般采用局部均衡和一般均衡方法决定在引入 SPS 措施后消费者和生产者对价格的反应。包括关税等值法，供给及需求变动的度量以及由 SPS 措施引致的市场分割分析等。如果分析的重点是 SPS 措施对贸易的影响，则事后量化方法比较合适。虽然 SPS 措施的频率和覆盖率可以提供一些指导，但计量估计方法则能够估计 SPS 措施的贸易影响大小。另一方面，当分析重点是 SPS 措施的福利效应时，特别是 SPS 措施的使用对消费者和生产者的影响时，那么就有必要用清楚的模型计算 SPS 措施引致的消费者和生产者价格变化，在这种情况下，事前模拟技术比较合适。具体而言，SPS 措施的度量方法除局部均衡和一般均衡外，还包括：

（1）调查方法（Survey - based approaches）。调查方法是通过问卷或座谈等形式询问企业经营者对其贸易实践影响较大 SPS 措施的相关信息，并将调查所提供信息（如对某一规模上影响最大的因素赋值、排序）用于计量模型中。如国际经济合作与发展组织在调查方法中运用频度工具，对美、日、德、英 4 国 3 部门的 55 家企业进行问卷调查，以考察这些国家的技术标准和一致性评估程序对贸易的影响程度①。调查方法的优点是，解剖麻雀，了解实情，在缺乏足够数据时，有助于缩小分析的范围，深入到受 SPS 影响的企业内部，甄别其类型，了解企业家和经济学家所关注的热点和难点问题；其缺点是，当被调研的对象得知调查结果可能影响现行政策的变更时，他们的答案可能有悖于实际，这给研究者分析和甄别调研问卷结果带来一定的难度。总体上来说，调查方法涉及的成本相对较小，信息相对较为具体，最适合在其他相关信息不足的情况下运用②。

（2）引力模型（Gravity based approach）。引力模型是 SPS 贸易效应

① OECD. An Assessment of the Cost for International Trade in Meeting Regulatory Requirements. Organisation for Economic Development and Cooperation, Paris, 1999.

② 谢娟娟．关于贸易的技术性壁垒的实证研究综述［J］．南开经济研究，2005（6）．

中最常用的宏观计量方法，通过对双边贸易的进、出口量以及促进或阻碍贸易的因素进行回归，分析 SPS 措施对贸易的影响效应。引力模型的一般形式为：

$$\ln M_{ij}^{k}=\beta_0+\beta_1\ln GDP_i+\beta_2\ln GDP_j+\sum\beta_m\ln Z_{ij}^{m}+U_{ij}^{k}$$

其中：M_{ij}^{k}是 i 国出口到 j 国 k 种商品或要素的价值量；GDP_i、GDP_j分别代表出口国和进口国的 GDP；Z_{ij}^{m}（m＝1，…，M）是可观测到的一系列反映贸易成本的变量，包括运输距离、语言障碍、标准差异、地区经济组织等，U_{ij}^{k}为随机扰动项。在引力模型中，度量 SPS 措施的方法：①覆盖和频率指标。Moenius（2004）采用 1985—1995 期间 12 个经合组织成员在 471 个行业包括农业和粮食部门，采纳双边标准和单边标准的贸易影响效应。研究发现，双边标准促进贸易，而进口国单边标准限制贸易，出口国单边标准提高其竞争力，也促进贸易。②具体的标准数量如最大残留限量。Leonardo（2003）运用引力模型分析了黄曲霉毒素标准对拉丁美洲国家坚果出口欧盟的影响，结果发现 SPS 措施对农产品的出口产生了显著的负效应，每提高 1 个百分点的黄曲霉毒素标准将带来 0.67 个百分点坚果贸易量的萎缩。Wilson 等（2003）衡量了药物残留标准对牛肉贸易的影响，结果表明标准越严格对贸易的影响越大①。Wilson 和 Otsuki（2004）考察了 OECD、拉丁美洲、亚洲和非洲国家杀虫剂残留标准对香蕉贸易的影响，结果发现毒死蜱标准每提高 1%将导致香蕉出口降低 1.63%，这对高度依赖香蕉出口的发展中国家的经济发展产生了严重的影响②。Disdier 等（2007）的研究指出，SPS 措施对农产品进口具有负面效应，且其影响程度比关税要大③。③采用哑变量指标。如 Cao 和 Johnson，

① Wilson，J. S.，Otsuki，T. and B. Majumdsar. Balancing food safety and risk：do drug residue limits affect international trade? . Journal of International Trade and Development，12（4），377－402，2003.

② Wilson，J. S. and T. Otsuki. To spray or not to spray：pesticides，banana exports and food safety，Food Policy，29，131－145，2004.

③ Disdier，A.－C.，Fontagné，L. and M. Mimouni. The impact of regulations on agricultural trade：evidence from SPS and TBT agreements. CEPII Working Paper No. 2007－04，Paris.

2006[①]。由于不同国家执行同一标准的力度可能不同，因此引入国家固定效应。这种哑变量方法很少能提供SPS措施严厉程度的信息。典型的重力模型，内生性是一个重大的问题[②]，贸易和标准之间的因果关系的方向是不明确。例如，贸易收入较高的国家消费者对食品质量标准的要求更严格。从理论上讲，工具变量估计可用于减轻内生性。然而在实践中，找到合适的工具是困难的。引力模型的优点是：第一，在全部数据比较难以获得的情况下，模型只需要有限的数据即可运行；第二，模型的理论研究充分，阐述详尽，在评估贸易措施对贸易流量的影响效应上具有优势；第三，模型还包括了规则和标准在贸易促进方面产生的效应，尤其是边境贸易政策对贸易流量的影响。其缺点是，当研究对象限定在特定国家的某种具体产品贸易时，模型的假设对预测结果具有直接的影响。

（3）价格楔方法（Price-wedge method）。价格楔方法又称等价关税率方法，也是一种事后度量方法。采纳价格工具，将SPS的影响转化为关税，添加到产品价格上，并通过与参考价格相比较，借以评估SPS措施对国内价格的影响程度[③]。因此，价格楔模型的关键在于测算关税等值。其计量方法表现为：假设付给供给方的价格不变，比较国内市场不存在贸易壁垒情形下的价格与存在贸易壁垒情形下价格之间的差别[④]。由于这些价格差别在实际中难以观测或获取，现实中常采用执行国外相关标准及要求后的同类产品的单位产品成本与按照国内标准及要求生产相同单位产品成本之差在产品到岸价格中的比重来表示执行标准和法规的关税等值［$TE_{stand}=(C_{stand}-C_d)/P_c$］。如Calvin & Krissoff（1998）对美国和日本苹果贸易遭遇的SPS壁垒，运用了价格楔方法进行个案研究，分析了日

① Cao，WK. and R. Johnson. Impacts of mandatory meat hygiene regulations on the New Zealand meat trade. Australasian Agribusiness Review，Vol. 14，Paper 3，2006.

② Baldwin，R. The Euro's trade effects. European Central Bank Working Paper Series 594，March，2006.

③ Beghin，J. C.，and J. C. Bureau. Quantitative Policy Analysis of Sanitary，Phytosanitary and Technical Barriers to Trade Economic Internationale 87：107-130，2001.

④ Deardorff，Alan V. and Robert M. Stern. Measurement of Nontariff Barriers：Studies in International Economics. Ann Arbor MI. University of Michigan Press. Paper，1998.

本从美国进口红金苹果实施 SPS 标准对价格和福利的影响[①]；Yue 等（2005）突破以往价格楔模型对国内外产品完全替代的假设，考虑国内产品与国外产品之间的非完全替代性，并引入贸易成本的因素，考察了美国和日本在苹果贸易方面的争端[②]。价格楔的优点是能够直接度量遵从成本的大小，缺点在于对国内外产品完全替代的假设有悖于实践。

(4) 成本收益分析方法（Cost - benefit measures）。成本收益分析方法是风险评估基础上的成本收益分析方法，主要用于评估和分析某一政策和法规实施的经济可行性，其出发点是任何 SPS 措施都能在一定程度上降低健康安全风险，其基本原理是通过比较法规在减少外部性方面带来的收益与执行法规的成本，以决定是否要执行某一政策和法规，采用的也是数量工具。成本收益方法被 Bigsby & Whyte（2000）用于度量在害虫骚扰情况下产品生产的经济效益和风险概率[③]；而美国农业部用它来评估美国与墨西哥牛油果贸易纠纷[④]。成本收益方法的优点在于不仅仅度量法规的贸易效应，也可以度量广泛的福利效应，而且能够区分正当的 SPS 措施与贸易壁垒；其缺点是风险及其贸易影响存在着不确定性。

(5) 存货方法（Inventories - based approach）。存货方法从定量和定性角度评价国内标准法规的贸易效应。主要采纳频度指标。如 Swann（1996）等把存货方法用在一个计量经济学模型中，使用被英国和德国认可的国内自愿标准和国际标准[⑤]；Wilson 和 Otsuki（2003）等更是前进一步，采用一个最大可允许污染量作为食品安全标准严厉程度的直接度量指

① Calvin，L. and B. Krissoff. Technical Barriers to Trade：A Case Study of Phytosanitary Barriers and US - Japanese Apple Trade. Journal of Agricultural and Resource Economics，23（2）：351 - 356，1998.

② Yue，C.，J. C. Beghin and H. H. Jensen. Tariff Equivalent of Technical Barriers to Trade with Imperfect Substitution and Trade Costs. Iowa State University，CARD Working Paper ＃05 - 383，2005.

③ Bigsby，H. R. Whyte，C. F. Quantifying Phytosanitary Barriers to Trade［C］. In Interdisciplinary Food Safety Research. Edited by N. Hooker and E. Murano. Boca Raton：CRC Press. 2000.

④ Orden，D. Romano，E. The Avocado Dispute and Other Technical Barriers to Agricultural Trade under NAFTA［C］. Paper presented at the conference，"NAFTA and Agriculture：Is the Experiment Working?" San Antonio，TX，November，1996.

⑤ Swann，Peter，Paul Temple，and Mark Shurmer. Standards and Trade performance：The UK Experience. Economic Journal 106，(1996)：1297 - 1313.

标来研究欧盟国家黄曲霉素标准对非洲国家出口贸易的影响[①]。采用存货方法，收集数据比较困难，因为只有美国向外公布拒绝产品数量及原因，欧盟公布快速通报的数量及原因，日本公布扣留的数量，而世界其他国家一般均不公布边界拒绝的数据。因此数据来源短缺是主要缺点。

综上以上八种方法，价格楔方法、引力模型、调研方法和存货方法偏重于对贸易效应的影响，局部均衡、成本收益方法、一般均衡方法则突破贸易的局限，探索更为广泛的经济福利效应。但在现实的国际贸易谈判中，谈判者更倾向于了解 SPS 对贸易量的影响效应，即当采取一项新的技术标准时，对贸易流量的影响程度。需要指出的是，以上方法各有针对性，如局部均衡、引力模型偏向于分析供给方面的影响，成本收益、存货方法偏重于成本的影响，而价格楔法则注重价格差异分析。因此，不可能在一个模型中度量所有的影响。与此同时，以上方法在分离 SPS 效应与其他措施的效应时还存在着一定的障碍。如价格楔方法很难分离 SPS 与其他影响关税的措施。有些方法对于数据的要求相对较高，如微观经济方法、存货方法，在数据不全情况下难以实施。所有这些研究缺陷，为后人变革、完善、创新方法留下较为广泛的空间。

3. 贸易效应的研究进展及评价

理论上，政府采纳 SPS 措施干预市场的目的在于确保消费者的健康安全，保护生态环境，降低交易成本，促进国际贸易的发展。但是由于各国技术、经济和生活水平的客观差异，以及农畜产品质量安全问题的客观存在决定了 SPS 必然对国际贸易产生较大影响。目前学者们应用以上度量方法关于 SPS 贸易效应的研究主要围绕以下问题：

（1）SPS 对贸易流量影响的不同观点。多数学者认为，SPS 对进出口贸易有着较大的影响。技术标准的微小差异都可能对全球生产与贸易产生一个放大的效果[②]。调查显示，SPS 措施已经成为 OECD 和非 OECD 国家

---

① Wilson, J. S., Otsuki, T. and B. Majumdsar. Balancing food safety and risk: do drug residue limits affect international trade? . Journal of International Trade and Development, 12 (4): 377 - 402, 2003.

② Baldwin, Richard., Regulatory Protectionism, Developing Nations and a Two - Tier World Trade System, CEPR Discussion Paper, No. 2574, 2000.

出口商的共同关注[①]。SPS 措施尤其是发达国家关于进口的技术性严格规定成为发展中国家和转型国家农产品出口的巨大障碍。Otsuki 等（2001）运用频度工具，将化学品残留标准直接用于引力模型方程，研究发现，欧盟的黄曲霉素新标准使欧盟 9 国每 10 亿人口的死亡率降低 1.4，却使非洲 15 个花生出口国贸易损失达 6.7 亿美元[②]。持相同观点的还有 Henson（1998）[③]、Gebrehiwet 等（2007）。但也有学者持不同意见，如 Yue 等（2006）采用价格楔方法研究表明，以往研究都过高估计了 SPS 对贸易的影响作用，美国也过分夸大了日本标准对其带来的出口损失[④]。世界银行的一份报告（2005）甚至认为 SPS 标准的提高并不一定会抑制发展中国家的贸易量，不能笼统地认为新的 SPS 标准对发展中国家完全是不利的，对于那些在新标准实施前，就已经主动采取应对措施的国家，新标准实施却是抢占市场份额的良好机遇[⑤]。还有证据表明，标准可能有助于提高农业综合企业和减少发展中国家的贫困化[⑥]

至于究竟怎样减少 SPS 对贸易流量的影响，学者们也给出了不同的政策建议。Moenius（2004）认为，进口国单方面制定产品质量安全标准会抑制贸易量的增长，特别是抑制农畜产品贸易量的增长，如果贸易国双方共同制定产品质量安全标准则可以促进双方贸易量的增长[⑦]。Wilson 和 Otsuki

---

① Fliess, B. Overview of Non - Tariff Barriers: Findings from Existing Business Surveys. in OECD (2005): Looking Beyond Tariffs: the Role of Non - Tariff Barriers in World Trade, OECD Trade Policy Studies, Paris, 19 - 59.

② Otsuki, T., Wilson, J. and M. Sewadeh. Saving two in a billion: Quantifying the trade effects of European food safety standards on African exports. Food Policy, 26 (5): 495 - 514, 2001.

③ Henson S., Caswell J. Food Safety Regulation and the Firm: Understanding the Compliance Process [J]. Food Policy. 23, 9 - 23, 1998.

④ Yue, C., Beghin, J. C. and H. H. Jensen. Tariff equivalent of technical barriers to trade with imperfect substitution and trade costs. American Journal of Agricultural Economics, 88 (4): 947 - 960, 2006.

⑤ World Bank's research program on sanitary and phytosanitary (SPS) standards. The impact of Food Safety and Agricultural Health standards on Developing Country Exports, 2005.

⑥ Minten, Bart, Lalaina Randrianarison and Johan F. M. Swinnen. Global Retail Chains, International Trade and Developing Country Farmers: Evidence from Madagascar. IATRC Summer symposium, Bonn, Germany, May 28 - 30, 2006.

⑦ Moenius, J. Information versus product adaptation. The role of standards in trade, WKellogg School of Management Working Paper, Northwestern University. 2004.

(2004) 研究发现[①]，采取国际食品法典委员会制定的国际 SPS 标准对出口方，对广大发展中国家造成的影响相对比较小，且有利于促进全球出口额的上升，能提高全球的食品安全水平，因此，提议在世界各国推行国际质量安全标准。世界银行也认为，新的 SPS 标准对于那些能够提前预知并在国内做出相应调整的参与方是有利的[②]，因此各国应在新标准实施之前加强沟通与协调，修订本国的安全质量标准，及时做好防范工作。

(2) SPS 对进出口国家福利影响的不同认识。对福利影响主要考虑：消费者和生产者的行为响应标准引起的价格变动及实施 SPS 措施后对生产和消费商品品种数量。虽然这些影响是重要的，但他们没有充分反映 SPS 措施的成本和效益的，特别是主要用于减少负外部性的发生率而产生的标准的好处通常被低估或忽略。关于 SPS 对出口国家的福利影响，学者认为，进口国高标准的 SPS 措施抑制了出口国福利水平的提高。如 Gasiorek 等 (1992) 采用规模报酬递增的假设，通过建立 CGE 模型来分析 SPS 对欧盟经济的影响[③]。研究表明，如果国界和技术成本降低 2.5%，则欧盟的生产和出口额都将有一定的提高。短期内，整体福利水平提高每年将达 GDP 的 1%。长期来看，这一促进作用会更明显。Harrison 等 (1996) 也使用一般均衡模型分析了欧盟成员国之间的标准协调问题，结果表明，标准的一致性认可和协调在产品性能上能为消费者提供更多的购买信息，提高国内产品与欧盟其他成员国产品之间的替代弹性，协调标准引起的成本每降低 2.5%，GDP 则会上升 0.5%，在长期均衡中，福利提高相当于每年 GDP 增长 2.4%[④]。

---

① Wilson, J. S. and T. Otsuki. Standards and Technical Regulations and Firms in Developing Countries: New Evidence from a World Bank Technical Barrier to Trade Survey. World Bank, Washington DC. 2004.

② World Bank. Food Safety and Agricultural Health Standards: Challenges and Opportunities for Developing Country Exports, Report No. 31207, Poverty Reduction and Economic Management Trade Unit and Agriculture and Rural Development Department, Washington DC. 2005.

③ Gasiorek, M., A. Smith and A. J. Venables. Trade and Welfare: A General Equilibrium Model. In: Trade Flows and Trade Policy After "1992". L. A. Winters (ed). Cambridge, U. K.: Cambridge University Press, 1992.

④ Harrison, G., T. F. Rutherford, and D. G. Tarr. Increased Competition and Completion of the Market in the European Union: Static and Steady State Effects, Journal of Economic Integration, Vol 11, No. 3, 332-365, 1996.

关于SPS对进口国福利的影响，学者们则认为，SPS在总体上不会降低进口国福利水平。Thilmany& Barret（1997）以美国与NAFTA国家间奶制品贸易为例①，研究发现，进口国的供给和需求曲线都向上移动，进口国技术标准的提高，有效地保护了国内的生产商，使生产者福利水平提高，而国内消费者的福利水平却下降，如果加上消费者受到的食品安全保护，则消费者总效应并未下降。Gray等（1998）采用价格楔方法研究了日本、韩国和墨西哥三国SPS标准对美国苹果造成的价格和福利影响。他们比较了两种情况下（即美国进口苹果会传播枯萎病和不会传播疫病）市场的福利变化，结果发现，尽管技术性贸易措施的设置会带来额外成本，但仍可以给进口国带来净的福利收入②。

1.2.1.4 SPS措施的反应战略和遵从成本的研究

Hirschman（1969）认为对新出现的非关税措施有三种策略，即退出市场、发言权和忠诚度③。退出策略是指转移市场。发言权是指到WTO或相关部门投诉。忠诚度则指追踪（遵从）新的产品或过程标准。而遵从新的SPS措施则会导致遵从成本问题。遵从成本（Compliance Cost）被Henson（2002）定义为：遵从某些法规要求时企业产生的必要的额外成本④。还有学者认为遵从成本是指将出口国的卫生水平从现有水平提高到进口国所要求水平而产生的最低成本⑤。遵从成本包括宏观遵从成本和微观遵从成本。遵从成本被用在众多国际组织如联合国、OECD、世界银行等对发展中国家SPS措施援助项目的评估中，以遵从成本和遵从收益的

---

① Thilmany，D. D and C. B. Barret. Regulatory Barriers in an Integrating World Food Market. Review of Agricultural Economics，Vol. 19，No. 1，91－107，1997.

② Gray et al.，Br，Matear，S，Boshoff，C and Matheson，P. Developing a Better Measure of Market Orientation. European Journal of Marketing，32（9/10），pp. 884－903，1998.

③ Hirschman，A. O. The Strategy of Economic Development New Heaven：Yale University Press，1969.

④ Henson，S.，and R. Loader. Barriers to agricultural exports from developing countries：the role of sanitary and phytosanitary requirements. World Development 29（1），85－102，2001.

⑤ Kolstad，I.，Wiig.，A. A cost－benefit framework for allocating SPS－related technical assistance. www. cmi. no/public/pub，2002.

比较决定对哪些项目应该实施援助。Jaffee（2004）在项目中发现[①]：在影响遵从的因素中，领导/私营部门的协调能力、私营部门的管理/技术能力以及公共部门的管理/技术能力起着最为主要的作用。影响遵从成本的四个环节是：产品和原材料渠道，如实施良好农业实践（GAP）；过程和出口方面，如执行良好生产实践（GMP）或危害分析和关键点控制（HACCP）；公共部门和行业，如主管当局的能力；进口商/零售商或整个供应链。他最后得出结论：遵从成本相互交织在总成本中，投资成本约为多年 FOB 价格的 0.5%～5%，经常性成本约为年销售值的 3%。Jayasuriya等（2006）运用了食品安全标准综合指数和引力模型分析得出，由于七国（美国、日本、澳大利亚、法国、德国、荷兰、英国）实行严格的质量安全标准，且各国的标准各异，这使印度潜在的损失很大，遵从成本提高，一般来讲，企业的遵从成本为销售收入的 5%，一些企业甚至高达 10%～15%[②]。Gebrehiwet 等（2007）以 OECD 的五国对非洲国家实施严格的 SPS 标准带来的影响为例，用引力模型分析了影响程度和遵从成本[③]。由此可见，对遵从成本的研究大多基于发展中国家产品出口发达国家市场的案例。

1.2.2　国内研究动态综述

近年来，中国学者对 SPS 也展开了较为广泛的研究，研究内容主要集中在：SPS 名称翻译、SPS 特点、SPS 的贸易效应、SPS 措施经济贸易效应的实证度量、中国农产品遭遇 SPS 措施的原因及对策几个方面。

对于 SPS 措施是否具有“歧视性”，专家持有不同意见。有观点认

---

① Jaffee，Steven and Spencer Henson. Standards and Agro - Food Exports from Developing Countries：Rebalancing the Debate. World Bank Policy Research Working Paper 3348，June，2004.

② Jayasuriya，S.，D. MacLaren，and R. Metha. Meeting Food Safety Standards in Export Markets：Issues and Challenges facing Firms Exporting from Developing Countries. Paper presented at the IATRC Summer Symposium，Food Regulation and Trade：Institutional Framework，Concepts of Analysis and Empirical Evidence，Bonn，Germany，28 - 30 May 2006.

③ Gebrehiwet，Y.，Ngqangweni，S.，WKirsten，J. F. Quantifying the trade effect of sanitary and phytosanitary regulations of OECD countries on South Africanfood exports. Agrekon，v. 46，n. 1，23 - 39（March 2007）.

为，近年出现的绝大多数技术措施都符合 WTO“游戏规则”，只有极个别属于歧视性壁垒[①]。也有学者认为，由于各国技术和经济发展水平存在差异，发展中国家和发达国家之间形成一条难以逾越的技术鸿沟，各种技术性标准成为名副其实的“技术壁垒”[②]。

关于 SPS 的效应，学者们认为，SPS 措施虽有诸多正面效应，但是某些国家制定的 SPS 措施、标准、法规却具有贸易限制作用。黄卫平等（2001）认为，SPS 在经济层面能产生关税效应，在制度层面会成为贸易壁垒[③]。沈忠泉等（2002）分析了 SPS 协议的贸易禁止、贸易限制和贸易扭转效应[④]。丁三寅（2004）从全球的角度，分析了 SPS 协议对农产品国际贸易的影响[⑤]。也有学者分析了 SPS 对中国农产品的成本、价格和竞争力的影响[⑥⑦]。更多学者分析了 SPS 协议对中国动物检疫、植物检疫、食品、农产品贸易的影响，SPS 协议的主要条款及对中国制度上的影响。

关于中国农畜产品出口遭受 SPS 限制的原因，沈忠泉等认为，中国的安全标准与发达国家存在差异，中国的社会制度、农产品出口的市场结构以及发达国家的歧视性；董银果等（2005）认为近年中国猪肉出口受阻的原因在于生猪防疫和猪肉安全控制体系比较落后，不能为猪肉出口提供保障[⑧]。有些学者则从中国国内标准与国际标准的比较，中国农产品质量安全管理体制，农产品生产结构等方面，分析了中国农产品出口遭受 SPS 的原因。但大多数学者研究认为，中国遭遇 SPS 壁垒主要是中国农畜产品质量安全水平较低，但也不排除个别国家利用 SPS 保护国内产业的目的。

---

① 邓竞成．走出“技术性贸易壁垒”的认识误区［J］．财贸经济，2003（6）．

② 张亚斌，姚志毅．技术标准还是技术壁垒？［J］世界经济与政治，2004：72－74.

③ 黄卫平，程大为．国际贸易中动植物卫生检疫措施的壁垒含义分析［J］．中国人民大学学报，2001（3）：54－60.

④ 沈忠泉，曹海涛．SPS 协议对我国食品贸易的影响及对策［J］．国际经贸探索，2002（2）：56－59.

⑤ 丁三寅等．进出境动植物检疫与国际农产品贸易［J］．植物检疫，2004（5）：300－304.

⑥ 顾江，杨红利．SPS 措施对出口产品成本因素影响的经济分析［J］．农业经济问题，2003（12）：35－38.

⑦ 董银果．SPS 措施影响中国猪肉贸易的理论模型分析［J］．国际贸易问题，2006（2）：102－108.

⑧ 董银果．SPS 措施对猪肉贸易的影响及中国遵从方略研究［M］．北京：中国农业出版社，2005.

关于SPS措施的度量问题，董银果（2005）等试图用BOX－COX函数量化SPS措施的影响，结果发现国外的SPS措施对中国猪肉出口具有明显的抑制作用①。肖亮等（2005）提出了引（重）力模型在度量SPS措施中的应用②。孙东升等（2007）运用引力模型估算了欧盟农药最大残留限量（MRLS）对中国茶叶出口的影响。结果显示，欧盟MRLs（maximal residual limits，MRLs）标准的变化引起中国茶叶用药成本的增加，茶叶出口欧盟减少0.006%～1.099%③；孟菲等（2007）通过考察农药最大残留限量标准对中国稻米出口的影响，结果发现国外农药最大残留限量规定越严格，中国稻米出口的阻力就越大。田东文、叶科艺（2007）采用引力模型分析1995—2004年美国、日本、加拿大等11个发达国家黄曲霉素标准的变化对其与中国等8个亚洲国家之间坚果贸易的影响。结果显示，进口国协调采用国际标准将产生更大的贸易促进效果④；武玉英、郭珉（2007）利用引力模型对我国水产品出口欧盟遭遇技术性贸易壁垒的影响进行了实证的研究分析。结果表明，欧盟有关水产品及食品卫生法规（标准）对中国水产品出口有明显的阻碍作用⑤；郭芳等（2007）评估了药物残留限量标准对中国水产品出口到美国、日本及欧盟的影响，结果显示氯霉素残留标准每提高10%，中国水产品的出口就减少4%～5%⑥。段辉娜等（2007）的研究也发现，SPS措施对中国畜产品出口具有明显的阻碍作用⑦。郭留超、许冬至（2009）采用引力模型实证检验国外水产品安

① 董银果，万广华，徐恩波．SPS措施及相关因素对猪肉贸易影响的量化分析［J］．中国农村经济，2005（10）：61－65.

② 肖亮，张社梅．引力模型在定量研究SPS措施对贸易影响中的应用［J］．世界农业，2005（5）：13－15.

③ 孙东升，孙雯静，周锦秀．欧盟农药最大残留限量（MRLs）对中国茶叶出口的影响［J］．农业技术经济，2007（1）：68－73.

④ 田东文，叶科艺．安全标准与农产品贸易：中国与主要贸易伙伴的实证研究［J］．国际贸易问题，2007（9）：108－113.

⑤ 武玉英，郭珉．我国水产品出口欧盟遭遇技术性贸易壁垒的影响研究［J］．财贸研究，2007（2）：56－60.

⑥ 郭芳，王咏红，高瑛．技术壁垒影响中国水产品出口的实证分析［J］．中国农村经济．2007（11）．

⑦ 段辉娜，王巾英．SPS措施对中国畜产品出口的影响及对策——基于引力模型的实证分析［J］．国际经贸探索，2007（12）．

全标准对中国水产品出口贸易的影响①。

1.2.3 国内外文献评论

总体来说，中国对于SPS的研究起步较晚（大多在SPS协议执行后），与国外研究相比还有较大的差距。表现在：第一，国外学者对SPS措施的研究紧紧服务于经济贸易实践，往往就国内某种出口产品或者某个标准、法规或政策调整的效应进行深入研究，而我国学者对SPS的理论研究和贸易实践结合还不够紧密，一般介绍性、描述性居多，真正能为我国农产品出口贸易实践提供有力支撑的研究还比较少。第二，在理论研究上，虽然有学者用局部均衡分析了SPS的贸易效应，但忽视了SPS措施是否具有歧视性这一对遵从成本影响最大的变量，因此还不能十分清晰地解析SPS的作用机理。第三，关于遵从成本，国内目前几乎还没有开展，因而遵从方案的设计对实践的指导性不强。第四，关于SPS措施是否等于贸易壁垒，学者们普遍采取回避的态度。

正因为如此，本研究试图在以下方面有所突破：第一，根据WTO相关原则以及争端解决机制对典型案例的诠释，提出评判SPS壁垒的标准；第二，采用经济学相对静态局部均衡分析框架从SPS措施是否具有歧视性出发分析和研究SPS措施在不同模式下导致的遵从成本；第三，以遵从成本为基础，设计企业的反应模式，以期为政府部门和产业界提供有价值、可操作的对策性建议和应对方案。

1.3 研究的思路与方法

1.3.1 研究思路与技术路线

首先，从文献资料出发展开对SPS措施和WTO规则的基础研究，这些研究为项目主题研究奠定理论和外部环境框架。其次，通过文献资料和典型调查紧紧围绕关键词“SPS措施”与“中国农产品贸易”展开研究，

① 郭留超，许冬至．药物残留标准对中国水产品出口影响的实证分析［J］．经济论坛，2009（21）．

建立SPS措施影响农产品贸易的理论模型，采用调查方法和引力模型度量SPS对我国典型农产品的影响程度，运用Logit模型探索我国农产品遭遇SPS的原因；同时，紧紧围绕关键词“SPS措施”、“中国农产品”与“遵从成本”，采用最优尺度方法探寻我国农产品遵从成本的影响因素，将国际农产品市场分为一级、二级和三级，分别探讨不同市场的遵从成本，并从环境、制度和TTA三个方面诠释中国农产品遵从成本攀升的深层原因，为企业的市场定位和应对策略选择奠定基础。最后，在理论研究、实证研究和比较研究基础上设计“退出”、“申诉”和“遵从”三种策略以及每种策略下的政府，中介组织和企业对策，并在项目组讨论及充分听取外部（专家、企业和检疫部门）意见的基础上形成专题和总体报告。详见本项目的技术路线图1-1。

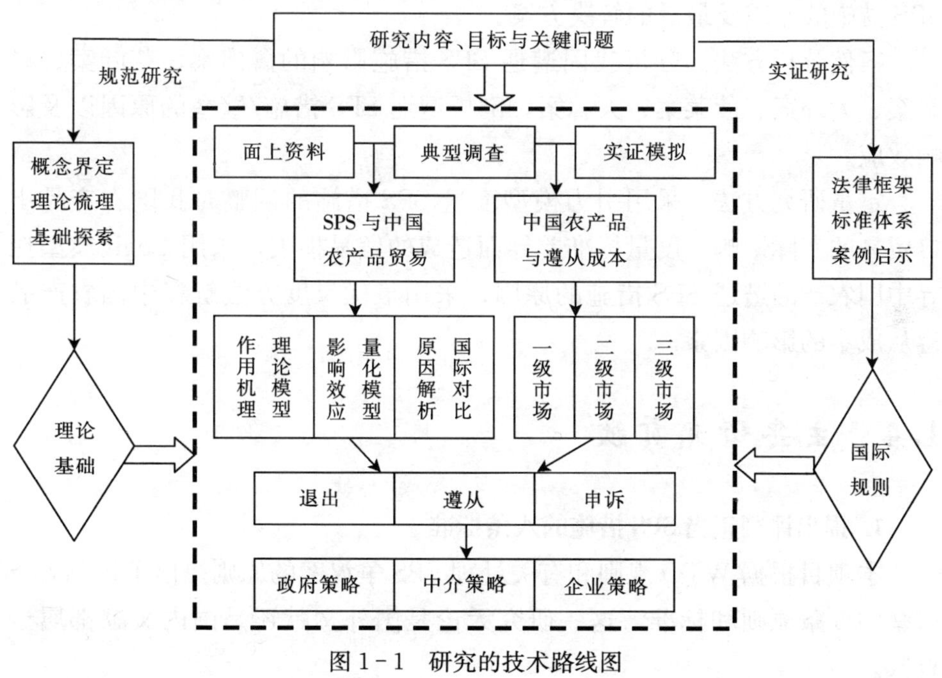

图1-1　研究的技术路线图

1.3.2　研究方法

根据上述研究目标和拟解决的关键问题，本项目研究将综合运用分析与综合相结合、实证分析与规范分析相结合、定量研究与定性研究相结合、实地调查与逻辑推理相结合，案例分析、国际比较研究等研究方法，其中，重点应用如下：

本项目的主要研究方法有：

局部均衡分析法。本项目采用静态局部均衡分析框架从 SPS 措施的设立中是否存在歧视为出发点来分析 SPS 措施对农产品贸易作用机理和宏观、微观影响效应，研究在不同假设场景下的遵从成本大小，微观企业遵从成本、遵从成本的回报以及企业在短期均衡和长期均衡中的应对策略。

调查研究方法。本项目通过在山东、浙江、福建和四川 4 省的实地调研，搜集 SPS 措施影响我国典型农产品贸易的数据资料，实际了解遭遇 SPS 措施的原因及最后的解决方案。

案例分析方法。分析我国遭遇 SPS 措施影响的禽肉案、茶叶案、蜂蜜案、大虾案、菠菜案、大蒜案，剖析遭遇 SPS 措施/壁垒的原因以及影响效应。

定量研究方法。采用引力模型度量 SPS 措施的调整对我国农产品出口贸易的实际影响，度量标准差异而造成的贸易损失，采用 Logit 模型探寻中国农产品遭遇 SPS 措施的原因；采用最优尺度方法解释中国农产品遵从成本的影响因素。

1.4 主要研究贡献

1. 提出评判正当 SPS 措施的八条标准

本项目根据 WTO 规则和有关处理 SPS 争议案的原则提出了评判 SPS 壁垒的 8 条原则和标准。这一研究无论是国外文献还是国内文献都属于首次。

2. 从 SPS 是否歧视出发建立局部均衡分析框架

建立了经济学局部均衡分析框架，从 SPS 措施的设立中是否存在歧视和设立及遵从的国家为贸易大国和贸易小国，将 SPS 的影响模式分为 4 种，分析了不同模式下 SPS 对于遵从成本和贸易流向的影响，并运用中国农产品的贸易案例进行了佐证。

3. 采用实证方法度量SPS对中国农产品的影响及原因

采用Logit方法和对我国山东、浙江、福建88家农产品出口企业调查数据，探寻企业遭遇SPS措施的原因；在此基础上，运用56家企业数据，采用最优尺度方法探索遵从成本与企业特征的关系，以及遵从成本的影响因素。同时，采用引力模型，以鳗鱼出口为例，探索国外孔雀石绿标准的变动对中国鳗鱼出口的影响程度。

4. 从TTA视角探索我国农产品遵从成本攀升的原因

以猪肉为典型，分析了我国在TTA（Traceability，Transparent and Assurance，追溯、透明和质量安全）方面与国外的差异，部分的解释了我国农产品SPS措施遵从成本不断攀升的原因。这一研究在国内文献中属于首次。

5. 提出我国农产品应对SPS的三种策略及其应用条件

提出了我国应对SPS的三种策略，即“退出”、“申诉”和“遵从”以及每种策略的应用条件。提出了三种策略下政府、中介组织和企业的具体措施。

第二章

SPS 措施的基础研究

SPS 措施对我国农产品贸易的影响，首先要回答的问题是 SPS 的内涵和本质是什么，怎样评判 SPS 措施的合理性和歧视性，SPS 措施与 TBT、绿色贸易措施之间的关系如何等问题。因此，本章为后续研究提供理论铺垫和方法论基础。

2.1 SPS 措施的内涵、分类与特征

2.1.1 SPS 措施的内涵及外延

就内涵而言，卫生和植物检疫（SPS）措施是为了保护食品安全、动物和植物生命健康而对进口商品设立的强制性法规、标准、检验和检疫要求。SPS 措施设定的内容包括与所有动植物产品及加工食品、环境等有关的法律、法令、规定、要求和程序：包括最终产品标准、加工和生产方法；产品或食品检测、检验、出证和批准程序；动植物检疫处理（与动植物运输有关的或在运输期间维持动植物存活所需物质要求在内的检疫处理）；卫生和植物检疫的统计学方法、取样程序和风险评估方法；以及与食品安全直接相关的包装和标签要求。

从外延上考察，WTO 在 SPS 协议中对 SPS 措施的应用范围进行了规范（WTO，1995）：一是保护成员境内动物或植物生命和健康免受病虫害、带病有机体或致病有机体传入、繁殖或扩散所产生的风险；二是保护成员境内的国民或动物生命和健康免受食品、饮料或饲料中添加剂、污染物、毒素或致病有机体所产生的风险；三是保护成员境内的人类生命和健

康免受动物、植物及其产品携带的病害或虫害传入、繁殖和扩散所产生的风险；四是防止或限制成员境内因有害生物传入、定植和扩散所产生的其他危害。上述所列污染物包括农药、兽药和外来物残留①。

2.1.2　SPS 措施的分类

从理论上讲，政府用标准、法规措施干预市场的目的在于，弥补由于外部性而导致的市场失灵，降低交易成本，促进贸易的发展。一般而言，政府有许多可供选择的用于弥补市场失灵的政策选择，包括事前措施和事后措施，对于与风险相关的市场失灵，事前预防性措施则可以防患于未然，避免灾祸的发生。表 2－1 所列各项 SPS 措施被用来降低风险，其严格程度也各不相同。

表 2－1　SPS 措施所列具体内容分类明细表

法规目标/政策工具	食品安全	动植物健康	自然环境免受外来物种侵害
进口禁止			
其中：全面禁止	禁止可摄取产品对人类健康的危害	禁止进口以排除检疫病虫害	禁止进口以减少引入危害当地物种的病虫害
部分禁止	禁止某种/类产品进口对人类健康的危害	季节性进口禁止以减少引入病虫害的风险	地区性进口禁止以减少引入威胁当地病虫害的风险
技术性规定			
其中：过程标准	对进口食品要求特定时间/温度的制度措施	对产品的强制处理以阻止检疫病虫害进入生产领域	对当地物种的潜在风险而禁止进口生物技术产品
产品标准	规定特定杀虫剂在园艺产品中的最大残留限制水平	为威胁动植物的病原组织的出现建立门槛标准	为威胁当地物种的病原组织的出现建立门槛标准

① WTO. Agreement on the Application of Sanitary and Phytosanitary Measures.

（续）

法规目标/政策工具	食品安全	动植物健康	自然环境免受外来物种侵害
包装标准	对包装技术的规格要求以减少微生物污染发生的概率	对进口产品容器密封的要求以减少产地害虫袭击的概率	对进口产品容器密封的要求以减少外来有害物种的概率
信息补偿 其中：标签要求	要求标签注明安全操作过程或是否对敏感人群有风险	要求标明农作物或包装物的单个项目以减少非法进口品侵袭产地的概率	对生物技术产品安全操作的标签要求以使他们不越出划定的市场分销渠道
自愿要求的控制	对自愿卫生要求的控制措施	没有可适用的	没有可适用的

资料来源于 Roberts（1998）.

政策工具的选择取决于政策措施所达目标，如是否与风险直接相关、市场失灵的性质和其他经济、社会、政治因素等。根据政策目标之不同将卫生和植物检疫措施分为三类：进口禁止、技术性规定和信息补偿。“进口禁止”是 SPS 措施导致贸易争端的结果；“技术性规定”是用来提高私人边际成本，促使企业在生产加工过程中达到社会理想的安全水平，用来弥补由于外部性而导致的市场失灵。其具体又可以分为过程标准、产品标准和包装标准；“信息补偿”则是用来弥补由于信息不对称而导致的市场失灵，帮助经营者和消费者实施货币选择，主要包括标签要求。SPS 措施的分类详见表 2-1。

2.1.3 SPS 措施的特征

SPS 是一种技术性贸易措施，常常具有正、负两种效应，并显示以下主要特征：①这种措施以科学依据为前提，并以保护消费者、动植物的生命和安全以及保护环境为由，具有合理性和隐蔽性。②随着科技、经济和社会进步，人们对于产品安全标准的认识也不断提高，因此各国制定的 SPS 法规、标准常发生变化，显示出 SPS 措施的易变性。③各国对同类、甚至是相同产品制定的标准、法规通常不一致，短时间很难全面掌握各个国家的安全标准，也很难准确判定哪个国家的安全标准更具科学性，致使 SPS 措施具有多样性并给各国的遵从带来困难。④尽管 WTO 一直号召各国使用国际安全标准，但鉴于 SPS 措施涉及产品广泛，技术复杂，条件各异，国际上很难制定统一详尽的安全标准。即使有了统一的国际安全标准，由于各国自然、经济和技术的巨大差异，也使国际安全标准执行困难重重，致使 SPS 措施具有争议并往往难以协调。⑤SPS 措施涉及的产品不但包括农畜产品等初级产品，也包括工业制成品。不但对终端产品提出较高的质量安全要求，而且对上游、中游产品的生产加工过程、加工方法、加工环境和工序也提出卫生、安全控制要求。因此，SPS 措施涉及从田间直至餐桌全过程的产品质量、安全要求，显示出 SPS 措施的全面性、复杂性和艰巨性。⑥由于历史和现实的原因，发达国家制定的安全标准普遍高于国际安全标准，而发展中国家制定的安全标准往往低于国际安全标准，其结果是发展中国家的产品缺乏安全竞争力，很难进入发达国家市场，而发达国家的产品由于安全标准高，产品质量信誉好，市场竞争力强，往往大量进入发展中国家市场，发展中国家在开放国内市场的同时失去国际市场。总之，SPS 标准上的差异带来贸易的不平等和某种程度的歧视。发达国家由于标准高，常常成为贸易竞争中的赢家。

2.2　SPS 措施与 TBT 及绿色措施关系辨析

2.2.1　SPS 措施与 TBT 的关系

关于 SPS 措施与 TBT 的关系问题，国内外学者也都进行了讨论。Robert 将技术性贸易措施（TBT）定义为（Robert，1997）：统治产品上市销售的法规和标准，以克服缘于产品生产、分发和销售过程中的外部性导致的市场低效率[①]。这一定义被世界银行、WTO、OECD 等国际组织广泛引用。技术性贸易措施是致力于动植物健康、防止商业欺诈、食品质量和保护环境方面的法规和标准，SPS 是与风险密切相关的技术性措施，属

① Roberts，D. and DeKremer，K. Technical Barriers to US Agricultural Exports [R]. Economic Research Service，USDA，Washington DC. 1997.

技术性贸易措施的重要组成部分，主要用于保护人类、动物、植物的生命和健康。而保护环境、动物福利和保护消费者健康之外的利益不属于 SPS 的范畴，但可能属于技术性贸易壁垒的范畴（TBT）。也就是说，技术性贸易措施的范围更为宽泛，包括产品质量特性、包装要求、标签规则、广告和销售主张；还可包括产品在生命周期中的环境、健康、劳工或其他标准。在食品标准方面，具体涉及质量条款、营养要求、标签、包装和产品内容以及分析方法。SPS 措施则明确地集中在食品安全事务以及动植物的健康和疫病上，而且受到科学依据的约束。SPS 措施与技术性贸易措施之间的联系与区别在于：若以肉类为例，肉品的生产和检验方法、肉品卫生法典法规、与肉品直接相连的包装、污染物、杀虫剂残留、兽药残留和污染物的法典标准都属于 SPS 的范畴；而具体肉类生产规格的法规标准和质量规格（如畜禽年龄，脂肪百分比、肉品颜色、肉品种类）则属于 TBT 条款。当一国希望保护国内食品工业时，可以根据保护环境、食品生产和加工方法方面的道德要求而成功地使用 TBT 协议，然而这种理由在 SPS 协议下是不可能成立的。

2.2.2 SPS 措施与绿色贸易措施的关系

绿色贸易措施随着可持续发展理念的深入而被频频使用的，基本内涵是各国为了保护动植物和生态环境、保持经济可持续发展而设立的贸易措施，以弥补由于经济外部性而导致环境资源的破坏。这一概念在我国被频繁使用，而在国外较少出现。绿色技术措施主要包括绿色技术标准、绿色环境标志、绿色卫生检疫、绿色包装制度和绿色补贴。可见，绿色贸易措施与 SPS 都是技术性贸易措施的子集，但与 SPS 措施也有交叉之处，交叉处是那些保护环境免受外来物种影响与破坏的措施既属于 SPS 措施，也属于绿色贸易措施。除此之外，绿色贸易措施还包括其他与风险无关的环境保护措施（表 2-2）。SPS 与绿色贸易措施的主要区别是前者主要针对农产品和食品，而后者主要针对工业品和植物产品。若以转基因产品为例，SPS 关注的是转基因产品会不会对人体健康和动植物安全造成威胁和损害，而绿色贸易措施关注的是转基因产品是否对环境和可持续发展造成危害。

表2-2　技术性贸易措施、SPS措施与绿色贸易措施三者关系比较表

社会利益主体	风险降低措施（SPS）	非风险降低措施（其他技术措施）
供应者	保护动物/植物健康	产品的相容性
消费者	食品安全	质量特性
自然环境（绿色贸易措施）	保护环境免受外来有害物种的影响	环境保护

资料来源：Roberts，D.（1998）.

2.3　SPS措施或SPS壁垒的评判标准[①]

在国际贸易中，措施和壁垒有着严格的界定，SPS措施是随着经济发展、人类进步而产生的，目的性明确，用意良好。这项措施的制定和实施可以很好避免动物疾病、植物虫害的传播，有利于提高人们的福利，有利于促进国际贸易的健康发展。但是，当某些国家为了达到贸易竞争与控制市场目的来实施卫生检疫、技术安全标准的时候，人们就会深深体会到从"真理到谬误只差一步"的真理性[②]：只要将制定的卫生检疫措施、技术标准超出正常安全需要的水平，甚至于达到其他国家无法执行的地步，原本服务于人类幸福的游戏规则，就会变成巨大的、无法逾越的SPS壁垒。

SPS措施不同于SPS壁垒，根本区别在于该措施是否合法、正当。本书结合WTO的《SPS协议》以及WTO争端解决机制在解决SPS争议案中强调的原则，提出以下八条评判标准：

2.3.1　基于科学依据且为保护消费者、动植物生命安全所必须

《SPS协议》2.2条在成员国的基本权利和义务中强调成员国的SPS措施必须建立在科学依据之上，如已取得的科学研究成果、科学的实验数据等，而且这些措施必须是保护消费者食品安全、动植物生命及环境等必须的减低风险的措施，属于表2-1所列的事前预防措施。也就是说，科

① 2.3与2.4节内容来自：董银果.SPS壁垒的评判标准探讨.国际商务研究，2009（1）：1-9.

② 黄卫平，程大为.国际贸易中动植物卫生检疫措施的壁垒含义分析［J］.中国人民大学学报.2001（3）：54-60.

学依据是证明一国措施正当化的唯一理由，也是挑战别国SPS的依据。欧盟—美国荷尔蒙牛肉案经WTO争端解决机制裁决后，宣布欧盟败诉，欧盟受到了美国和加拿大两国的经济制裁，但是始终没有修改其荷尔蒙标准，时至今日，欧盟还在积极寻找权威的科学成果和试验数据支撑其标准的正确性。同时，SPS协议也强调，成员国所采纳的SPS措施必须是保护消费者、动植物生命安全所必须，强调必要性，否则就演变为贸易壁垒。也就是说，颁布的措施是为了保护消费者的食品安全和动植物健康和安全，而不是产业或贸易保护目的，否则就不成为SPS的管辖范畴。1998年欧盟调整黄曲霉素标准，远高于国际标准。世界银行的研究发现：这一调整如果付诸实施，将使欧盟9国的每10亿人口的死亡率降低了1.4个，但却使非洲15个出口国花生出口比执行国际标准时下降64%，贸易损失达67亿美元[①]（Otsuki，2000）这显然不是为保护消费者必须采取的措施，而是保护其国内产业。这一评估迫使欧盟不得不将其残留控制量降低了一半。显然，判断成员国的SPS措施是否“必须”或“必要”不能从主观出发，而必须是从客观标准出发。客观标准就是风险评估结果和保护成本，即保护成本与保护收益之间的均衡。因此，这一标准其实就是强调了任何SPS措施必须是，科学依据支撑下且在适度风险水平上的保护，而零风险保护则易成为贸易壁垒。

2.3.2 经过科学的风险评估

SPS协议的最大特点就是：确立了科学依据和科学风险评估是正当SPS措施的基本原则，也是挑战他国SPS措施的依据，并且排除了经济因素对相关风险评估和科学依据的影响，这样就将世界各国放到一个平等的地位。一般而言，风险评估包括三个步骤，即风险识别、风险分析和风险管理。SPS协议5.1条在风险评估的定义中还将食品安全的风险评估与病虫害风险评估相区别，并在荷尔蒙牛肉案和澳大利亚鲑鱼案中分别进一步澄清。食品安全的风险评估主要包括两个方面：一是识别，二是评估食

① Otsuki，T.，J. S. Wilson and M. Sewadeh. Saving two in a Billion：A case Study on Quantify the Trade Effect of European Food Safety Standards in African Exports. World Bank，Washington D. C. 2000.

品添加剂污染物、毒素、食品、饮料、饲料成分中的病原体对人体健康的不利影响；而病虫害的风险评估包括三个方面的内容：指明病害及其影响；估计这种病害进入境内的可能性；评价采取措施后病害进入境内的可能性。SPS 协议不但适用于 1995 协议生效后的所有 SPS 措施，而且对 SPS 协议生效前制定的但仍在实施的措施同样有效。这样各国必须将其正在应用的所有的 SPS 措施提供科学依据或科学的风险评估，或者贸易伙伴也可以用科学的依据或科学的风险评估挑战别国正在实施的 SPS 措施。其结果是：一国能否保卫自己正在实施的 SPS 措施或者挑战别国的 SPS 壁垒主要取决于自身的科学和技术水平。SPS 协议关于风险评估的规定也存在着缺陷：一是没有规定使用科学程序进行风险评估的指导原则与具体程序，这就使协议方对协议的具体解释与执行有很大空间。二是风险评估结果主要取决于其具体风险发生的可能性及其后果，在这一点上进口国与出口国专家常有着不同的看法。三是即使风险评估者以科学依据为基础达成一致意见，但政策制定者经常出于谨慎考虑采取较高保护水平的卫生检疫政策。四是由于 SPS 协议中允许成员方在暂无科学证据的前提下可以临时采纳 SPS 措施，这为一些国家使用 SPS 紧急限制进口提供了合法保护。

2.3.3　符合国际标准

SPS 协议 3.1 条一致性条款强调，成员国的 SPS 措施应该建立在国际标准、指南和建议的基础上，如果希望较高层次的保护，则必须提供科学依据和科学的风险评估，或者成员国的保护水平低于国际标准，也必须提供科学依据。也就是说，发达国家只要能提供科学依据，他们所设立的标准可以大大高于国际标准。国际标准就是由 SPS 协议中指定的国际机构制定的标准，即食品法典委员会（CAC）所制定的食品安全标准、国际动物流行病办公室（OIE）所制定的动物健康标准和国际植物保护公约（IPPC）所制定的植物健康标准以及其他国际组织制定的并经 SPS 委员会认可的标准。WTO 争端上诉机构在处理荷尔蒙牛肉案中对这一点又进行了强调，并指出以国际安全标准为依据，并不意味着成员国的 SPS 措施必须与国际标准相符合，完全一致。这无意扩大了国际标准的使用范围，使名义上推荐的、非强制的、自愿采纳的国际标准，事实上成为“强制标准”，深深影响各国的食品、农产品产业、检验检疫和进出口贸易。

2.3.4 对国内产业和外国企业一视同仁

非歧视性原则是WTO信奉的基本原则，SPS协议为了防止各国在SPS措施实施中对外国企业的歧视待遇，规定所有标准必须是内外一视同仁，不应构成任意的、歧视性的贸易限制，任何外国企业都可以举报SPS措施中的歧视行为。这样规定在于预防SPS措施成为贸易壁垒，并保证SPS措施对所有进口产品适用，最大限度地防止某个国家遭到贸易歧视的可能性。SPS歧视性体现在两个方面，一是制定标准时的歧视，即对国内外的同类产品制定不同标准；二是执行标准时的歧视，即对国内外的同类产品采取不同的检测方法和抽检比例。那么，同类产品的认定就显得相当重要。在墨西哥诉美国“金枪鱼—海豚”案中，上诉机构认为，同类产品就是功能和物理性质相同的产品，而不论其生产方法如何。因此，现实中，各国在制定标准时，往往针对本国的进口产品制定较高的标准，而对本国主产的类似产品却采用另一套标准。这并未违反国民待遇原则，国际组织也不认可其行为为贸易歧视。如在美国诉欧盟“荷尔蒙牛肉”案中，上诉机构认为，自然存在的荷尔蒙与添加荷尔蒙在肉类和其他食品上存在本质的区别，同意欧共体区分荷尔蒙牛肉禁令与生长激素在猪肉中使用是武断的，但并不认为导致贸易歧视[①]，也就不认为是贸易壁垒了。这样的结果是，进口与主产品的标准可能相差甚大，如日本对于本国主产萝卜和白菜的“毒死蜱”标准比从中国进口的菠菜的同一标准分别低300倍和100倍。

2.3.5 与同类可供选择的措施相比对贸易的负面影响最小

自由贸易原则是WTO一贯奉行和努力维护的原则。根据SPS协议，成员国在科学依据或科学风险评估基础上根据自己对风险的接受程度决定是否制定一项新的SPS措施，如果该国对“可接受风险”的容忍程度低，

① 董银果.SPS措施对猪肉贸易的影响及中国遵从方略研究［M］.北京：中国农业出版社，2005.

它就面临着要选择一项新 SPS 措施，选择的原则是对贸易的影响最小化。根据 WTO 处理的加拿大诉澳大利亚“鲑鱼”案，如果存在一项替代性措施，这项措施：①考虑经济和技术的可行性可以合理获得；②能达到成员国适当的卫生和植物卫生保护水平；③对贸易的限制明显少于争议的措施，那么就证明有关的 SPS 措施超过了其适当卫生保护水平所要求的必要限度，从而构成对 SPS 协议的违反。但是，可供选择措施往往由举证方提供，是否被认可也是难以确定的。这就为壁垒认定增加了障碍。

2.3.6　使用规定和检验方法透明并对所有进口商信息均等

这既是 SPS 协议非歧视性原则的体现，也是 SPS 协议透明度原则的要求。SPS 协议要求成员国必须通知其新设立的或者变动的可能影响贸易的 SPS 措施（至少应用法语、英语和西班牙语中的一种），为其他国家留出足够的评议时间（60 天评议期），必须设立问讯窗口回答成员国关于新措施或者现有 SPS 措施的咨询和质疑，还必须公开审查那些保护食品安全、动物健康和植物健康的法规。如果 SPS 设立国不向进口商提供检验方法，进口商必然陷入盲目状态，SPS 措施则演变为贸易壁垒。但是，在实际操作中，一些国家故意将通知评议期缩短、检测方法迟迟不公开、只按本国语言通知等给贸易伙伴造成执行上的困难或造成事实上的壁垒。

2.3.7　通知与执行有合理间隔并对发展中国家留有较长时间

这一标准是 SPS 协议第 7 条透明度原则和第 10 条特殊和区别待遇原则的综合。SPS 协议为防止 SPS 措施作为贸易壁垒使用的可能，规定任何一项 SPS 措施从通知到执行，必须留出一个“合理”期限（新措施的评议期为 60 天且从新规则的发布到执行至少 6 个月），以便出口国能够调整进而适应。并且规定，对于发展中国家的“合理时间”应该更长些。在美国诉日本农产品案中，上诉机构认为，在 1995 年 SPS 协议后，“合理时间”的长度应该在事件基础上确定，但没有给予清楚的规定。由于对“合理时间”没有一个明确的规定，有些国家，在通知和执行之间所留时间极短，往往使贸易伙伴措手不及。由于 SPS 措施是以科学为基础的措施，SPS 协议的区别对待原则对发展中国家的空间非常有限。“合理时间”

的模糊规定以及语言上的障碍都可能对新措施的评估带来障碍，也极有可能使 SPS 措施演变为 SPS 壁垒或者成为发展中国家面临的“客观 SPS 壁垒”。因此，在未来必须对 SPS 措施的透明度原则进一步诠释，对发展中国家的区别对待落在实处。

2.3.8 分析方法符合国际惯例并能向发展中国家提供技术援助

残留限量毒性分析方法符合国际规定是希望成员国的 SPS 措施尽量使用国际通用的检测方法，使其他成员国的遵从不至于发生太大的困难。国际惯例的方法包括国际组织 CAC、OIE 和 IPPC 推荐的检测方法和一些国家有科学依据的方法，这一点其实是为了防止有些国家利用检测方法设置壁垒。如茶叶是用来饮用的，其检测方法应该是“汤茶法”，而目前欧盟、日本纷纷调整检测方法为“干茶法”，两种检测方法的结果相差几十倍，无形中增加了其他国家的遵从难度。同时，SPS 协议还考虑到由于科技、资金和人员的匮乏，SPS 协议有可能对发展中国家造成事实上的不平等，因此，在第 9 条提出，发达国家有义务帮助发展中国家执行新的 SPS 措施，这种帮助包括培训检验人员，提供检验仪器和方法，提供必要的资金等。如 2003 年开始实施的“中加小农户适用全球化市场”项目就是加拿大向中国提供的 SPS 援助项目，在此项目下，共先后培训了 187 名技术人员，共向中国提供技术、设施和人员培训费用 1 970 万加元①。但是，目前对于发展中国家的援助还出于发达国家的自愿，并不是他们的义务，所以愿不愿意援助和援助的力度都完全依赖于发达国家的意愿，国际组织和发展中国家都无能为力。

尽管以上标准本身也存在着一些潜在问题，但是在现存的国际贸易规制下，符合以上 8 条原则（前三条选择其一）的 SPS 措施就是正当的，合理的。本书认为，不能把国际技术性安全标准，或由发达国家提出但有科学依据的技术性贸易标准、法规和措施认为是歧视性贸易壁垒。这类技术安全标准、SPS 标准规定或制定的国际标准具有合理性和积极意义，他们可能暂时对某些发展中国家农产品出口造成障碍，但对于提升这些国家

① “中加小农户适应全球化市场”官方资料。

出口产品质量定有积极意义。只有规定严格但又超过正常必要水平的超高技术标准、超高 SPS 贸易标准，且这类超高标准在设立国国内常常都未全部执行，而是专门用来限制别国出口贸易，保护本国市场和企业的行为，则不符合世界贸易组织的规定，本书称为歧视性 SPS 壁垒。据统计，在近十几年的国际贸易中，出现了 8 000 多种由新的技术法规、技术安全标准和检验标准构成的技术性贸易措施。经过世界贸易组织有关机构和相关专家组的调查、审议后，最后被确定为具有歧视性、不符合世界贸易组织协议的仅有 50 件，而真正被取消的只有 12 件。这说明近十几年来出现的绝大多数技术贸易措施符合 WTO 的“游戏规则”，是合理的①。

2.4　客观 SPS 壁垒及其应对

所谓的客观“SPS 壁垒”是指对于标准设立国来说，并非主观上的壁垒或者 SPS 措施本身不是壁垒，然而对于有些国家特别是发展中国家和最不发达国家来说，却容易成为现实的贸易壁垒。也就是说，由于各国技术和经济发展水平存在差异，发展中国家和发达国家之间形成一条难以逾越的技术鸿沟，发达国家的各种技术性标准对于发展中国家而言，成为名副其实的“技术壁垒”。

2.4.1　客观 SPS 壁垒的存在原因

客观 SPS 壁垒之所以存在，是因为发展中国家：①缺乏遵从国际安全标准的资源。包括信息资源（技术安全标准本身）、人力资源（科技专家，熟练劳动力）、物力资源（基础设施）、财力资源（公共财政），从国外引进这些遵从资源则会极大地增加遵从成本，这种高额遵从成本对于中小企业很可能是禁止性的。②存在技术上的限制，如无法进行相关的风险评估和一致性评估。包括两种情况：一是，由于风险评估的方法还处在发展中并且经常变动，他们缺乏风险评估专家和风险评估所必要的数据库；二是，尽管国内的 SPS 措施是正当和合理的，但当另一国提出质疑时，

① 邓竞成．走出“技术性贸易壁垒”的认识误区［J］．财贸经济，2003（6）．

他们发现由于资源和数据缺乏而无法提供清楚的论辩材料。③遵从技术安全标准的制度性限制，如国内检验机构无法满足检验检测的高标准要求，而不得不在进口国的边界口岸接受检验，这增加了许多不确定性。④各国同种产品的生产方法和供应链明显不同，使遵从不可行或遵从成本增大。这是因为目前国内过长而又分散的供应链对于建立质量安全追溯系统和产品质量保证系统造成困难，而采用新的生产方法和新的供应链则意味着巨大投资。⑤政府对安全标准的反应和企业的质量安全意识决定了遵从的期限和损益。

2.4.2 客观 SPS 壁垒的应对

针对以上客观性壁垒，国际组织必须做好以下几点：①援助发展中国家成为国际标准制定机构的成员，并将他们的要求和愿望表达在国际标准制定过程中，成为游戏规则的制定者而不是被动接受者。②WTO、世界银行和其他国际组织向发展中国家提供执行 SPS 协议的资金、培训检验人员和提供检验仪器和方法。多哈发展会谈的一个重要议题就是促进乌拉圭回合条约的执行。为了便利发展中国家执行乌拉圭回合的有关协议，促进国际技术合作与设施建设，WTO 一般理事会将技术援助基金提高了 80%并于 2001 年 12 月成立了多哈发展议程全球信托基金[①]。目前为止，WTO 技术合作和培训基金主要有三个来源：一是 WTO 的日常预算；二是 WTO 成员的捐款；三是事件中涉及的国家或国际组织的分摊成本。③解释 SPS 协议中一些模糊并有可能演变为贸易壁垒的条款，使其更为清楚和明晰。④对于发达国家和发展中国家采取固定帮助的原则，明确发达国家必须将贸易额的一定比例用来支持和援助发展中国家。⑤由 WTO 成员交纳公共基金，用来聘请律师为最不发达国家和发展中国家提供必要的法律援助，帮助解决发展中国家遇到的国际贸易争端。另外，目前 WTO 的争端解决机制中也有专门的律师用来援助发展中国家。

对于发展中国家而言，外部的援助固然重要，但这些毕竟是遵从的外因，因此，发展中国家也必须强化自己的“内因”，积极主动做好以下几

① 资料来源：www.wto.org.

点：①积极参与国际标准的制定。首先发展中国家必须做好数据的收集工作，建立数据库，进行相关风险评估，如果在风险评估中存在困难，可以向国际组织寻求援助；其次，任何国际标准的通过都会在成员国反复讨论和至少 2/3 同意的基础上产生的。因此，发展中国家必须积极参与国际组织的会议，积极行使自己的表决权。②积极寻求国际援助。所谓积极，就是发展中成员必须反映自己的心声，向提供援助的国际组织和发达国家提出申请，通过可行性评估后获得援助，如果不提出申请，得到援助的可能性则微乎其微。③积极进行标准的双边或多边认可。当不同的标准能达到相同的保护效力并得到对方的认可后，则贸易的进行大为便利。④积极采纳国际标准。国际标准是发展中国家证明其措施正当化最简单和最经济的方法。采纳国际标准有两种，即等同采纳和等效采纳，在等效采纳下，并不要求标准完全相同，只要是按照国际标准的原则制定，标准可适当有高有低。

第三章

SPS 措施与 WTO 规则的一般研究

乌拉圭回合以前，没有独立的《实施卫生与植物卫生措施协议》(Agreement on the Application of Sanitary and Phytosanitary Measures，以下简称《SPS 协议》)，其内容为东京回合所达成的《技术性贸易壁垒协议》(Agreement on Technical Barriers to Trade，简称 TBT 协议）所涵盖。但在乌拉圭回合中形成的多边货物贸易体制中，《SPS 协议》与《TBT 协议》相分离，作为单独的一个附属协议。

事实上，《SPS 协议》的产生是与《农产品协议》相伴而行的，并成为《农产品协议》的一个重要组成部分。《农产品协议》是乌拉圭回合的一大贡献，它把长期游离于 GATT（General Agreement on Tariffs and Trade，关税及贸易总协定）体制之外的占世界贸易总额 13%的农产品贸易纳入多边贸易体制轨道。《农产品协议》的核心思想是建立“单一关税制”(Tariff - only Regime)（即关税化），即将要求成员国将所有非关税措施进行关税化改革，并逐步削减关税。但由于 GATT 第 20 条（b）项承认各国政府在保护人类、动物或植物的生命与健康所必需的情况下，具有限制贸易的权利，因而，许多国家担心在关税化后，由于农产品的非关税措施被禁止采用，可能会导致一些国家更多地和不合理地对贸易使用 SPS 措施变相地限制农产品贸易。《SPS 协议》就是为了消除这种威胁而制定的。因此，有学者认为，《SPS 协议》是“与进口准入、出口竞争、国内支持并列成为《农产品协议》的第 4 根支柱。”①

① 赵维田．世贸组织（WTO）的法律制度．长春：吉林人民出版社，2002.

SPS作为WTO框架下的制度安排，这种制度安排的特点和规则是什么，SPS协议的执行绩效如何？成员国关于SPS措施的贸易争端的争议点何在？这些案例带来哪些启示，这些问题的研究和解决为研究主题提供法律和宏观环境基础。

3.1　WTO关于SPS措施的制度安排

WTO关于SPS措施的制度安排包括SPS协议、国际标准制定机构、国际争端处理机制。

3.1.1　SPS协议

SPS协议的核心原则是："不应阻止各成员方采纳或实施为保护人类、动植物的生命或健康所必需的措施。"该原则的出台，使SPS协议实质走上了允许成员国在对人类健康和动植物生命风险进行科学评估基础上建立食品进口的非关税壁垒。其贡献在于规范决定和影响人类、动植物生命或健康的科学风险评估程序。这有利于减少使用食品安全法规措施作为其他用途的机会。

1. SPS协议的内容

SPS协议包括定义（第1条）；基本权利和义务（第2条）；一致性（第3条）；等效性（第4条）；风险评估（第5条）；区域条件的适应性（第6条）；透明度（第7条）；技术援助（第9条）；区别和特殊对待（第10条）。除这些条款规定外，WTO还规定，当成员国因执行SPS而发生争议时，可以通过WTO的争端解决机制协商解决。

SPS协议的基本思想包括：①SPS协议覆盖的风险主要包括四种，即一是保护免受病虫害、带病有机体或致病有机体传入、繁殖或扩散所产生的风险；二是保护免受食品、饮料或饲料中添加剂、污染物、毒素或致病有机体所产生的风险；三是保护免受动物、植物及其产品携带的病害或虫害传入、繁殖和扩散所产生的风险；四是防止有害生物传入、定植和扩散所产生的其他危害。②肯定了成员国为保护食品安全、动植物健康和环境安全制定和使用SPS措施的权利。③协议要求各国的SPS措施必须建立在科学依据之上。这里的科学依据包括三个方面：一是有权威研究机构研究成果的支持或者已有研究已经证明的结论；二是采纳国际标准，包括即国际法典委员会（CAC）制定的食品安全标准、国际动物协会（OIE）制定的动物卫生标准和国际植物保护公约（IPPC）制定的植物健康标准；三是经过科学的风险评估，协议中对食品风险评估和动植物的风险评估分别给出了原则。协议还肯定在科学依据的前提下，成员国还可使用比国际标准更为严格的 SPS 措施。④各成员国必须设立专门机构如 SPS 咨询点向 WTO/SPS 委员会和其他成员国通报新颁布的 SPS 措施或对原有措施的修改，并留出适当时间供其他国家咨询和评估。⑤各国 SPS 措施应实行等效一致原则。SPS 协议承认，由于各国所处的地理环境不同、动植物的品种、气候不同，所以出口成员对出口产品采取的 SPS 措施，尽管不同于进口成员采取的措施，或者不同于生产同一产品的其他成员的措施，但客观上达到了进口成员适当的或同一的动植物卫生保护水平（Approprint Level of Protection，ALOP），进口成员就应当接受这种措施（等效认可）。⑥WTO 倡导贸易自由化原则，因此各国的 SPS 措施对贸易的影响应最小化。即在达到相同控制风险水平的情况下，各国应选择对贸易影响最小的 SPS 措施。⑦成员国对于风险应遵从区域划分的原则，不应因某成员国境内的局部区域发生风险，而对整个国家的产品实行贸易禁运。⑧发展中国家区别对待原则。明确了发达国家应帮助、援助发展中国家提高国内的风险控制能力和控制水平。以上原则和规定确保各成员国选择可接受的风险水平和实施适当的保护水平，努力实现各国官方标准确是科学依据支撑下为保护消费者和动植物群体安全所必需的水平，从而对贸易的负面影响最小化[①]。上述原则和规定强调国际标准的地位，强调成员国采取一致性原则（CAC，OIE，IPPC 标准）或者一致性的推定。然而，一国在有科学依据（第三条）或提供建立在科学依据基础上的理由（第 12 条），仍可实行高于国际标准的卫生和植物检疫措施（第三条）。按照 SPS 协议第 12 条的规定，提供证据的重任落在出口商身上（第 4 条）。因此，SPS 协议是 WTO 少数几个奉行谨慎原则的协议。

① 董银果，严京．国际贸易中的官方标准和私营标准．国际经贸探索，2011（5）．

赵维田先生把《SPS协议》的实体规则归纳为三大原则：科学证据原则、国际协调原则、风险评估与适度保护原则[①]。

2. SPS协议与TBT协议的异同

TBT协议是GATT第七轮回合，即东京回合的谈判成果，并在乌拉圭回合经过修改和完善。TBT协议的目标是：确保出口产品的质量、保护人类和动植物的健康安全、保护环境、防止欺诈行为和保卫国家安全。TBT协议的原则是：避免不必要的贸易障碍；实行无歧视和国民待遇；一致性；技术规则的等效性；一致评定程序的相互认可；透明度等。

鉴于食品安全、动植物安全以及环境安全问题的日趋重要，由此引起的贸易摩擦的日益增多，以及担心农产品市场放开后各国将技术性贸易措施壁垒化，乌拉圭回合又将与安全有关的技术性贸易措施单列，并通过SPS协议加以约束。因此，SPS协议较明确地集中于WTO成员运用措施保护人类、动物和植物生命和健康的权利，集中在食品安全事务上，而TBT协议制订的规则则是关于国际贸易产品中（包括食品）的技术性标准（强制的或自愿的）。

SPS协议和TBT协议的共同点表现在：①约束的都是政府或非政府机构的行为，即由政府和非政府机构制定的法规、标准、合格评定程序、检测检验方法以及包装等，而未受政府委托的非政府机构制定的私营标准则不属于其管辖范围；②基本原则相同。SPS协议和TBT协议都强调非歧视原则、透明度原则、一致性原则、等效性原则以及贸易影响最小化原则等WTO的基本原则；③SPS协议与TBT协议存在着管辖权的重叠。就食品而言，食品的质量条款属于TBT协议，而食品安全问题则属于SPS协议，然而，食品质量与食品安全的模糊区分，往往使SPS协议与TBT协议存在重叠之处[②]，即一项措施在违背SPS协议的同时也违背了TBT协议。

SPS协议与TBT协议的区别主要体现在：①涵盖的范围不同。当涉及产品和食品安全时，属SPS的管辖范围，除此之外，则是TBT协议的

① 赵维田．世贸组织（WTO）的法律制度．长春：吉林人民出版社，2002.

② Hooker, N, Caswell. J Trends in food quality management system in processed food trade and foreign direct investment [J]. Agribusiness 12 (5): 411－419, 1996.

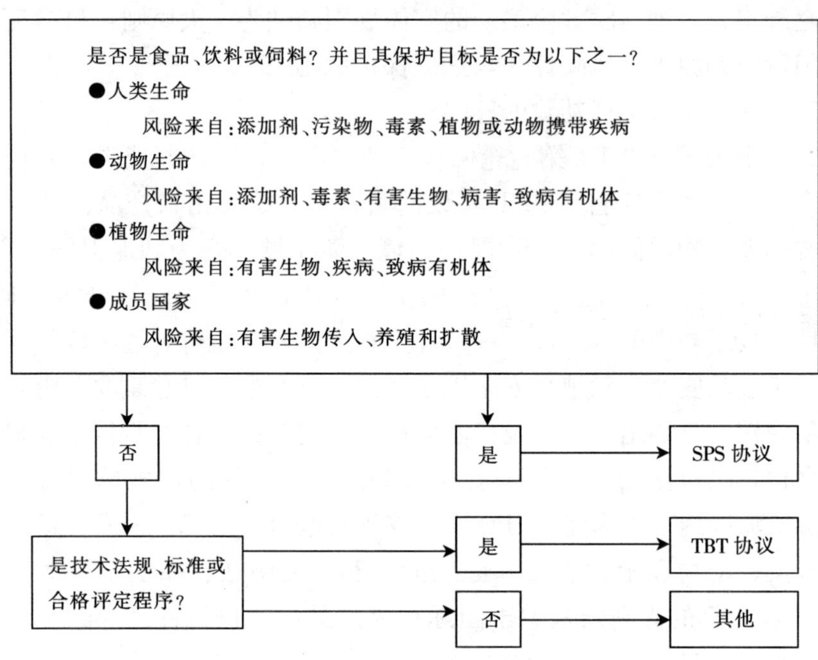

图 3－1　SPS 协议与 TBT 协议涵盖范围的差异

资料来源：陈志刚等，中国农产品应对国外 SPS 措施研究［M］．杭州：浙江大学出版社，2011.

管辖范围（如图 3－1)。TBT 涉及的应用范围比 SPS 广泛得多。TBT 协议下的技术标准指的是进出口产品必须满足的性能标准，包括产品质量特性、包装要求、标签规则、广告和销售主张。还可包括产品在生命周期中的环境、健康、劳工或其他标准。在食品标准方面，具体涉及质量条款、营养要求、标签、包装和产品内容以及分析方法。《SPS 协议》的适用范围界定清楚但相对狭窄。②国际标准在 SPS 协议中更具权威性。SPS 协议和 TBT 协议都规定了使用技术标准和措施的时间和必须满足的条件，例如通知，制定标准的透明性、采用适当的国际标准等，强调的重点也是国际标准。SPS 协议还指定 CAC \ OIE \ IPPC 制定的标准为国际标准，然而 TBT 协议没有指定专门的机构制定国际标准。TBT 协议适用于所有的政府标准。对于非政府性的、非强制性的标准则成为良好实践规则。③SPS协议在特定产品上比 TBT 协议严格。SPS 协议强调科学依据的重要性，要求成员国无论发达程度如何，其实施的 SPS 措施必须满足科学依据的条件，然而，当 SPS 试图按照科学依据区分正当与不正当的贸易壁垒时，TBT 协议却不受科学依据的限制。其结果是，TBT 协议在针对特定产品贸易壁垒上显得较为软弱。如当某国希望保护国内食品工业时，以保护环境的名义或以食品生产和加工方法的道德名义，而成功地使用 TBT 协议，而这种理由在 SPS 协议下是不可能的。

3.1.2　SPS 国际标准制定机构

SPS 协议中指定了三大机构制定的标准为国际标准，即法典委员会（CAC）制定的食品安全标准、国际兽医局（OIE）制定的动物卫生与健康标准和国际植物保护公约（IPPC）制定的植物健康与卫生标准。

1. 国际食品法典委员会

国际食品法典委员会（CAC）是由联合国粮农组织（FAO）和世界卫生组织（WHO）于 1963 年共同建立，以保障消费者的健康和确保食品贸易公平为宗旨的一个制定国际食品标准的政府间和非政府组织①。截至 2010 年底有 184 个成员国和 1 个成员国组织（欧盟），覆盖全球 99%的人口。CAC 下设秘书处、执行委员会、6 个地区协调委员会，21 个专业委员会和 1 个政府间特别工作组。

CAC 的主要工作通过执行委员会下属的三个法典委员及其分支机构进行。产品法典委员会，是食品及食品类别的分委会，垂直地管理各种食品。一般法典委员会，是与各种食品、各个产品委员会都有关的基本领域中的特殊项目，包括食品添加剂、农药残留、标签、检验和出证体系以及分析和采样等。地区法典委员会，负责处理区域性事务。

CAC 的工作程序为：第一步：大会批准新的工作，成立制标小组；第二步：制标小组拟订草案初稿；第三步：送交有关政府征求意见；第四步：委员会审议草案初稿和反馈意见；第五步：大会采纳拟议的草案；第六步：再次送交有关政府征求意见；第七步：委员会再次审议草案和反馈意见；第八步：大会批准，并以法典标准公布。

① 资料来源：CAC 官方网站．http：//www.codexalimentarius.net/web/index_en.jsp.

WTO的SPS协议和TBT协议以CAC的标准为国际标准，这一点使CAC在建立国际食品安全和安全标准的作用更加突出，并承担了贸易安全作用。SPS协议要求成员国的国内标准与CAC的标准、指南和其他推荐法典相一致。当发生贸易争议时，CAC的标准、指南和建议将被WTO的争议解决程序使用解决SPS协议下的争议。伴随着贸易自由化而来的是国内目标和风险，这些国内目标可能使改进全球食品安全的初衷模糊。也就是说，当新的食品安全问题被提交作为可能的法典食品标准审议时，考虑较多的可能是政治或者特殊利益而不是食品安全。在标准建立过程中，对于科学的风险评估是CAC成员国最为争议的事项。CAC的传统的姿态：以科学依据评估风险对人类的健康影响。然而，欧盟却努力使风险评估包括政治—经济—社会因素，这就使风险评估更有争议性①。

2. 世界动物卫生组织（OIE）

世界动物卫生组织是一个政府间组织，它是由28个国家于1924年签署的一项国际协议产生的。致力于全球范围内的动物健康。目前拥有178个成员国和地区。

世界动物卫生组织的职能主要包括以下3方面：①向各国政府通告全世界范围内发生的动物疫情以及疫情的起因，并通告控制这些疾病的方法。②在全球范围内，就动物疾病的监测和控制进行国际研究。③协调各成员国在动物和动物产品贸易方面的法规和标准。其中，OIE最优先的职能就是向各政府通报危害人类和动物健康的动物疫情，以及发生疫情的原因。为此，OIE建立了通报体系，允许成员国在必要的情况下采取紧急措施。发布信息的迫切性因疾病严重程度而不同（A类和B类，A类包括15种特别严重的疾病，一旦爆发则禁止贸易）。OIE还根据FAO的要求提供C类疾病服务列表。一旦接到成员国通报的A类疾病、刚出现的传染性疾病或任何可能对其他国家形成威胁的特殊流行病征兆，中央局立即向成员国转达相关信息：①通过电子邮件向受到威胁的国家发布信息；②向所有成员国邮寄《疾病信息》。

---

① Codex Alimentarius Commission (1999) Codex Committee on General Principles (14th Session, 19－23 Spril): Review of the Statements of Principles on the Role of Science and the Extent to which Other Factors should be Taken into Account. CX/GP 99/09. FAO, Rome.

世界贸易组织《实施卫生和植物卫生措施协定》明确要求使用由国际兽医总局制定的标准、指南和建议。以下由OIE国际委员会批准的标准化著作在SPS领域的协调中起着重要的作用。①法典由国际动物卫生法典委员会制定，为国际贸易制定标准。②手册由标准委员会制定，提供国际贸易中使用的标准化诊断技术以及疫苗管理方法。③水生动物的法典和手册由鱼类疾病委员会制定。

3. 国际植物保护公约（IPPC）

国际植物保护公约（International Plant Protection Convention，简称IPPC）是1951年联合国粮食及农业组织（FAO）通过的一个有关植物保护的多边国际协议，1952年生效。国际植物保护公约由设在粮农组织植物保护处的IPPC秘书处负责执行和管理，中国于2009年7月1日起将严格执行IPPC制定的国际植物检疫措施标准。

国际植物保护公约的目的是确保全球农业安全，并采取有效措施防止有害生物随植物和植物产品传播和扩散，促进有害生物控制措施。SPS协议将IPPC作为一个组织以提供国际植物安全标准，确保实施植物健康保护（植物卫生检疫）措施的一致性，最大程度地促进全球贸易的植物检疫措施的一致性。为了达到这个目的，WTO将依赖IPPC发展国际接受的从事风险评估的标准、方法和技术，及在实践中实施SPS的标准和指南。

表3-1　三个国际标准制定机构比较

	CAC	OIE	IPPC
标准类型	食品安全	动物健康	植物健康
成立时间	1963	1924	1952
总部	罗马	巴黎	罗马
成员国	184成员国1个成员组织	178	177
中国加入时间	1986	2007	2009

资料来源：国际食品法典委员会官方网站 http：//www. codexalimentarius. net；

世界动物卫生组织官方网站：http：//www. oie. int；

国际植物保护公约官方网站：http：//www. ippc. int.

3.1.3 SPS协议的管理

SPS委员会是根据《SPS协定》第12条而设立的负责协调管理《SPS协定》实施工作的机构。该委员会为各成员提供经常性磋商的场所，并履行第12条所赋予的职权，特别是协调和监督实施食品法典委员会(CAC)、国际兽医局（OIE）及国际植物保护公约（IPPC）制定的有关国际标准、指南和建议的情况。该委员会的日常工作由WTO总部农业和商品处的5位专职人员负责。

SPS委员会每年在WTO日内瓦总部举行3次会议，由各成员常驻日内瓦使团派员或从首都派员参加，相关国际组织及正在申请加入WTO的国家也作为观察员参会。每次会议主要是讨论SPS协定理解、实施中存在的问题，各成员就各自采取的SPS措施交流信息，就彼此之间贸易纠纷进行磋商，相关国际组织也会向大会汇报近期工作的进展，在会上还会讨论透明度、等效性、采纳国际标准、为发展中成员提供技术援助等问题。在每次会前都还要召开非正式的专题研讨会，供各成员在透明度、等效性等方面交流执行协定的经验。

3.1.4 SPS争议解决机制

所谓SPS争议，是指某一成员的SPS措施在制定和执行过程中未能遵守SPS协定的相关规定而给其他成员造成贸易损失或潜在损失而引发的纠纷[①]。

WTO争端解决机制具有约束力，是成员解决贸易争端的主要诉讼平台。具有下列特点：

(1) 鼓励成员通过双边谈判解决争端。根据《WTO争端解决规则及程序的谅解》(以下简称《谅解》）的规定，争端当事人进行双边磋商是世界贸易组织争端解决的第一步，也是必经的一步。一成员向另一成员提出磋商请求后，被要求方应该在接到请求的10天内做出答复，如同意，则磋商在30天内开始。在紧急情况下，如货物容易变质，则磋商应该发出

① 董银果．国际贸易中SPS争议案的关键争议点分析．国际经贸探索，2010（8）．

邀请的10天内开始。在磋商60天或紧急情况下20天未果，则应要求成立专家组。即便进入专家组程序，争端当事人仍可通过磋商解决争端。

(2) 规定了解决争端的时限。若成员双边磋商60天内无果，可要求成立专家组。专家组在6个月内搜集证据，14个月内签发专家组意见，如果成员均反对专家组意见，可请求上诉机构提出终裁意见。

(3) 确立了新的否决一致原则。WTO采取“反向一致”原则，即专家组报告自动生效，除非所有当事人都反对。

(4) 引入交叉报复权，加大了裁决的执行力度。WTO争端解决机制要求成员在不超过15个月的“合理的时间期限”修改其措施，并审查其执行情况，并且授权“报复”或“赔偿”。这些有助于提高WTO争端解决机制的效力。

(5) 增设了上诉评审程序（DSU）和上诉机构。由于担心临时成立的专家小组在解释SPS协议方面可能出现的错误，WTO的争端解决机制设立了一个受理上诉的常设机构，这样，便达到在争端解决程序的司法性加强的情况下又确保了专家小组报告的合法性和维护当事方权益的目的。

3.2 SPS规制的评价与SPS协议的执行绩效

3.2.1 SPS规制的评价

WTO关于SPS措施的各种制度安排试图使国际贸易非政治化。国际商品流动不是服从于各国不同的标准取向，而是服从于广泛的科学依据或者非歧视原则。SPS协议和SPS协议指定的三大标准制定机构都努力限制SPS措施作为非关税壁垒使用，同时保护消费者利益。就食品安全而言，正当的SPS措施，是符合法典标准，或危害风险评估经过与法典标准设立原则相一致的科学方法所提供的科学依据。就动物产品和植物产品而言，正当的SPS措施应该符合OIE的动物健康标准和IPPC的植物产品标准。SPS协议的基础是非歧视原则，也就是说，SPS措施不应违背最惠国原则和国民待遇原则，并对贸易的扭曲达到最小。

首先，国际制度安排有助于食品安全和动植物国际规则的标准化，从而降低农产品和食品国际贸易的交易成本。当然，这些制度不可能也不应消除国家间法规、标准上的差异。然而，允许国家间的差异（服从于最低），也就是允许各国探寻食品安全系统的改革，有助于增强各国食品企业的竞争优势。SPS协议中的“相互认证”的概念增强了这种能力。因此，当国内SPS措施不同于别国或者国际标准时，应该证明其在总体上达到了同样的保护水平和保护效果。

其次，国际制度安排建立在科学原则基础上，也有助于降低特殊利益群体（工业集团或国内社会）利用其他社会焦点寻求经济保护的热情。当然，现行的国际制度安排还不可能完全解决这一问题，然而它提高了游说国政府的政治成本，也为其他政府反对这种形式的经济保护提供了国际支持。

再次，国际制度安排对国家转向理想食品体系的能力也做出了贡献，他们试图使争议解决程序从谈判制过渡到宣判制，降低了（虽不能完全消除）权利不平衡对争议结果的影响①。

然而现行国际制度安排并不完美，主要表现为②：

第一，发展中国家面临着事实上的不平等。国际规制排除了经济因素对于相关风险评估和科学依据的影响，科学依据是证明一国SPS措施正当化的唯一理由，也是挑战他国SPS措施的依据。这样的安排在表面平等的情况下对于经济、技术落后的国家事实上并不平等。这是因为：一是即使他们的SPS措施达到与发达国家或者与其他发展中国家相同的保护水平，但常因技术限制难以提供科学依据和进行相关的风险评估，产品不能正常贸易。二是当国内的SPS措施受到挑战时，因技术水平限制而无法提供有力的抗辩。三是发达国家的很多超过国际标准的SPS措施常常没有正当化，但搜集证据的责任落在出口方身上，然而发展中国家的出口商因技术限制无法挑战发达国家的高标准。四是经济、技术水平使各国客观存在着标准差，排除经济因素的影响事实上使发展中国家不得不接受超越国力的技术标准。凡此种种都为发达国家限制发展中国家的食品和农产品找到充分理由。这也是发展中国家农产品和食品在1995年以来出口受

① John Spriggs, Grant Isaac. Food safety and international competitiveness: the case of beef [J]. CABI Publishing, 2001.

② 董银果．国际食品贸易规制述评．西北农林科技大学学报（自然科学版），2005（9）．

限的根源。事实上，国际组织和发达国家除了对发展中国家提供帮助提高他们采纳国际标准的能力外，不可能也不应该修改现行体制的基本原则，发展中国家不能因为落后而要求较低水平的游戏规则。但是，可以修改国际规制中的部分条款，如将发达国家的援助从自愿要求变为强制性规定。

第二，长期以来，发展中国家受制度、财力和技术专家的限制，不能有效地参与食品安全国际组织的谈判活动，不能成为国际标准的制定者，更难将自己的要求和愿望反映在国际安全标准中，从而为发展中国家遵从安全标准带来巨大困难①。他们只能成为国际贸易“规制”这种游戏规则的被动接受国，为发达国家指挥和摆布。因此，国际援助应增强发展中国家参与国际活动的能力，提高发展中国家参与国际组织的数量和质量以及在决策中的份额，使他们的建议和声音体现在所颁布的标准上。中国应积极参与国际组织的活动，联合发展中国家争取贸易平等地位。

第三，发展中国家面临巨大的遵从成本。国际贸易政体强调一致性，鼓励成员国采纳国际标准。但对于发展中国家来说，其国内标准大多低于国际标准，而且采纳国际标准意味着巨大的刚性补偿成本②。同时，SPS 协议允许成员国在科学依据基础上采用高于国际标准的“标准”，这样发展中国家则面临高标准导致的超额成本，巨大的遵从成本不但使发展中国家不得不退出发达国家的市场，这也是直至今日发展中国家未能完全遵从 SPS 协议的根源。有研究③认为，倘若实际执行国际标准的国家越多，遵从成本就会显著降低，贸易歧视也会相应减少④。因此，国际社会和发达国家应加大对发展中国家的援助力度甚至将发达国家的援助变为强制性要求，给予发展中国家较长的遵从期限，让最不发达国家免费参与这种标准指定机构的活动，这样才有可能帮助发展中国家降低遵从成本，降低贸易

① Henson S.，Loader R.，Swinbank A.，Bredahal M.，Lux N. Impact of Sanitary and Phytosanitary Measures on Developing Countries［M］. Centre for Food Economics Research，University of Reading，April 2000.

② 董银果，侯军岐 . SPS 措施对猪肉贸易的影响分析 . 农业技术经济，2005（2）.

③ Mattoo A. Discriminatory Consequence of Non－Discriminatory Standards［J］. Journal of Economic Integration，2001（3）.

④ Mattoo A. Discrimnatory Consequence of Non－Discriminatory Standards［J］. Journal of Economic Integration，March 2001.

制度本身带来的负面效应。

3.2.2 SPS 协议执行状况

WTO 要求各成员严格按照 SPS 协议的原则制定本国的 SPS 措施，成员若发生 SPS 方面的争议，可以通过 WTO 的争端解决机制处理，因此，SPS 协议的执行主要表现在两个方面，一是 SPS 措施的制定，二是 SPS 争议的处理。

1. SPS 措施的制定

透明度原则是 WTO 的基本原则。根据 SPS 协议的透明度原则，成员有义务通报新发布的 SPS 措施或者对原有 SPS 措施的修订，以便其他成员了解、掌握其措施，不给相关贸易带来障碍。因此，成员有关 SPS 措施的通报数量反应 SPS 协议的执行情况。总体看来，SPS 措施的通报呈现下列特征：

（1）SPS 措施通报数量持续上升。1995—2010 年，成员的通报数量持续上升，从 1995 年的 197 件增长到 2010 年的 1 405 件，增长了 7.1 倍，年均递增 14%。15 年间，WTO 成员的全部 SPS 措施通报案共计 12 249 件（图 3-2）。SPS 措施通报数据的快速增长，一方面说明成员严格执行 SPS 协议的透明度原则，另一方面，这种通报数据的快速增长也说明了 WTO 框架下，由于传统贸易措施受到抑制，成员采纳 SPS 措施保护本国产业和市场的动机很强。

（2）发展中国家的通报数量快速增长且地位增强。1995—2010 年，发达国家共计通报 6 421 件，占全部通报 12 249 件的 50.9%。但发展中国家的增长势头较快，2008—2010 年，WTO 成员共通报 SPS 措施 3 689 件，其中发展中成员为 2 349 件，占比 63.7%。而 1995—2007 年，发展中成员只占同期全部通报的 42.7%（图 3-2）。

（3）食品安全是各国 SPS 措施的最主要动机。从通报的目的来看，食品安全一直是通报的重点，而且 2002—2010 年期间这种趋势不断加强。其次通报实施目的是植物保护和人体健康，动物保护和领土保护（表 3-2）。

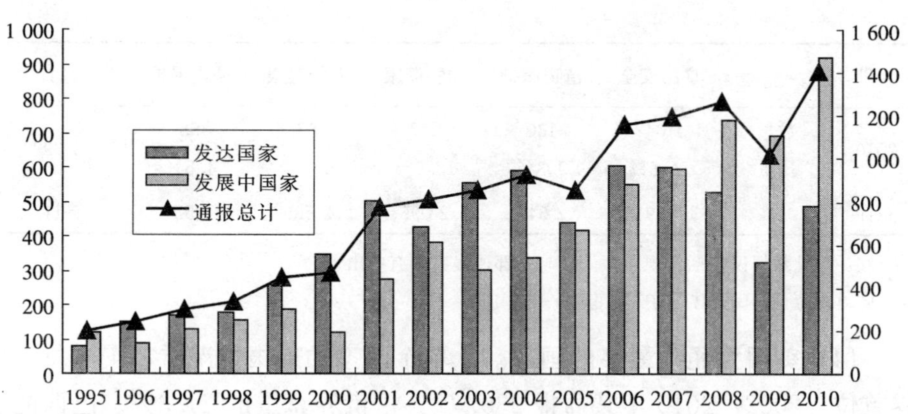

图 3-2　1995—2010 年世界各国 SPS 措施通报数

资料来源：WTO. SPS 措施通报中心，www. wto. org.

表 3-2　2002—2010 年 SPS 措施通报按照实施目的分类

单位：起

年份		食品安全	植物保护	动物健康	人体健康	领土保护	总计
2002	数量	292	153	126	72	36	625
	比重	46.7%	24.5%	20.2%	11.5%	5.8%	
2003	数量	479	227	210	226	49	841
	比重	56.9%	27.0%	25.0%	26.9%	5.8%	
2004	数量	585	195	237	336	28	914
	比重	64.0%	21.3%	25.9%	36.8%	3.1%	
2005	数量	502	299	208	284	67	858
	比重	58.5%	34.8%	24.2%	33.1%	7.8%	
2006	数量	702	603	353	500	99	1156
	比重	60.7%	52.2%	30.5%	43.3%	8.6%	
2007	数量	784	531	320	478	124	1162
	比重	67.5%	45.7%	27.5%	41.1%	10.7%	
2008	数量	820	330	249	421	118	1246
	比重	65.8%	26.5%	19.9%	33.8%	9.5%	
2009	数量	689	175	136	135	68	919
	比重	74.9%	19.0%	14.8%	14.8%	7.4%	

（续）

年份		食品安全	植物保护	动物健康	人体健康	领土保护	总计
2010	数量	1 042	130	257	83	63	1 392
	比重	74.8%	9.3%	18.5%	5.9%	4.5%	
总计		5 894	2 643	2 096	2 535	652	9 113

注：此处数据仅包括常规通报。故与全部通报数据有些出入。

资料来源：中国 TBT/SPS 通报中心数据库。

（4）美国为通报最多的国家。从单个国家的通报情况看，美国位于世界首位，2002—2010 年共通报 2307 项，占世界总量的 24.3%。巴西的通报数量位于发展中国家首位，位居世界第二。2002—2010 年共通报 820 项，占世界总量的 8.6%。其次是加拿大、新西兰。韩国的通报位于发展中国家第二位，6 年共通报 332 项（表 3 - 3）。

表 3 - 3　2002—2010 年主要国家的 SPS 措施通报情况

年份	美国	欧盟	加拿大	新西兰	日本	韩国	泰国	菲律宾	巴西	中国
2002	205	48	59	41	14	21	10	15	17	15
2003	240	76	58	86	21	32	16	9	17	28
2004	268	93	72	63	22	33	12	34	8	45
2005	242	42	60	26	23	25	21	21	41	17
2006	395	47	38	31	20	32	25	33	140	6
2007	397	53	43	34	27	55	25	27	173	4
2008	260	49	131	32	23	51	12	30	173	5
2009	111	53	76	29	22	54	15	29	135	20
2010	189	59	173	18	25	29	26	29	116	148
总计	2 307	520	710	360	197	332	162	227	820	288

资料来源：中国 TBT/SPS 通报中心数据库。

2. SPS 争议的处理

SPS 协议要求成员必须严格执行 SPS 协议，对于成员因为 SPS 措施而发生的贸易纠纷可以提请 WTO 争端处理机制。因此，WTO 争端处理机制的诉讼案也反映了 WTO 成员关于 SPS 措施的争议状况。

1995—2010 年，共有 37 件 SPS 措施争议案提交到 WTO 争端解决机制（表 3 - 4），占全部 419 项提交案的 8.8%。SPS 案在年度间分布不均衡，仅2003年提起的SPS案就占全部的16.2%，而1999年，2004年2005年和2006年均没有案例。以上SPS争议案主要呈现以下特点：

(1) 主动提出诉讼的以发达国家为主。20几个发达国家共提起26例，占70.3%（如表3-4）。相应的全世界100多个发展中国家共提起11例，只占29.7%，远远低于发达国家的水平。

(2) 贸易争端从发达国家之间向发展中国家当事人蔓延。贸易争端虽主要集中在发达国家之间，但有向发达国家与发展中国家，以及发展中国家之间蔓延的趋势。1995—1998年的16起争端中，发达国家占11起，尤其是美国、加拿大与对手（欧盟、日本）之间的争端居多，但在2000年以来的21起案例中，只有7起发生在发达国家之间，其余14起均诉诸发展中国家的当事人。

表3-4　1995—2010年WTO/SPS措施争议案

序号	文件号	起诉方	被诉方	引发争端的措施	时间 月/年
1	DS3	美国	韩国	农产品检验、检测措施	04/1995
2	DS5	美国	韩国	产品保存期限的措施	05/1995
3	DS18	加拿大	澳大利亚	影响大马哈鱼进口的措施	10/1995
4	DS20	加拿大	韩国	瓶装水的措施	11/1995
5	DS21	美国	澳大利亚	影响大马哈鱼进口的措施	11/1995
6	DS26	美国	欧盟	关于肉类及其产品的措施	01/1996
7	DS41	美国	韩国	新鲜水果的检验程序	05/1996
8	DS48	加拿大	欧盟	关于肉类及其产品的措施	07/1996
9	DS76	美国	日本	农产品检验的措施	04/1997
10	DS96	欧盟	印度	农产、纺织和工业进口品数量限制	07/1997
11	DS100	欧盟	美国	影响家禽进口的措施	08/1997
12	DS133	瑞士	斯洛伐克	影响乳制品和牛过境的措施	05/1998
13	DS134	印度	欧盟	影响大米进口措施	06/1998
14	DS135	加拿大	欧盟	影响石棉及石棉产品的措施	06/1998
15	DS137	加拿大	欧盟	影响松木进口的措施	06/1998
16	DS144	加拿大	美国	影响猪和谷物进口的措施	11/1998
17	DS203	美国	墨西哥	影响活猪贸易的措施	07/2000

（续）

序号	文件号	起诉方	被诉方	引发争端的措施	时间 月/年
18	DS205	泰国	埃及	禁止含大豆油金枪鱼罐头进口	09/2000
19	DS237	厄瓜多尔	土耳其	水果进口规定	09/2001
20	DS245	美国	日本	影响苹果进口的措施	03/2002
21	DS256	匈牙利	土耳其	禁止宠物饲料的进口	05/2002
22	DS270	菲律宾	澳大利亚	影响水果和蔬菜进口的措施	10/2002
23	DS271	菲律宾	澳大利亚	影响鲜菠萝进口的措施	10/2002
24	DS279	欧盟	印度	进出口政策下的进口限制	12/2002
25	DS284	尼加拉瓜	墨西哥	影响黑豆进口的措施	03/2003
26	DS287	欧共体	澳大利亚	进口的检疫制度	04/2003
27	DS291	美国	欧共体	影响生物产品的认证和销售的措施	05/2003
28	DS292	加拿大	欧共体	影响生物产品的认证和销售的措施	05/2003
29	DS293	阿根廷	欧共体	影响生物产品的认证和销售的措施	05/2003
30	DS297	匈牙利	克罗地亚	影响活动物和肉进口的措施	07/2003
31	DS367	新西兰	澳大利亚	影响苹果进口的措施	08/2007
32	DS384	加拿大	美国	影响苹果进口的措施	12/2008
33	DS386	墨西哥	美国	原产地商标要求措施	12/2008
34	DS389	美国	欧盟	影响牛肉及其制品进口的措施	01/2009
35	DS391	加拿大	韩国	影响牛肉及其制品进口的措施	04/2009
36	DS392	中国	美国	影响家禽进口的措施	04/2009
37	DS406	印尼	美国	影响香烟进口的措施	04/2010

资料来源：WTO的SPS信息管理系统，http：//spsims. wto. org/.

(3) 发达国家仍是贸易争端的主体。在全部37例争端案中，34例涉及发达国家的当事人。美国、欧盟和加拿大是最活跃的主角。其中，美国和加拿大是主要起诉方，分别起诉10例和9例，而欧盟和澳大利亚是主要被诉方，分别被诉9例和6例。由此可见，美国是最善于利用SPS措施保护国内食品安全、动植物健康和环境安全的国家，而欧盟的SPS措施备受争议。

(4) 大部分案例仍然悬而未决。在37件争议案中，15件已经解决，占全部案例的40.5%。而其余的案例从官方资料中未能发现结果。

（5）WTO争端解决机制受到信赖。经专家组和上诉机构程序审结的案件比例较高，特别是《SPS协议》实施初期。在15件已经解决的争议案中，有9件是通过专家组解决的，占全部解决案件的60%。说明上诉机构和专家组采用协议解决争议案取得初步成功。

表3-5　SPS措施争议案的年度分布及争议方类型

类型	原告	被告	件数	1995	1996	1997	1998	2000	2001	2002	2003	2007	2008	2009	2010
Ⅰ	发达	发达	16	2	2	2	3	—	—	1	3	1	1	1	—
Ⅱ	发达	发展中	10	3	1	1	1	1	—	1	1	—	—	1	—
Ⅲ	发展中	发达	8	—	—	—	1	1	—	2	1	—	1	—	2
Ⅳ	发展中	发展中	3	—	—	—	—	—	1	—	2	—	—	—	—
总计			37	5	3	3	5	2	1	4	7	1	2	2	2

资料来源：根据WTO网上资料整理。

3.3　SPS贸易纠纷案的关键争议点分析①

WTO争端解决机制是国际贸易领域的法庭，是成员国解决贸易争端的诉讼平台。其运作程序为，若成员双边磋商60天内无果，可要求成立专家组。专家组在6个月内搜集证据，14个月内签发专家组意见，如果成员均反对专家组意见，可请求上诉机构提出终裁意见。此后是报告的通过和执行。WTO采取“反向一致”原则，即专家组报告自动生效，除非所有当事人都反对。在31项争议案中，9件通过专家组解决，占全部的29%。这9件案例分别是：有关食品安全的美国、加拿大诉欧共体荷尔蒙牛肉案（WT/DS26，48）和美国、加拿大和阿根廷诉欧共体生物技术案（WT/DS291，292，293）；有关动物健康的案例是加拿大、美国诉澳大利亚鲑鱼案（WT/DS18，21）。有关植物保护的是美国诉日本植物品种测试案（WT/DS76）、美国诉日本火疫病案（WT/DS245）、菲律宾诉澳大利亚热带水果案（WT/DS270）及新西兰诉澳大利亚苹果案（WT/DS367）。

① 3.3和3.4节内容来自：董银果．国际贸易中SPS典型案例的关键争议点分析［J］．国际经贸探索，2010（8）：52-58.

荷尔蒙牛肉是WTO处理的第一例SPS案例，备受关注，生物技术案涉及科学未知情况下的SPS措施，影响颇大。鲑鱼案是动物健康的唯一案例，植物品种测试和火疫病是植物健康案例中的经典，以上五例中四例美国均为主诉者，从争议可见美国是如何利用国际规则保护自身权益的。下文针对以上五例涉及的主要争议点（如表3-6）分别探讨。

表3-6　通过专家组程序解决的9例SPS案例比较

文件号	起诉方	被诉方	引发争端原因	诉讼时间月/年	专家组裁决时间	SPS领域	第三方数量
DS18/DS21	加拿大 美国	澳大利亚	鲑鱼进口措施	10/95 11/95	06/98	动物健康	7*@
DS26/DS48	美国 加拿大	欧盟	荷尔蒙牛肉	01/96 07/96	08/97	食品安全	5
DS76	美国	日本	农产品测试	04/97	10/98	植物健康	3*
DS245	美国	日本	苹果火疫病	03/02	06/03	植物健康	6*@
DS270	菲律宾	澳大利亚	热带水果	10/02	07/03	植物健康	7*
DS291	美国	欧盟	生物产品	05/03	09/06	食品安全	18@
DS292	加拿大	欧盟	生物产品	05/03	09/06	食品安全	17@
DS293	阿根廷	欧盟	生物产品	05/03	09/06	食品安全	17@
DS367	新西兰	澳大利亚	苹果进口	08/07	01/10	植物健康	6*

注：*表示欧盟为一个国家，@代表中国作为第三方参与。

资料来源：WTO网站，www. wto. org.

通过对5个典型案例的比较分析，可以看到主要争议表现在以下几个方面：科学依据及5.7条的适用性、风险评估的有效性、SPS措施的一致性、最低贸易限制以及透明度等①，见表3-7。下文将针对以上关键争议点进行深入探讨。

表3-7　WTO框架下典型SPS纠纷案关键争议点比较

争端	美/加诉欧盟荷尔蒙牛肉案	加拿大诉澳大利亚鲑鱼案	美国诉日本品种测试案	美国诉日本苹果案	美、加和阿根廷诉欧盟转基因产品案
科学证据	X (5.7)		X (5.7)	X (5.7)	X (5.7)
措施协调	X				

① 董银果．国际贸易中SPS典型案例的关键争议点分析［J］．国际经贸探索，2010（8）．

（续）

争端	美/加诉欧盟荷尔蒙牛肉案	加拿大诉澳大利亚鲑鱼案	美国诉日本品种测试案	美国诉日本苹果案	美、加和阿根廷诉欧盟转基因产品案
风险评估	X	X		X	
一致性	X	X			
最低贸易限制		X		X	
透明度			X	X	

资料来源：WTO 官方网站，www. wto. org.

3.3.1 科学依据与预防性原则的适用条件

科学依据是 SPS 协议的首要标准，是一切检疫规则的基石。协议的 2.2 条规定，成员应该确保其 SPS 措施仅为保护人类、动物和植物的生命和健康所必须的程度，且这些措施须建立在科学依据之上，如果没有充足的科学理由，则不应保持，除非符合 5.7 条。以上 5 例中的 4 例都与科学依据以及 5.7 条的适用有关，可见是成员的主要争议点。

根据 SPS 协议，科学依据来源于两个方面：一是协议指定的三大国际机构制定的国际标准，即法典委员会（CODEX）制定的食品安全标准，国际兽医局（OIE）制定的动物健康标准和国际植物保护公约（IPPC）制定的植物健康标准。只要成员的 SPS 措施是基于国际标准，这就表明该成员遵守了 SPS 协议；二是在没有国际标准或者某一成员想要制定高于国际标准的 SPS 措施时，则必须进行相关的风险评估。协议第 2 条第 1 款和第 2 款强调，科学依据应证明拟采取的措施可以预防风险，而且对贸易的限制不应超出为保护人类、动植物生命或健康所必需的程度。荷尔蒙牛肉案涉及 6 种人工荷尔蒙，其中 5 种 Codex 都制定了相关标准，但欧盟没有采纳，同时其风险评估结果不足以支持其措施，所以专家组认定其没有科学依据。美国诉日本品种测试案中，已有科学研究证明溴甲烷熏蒸结合冷藏的处理方法对杀死苹果中两种螟蛾幼虫是有效的，且处理的有效性与水果品种无关，不支持日本规定不同的水果品种进口都需要测试的措施。在日本的苹果火疫病案例中，日本针对苹果的 SPS 措施与提交给专家组的 6 例研究的科学依据之间没有直接的客观的联系，即无法证明成熟、无症状苹果上潜伏的传染病会在现实的果园里发生；也不能证明非实验室条件下苹果果实可能会作为传播路径并污染日本的本土植物。因此，专家组也认定其没有科学依据。

在没有科学依据支撑时，则必须核对是否符合5.7条的规定。SPS协议第5条第7款规定，在科学证据不充分时，成员方仍可根据可获得的有关信息，采取临时卫生检疫措施。“有关信息”，包括来自有关国际组织或其他成员方的卫生检疫信息。与此同时，该成员方还要尽力获取若干补充资料以便在合理期限内对风险评估作出客观评价。SPS协议只是规定成员方对由预防原则而采取的临时性卫生和植物检疫措施应在合理期限内进行审议，但对这一合理期限则没有规定明确的时限，这就更加剧了进出口双方的贸易利益冲突。在荷尔蒙牛肉案例中，专家组认为欧共体不能援引第5.7条，原因是欧盟委员会援引了“预防原则”作为一般法律原则，故其进口禁令不是一个临时措施。专家组强调，预防原则不能超越成员方做相关风险评估的义务。在美日水果品种测试案中，美国认为日本水果品种测试要求已维持了50年之久，而且在SPS协议生效5年后也没有进行修改，很难说是“暂时性”措施，且没有证据显示，日本在此段期间内进行了相关资料收集和措施审议工作；专家小组及上诉机构也认定日本品种测试措施不属于暂时性措施。为此，上诉机构对5.7条做了进一步诠释，临时SPS措施必须同时符合如下四项要件：①有关科学证据不充分；②依据现有可获得的有关信息而采取；③设法取得更多必要信息，以做客观的风险评估；④在合理期间内审议检验或检疫措施。上列第①②要件是成员采取临时性措施的先决条件，第③④要件是成员继续维持该临时性措施的必要条件，只要违背上述四项要件之一，即违背SPS协议关于临时性措施的规定。在美国诉日本的苹果火疫病案例中，专家组也认为，日本的措施不能被证明是临时措施，相关科学研究和实践试验进行了200多年，有大量高质量的针对火疫病通过苹果传播风险的科学依据可供日本进行风险评估，因而日本并不适宜引用5.7条“科学不确定性”。在转基因产品案例中，欧共体成员的禁令也不适用5.7条，这是因为有充足的科学依据供欧共体做相关风险评估，但欧共体最低贸易限制的要求不能决定证据的充足性，需要的证据使曾经充足的证据变得不充足了。尽管以上四例在缓引

5.7条均告失败，但是成员在爆发口蹄疫、禽流感等疫病的紧急情况下，仍可以不受“充足证据”的约束。

3.3.2　风险评估的有效性问题

风险评估是成员使其SPS措施正当化的又一途径。SPS协议赋予成员更高程度的保护本国食品安全和动植物健康和安全的权利，承认一国可以在科学依据或者科学风险评估的条件下，不采用（Ignore）国际标准。SPS协议5.1条规定，成员应确保其SPS措施建立在对人类、动物和植物生命和健康适当的风险评估基础上，并且还要考虑国际组织或其他成员国提出的风险评估技术和方法。

食品安全的风险评估就是评估食品、饮料和饲料中含有的添加剂、污染物以及致病有机体对人或动物健康潜在的不利影响；动植物健康的风险评估则定义为对一种有害生物或疾病传入一进口成员或在其境内定居、传播的可能性及与之相关的生物学及经济学后果进行评定、分析。同时，病虫害的风险评估必须考虑经济因素，即病虫害进入、定居及传播的潜在损害（生产或销售的损失），进口国成员要控制或者消除必须付出的成本，用相对成本收益选择替代办法来限制风险。以上有三例违背了风险评估的规定。在荷尔蒙牛肉案中，欧共体措施反映出的科学结论是，促进生长使用的荷尔蒙，即使遵循了良好做法，也会对人体健康施加可识别的风险。但其提供的科学依据却不能支持这一观点，专家组认为，采取的措施和风险评估结果之间没有一个客观和可观测到的联系，因此其措施不是基于风险评估之上的。在鲑鱼案中，专家组和上诉机构认为“澳大利亚鲑鱼进口风险分析”报告没有评价鲑鱼携带病菌进入澳大利亚境内的可能性，也没有评价采取措施后是否能减少疾病进入的概率，因此，澳大利亚对新鲜、冷藏和冰冻鲑鱼禁止进口的措施不是建立在有效的风险评估之上的。在苹果火疫病案中，专家组认为，日本的风险评估没有具体针对进口的成熟苹果，没有考虑到可能出现的风险缓解措施，故其措施也不是建立在风险评估基础上的正当措施。在转基因案例中，专家组认为，欧共体的风险评估不是基于新的风险评估——没有根据风险缓解措施评价风险进入、定居、蔓延的可能性和可能产生的后果，因而也不是有效的风险评估，故不能支持其禁令。

3.3.3 SPS 措施的一致性问题

SPS 协议 5.5 条规定，为了达到运用适当的动植物卫生检疫保护水平（ALOP），对人类生命或健康、动植物的生命或健康的风险控制方面取得一致性，成员应避免在不同的情况下任意或不合理地实施不同的保护水平，这种差异在国际贸易中会产生歧视或变相限制。ALOP 是 WTO 成员可接受的最低风险。SPS 协议规定，如果出口成员对出口产品所采取的 SPS 措施，尽管不同于进口国所采取的措施，或不同于从事同一产品贸易的其他成员所采用的措施，但若客观上达到了进口成员的 ALOP，则进口成员就应当接受这种措施，承认其一致性并允许这种产品进口。目前 SPS 委员会只收到多米尼加共和国和美国、巴拿马和美国两项一致性通报。判断成员国是否违反 5.5 条有三个标准：①不同的但可比情况下采用不同程度的保护水平；②这种不同程度是任意的或者不合理的；③不同导致贸易歧视或者隐蔽的贸易限制。以上有两例违背了一致性的规定。在荷尔蒙牛肉案中，通过对促进生长的自然荷尔蒙与肉类和其他食品中内生的荷尔蒙及治疗或动物技术目的的荷尔蒙的比较、对促进生长的合成荷尔蒙与自然荷尔蒙的比较及争议荷尔蒙与 carbadox（即卡巴氧，是一种抗微生物生长激素，欧共体把它作为饲料添加剂在养猪中使用）的比较，专家组裁定，上述荷尔蒙的效果并没有不同，即使这些荷尔蒙不是完全相同的物质，也具有相同的不利效果，因而可视为第 5.5 条意义上的可比情况；欧共体采取的对促进生长的自然荷尔蒙的保护水平，与肉类和其他食品中内生的荷尔蒙及治疗或动物技术目的的荷尔蒙的保护水平，是不同的（即零残留与无限制的区别），而欧共体未能证明其保护水平的差别是正当的，因而在第 5 条第 5 款所含的第二因素意义上是武断的或不正当的。专家组认为，尽管第 5.5 条规定了三个条件，但“保护程度差异之大，加上任意性，已足以认定保护程度的差异造成歧视或对贸易的限制。”然而，上诉机构却主张，第 5.5 条的三个条件都是必要条件，保护程度的差异只是其中之一，不能用它来确定“歧视和限制贸易”的性质。上诉机构认为欧共体的法律不存在对国内生产进行保护的意图，也不曾对情形相同的出口商予以歧视，因而不构成“歧视或对贸易的变相限制”。而在鲑鱼案中，澳大利亚对鲑鱼进口进行限制，却允许其他可传播同样疾病的产品（如活鱼诱饵、观赏鱼）进口。因此，在鲑鱼和其他鱼类之间构成了区别对待，在可接受风险程度上没有一致性，因此违背了5.5条。在鲑鱼案中，上诉机构支持了专家组一份基本与荷尔蒙案专家组意见相同的认定，并极其详尽地分析了第5.5条之第（3）项条件的要素，综合起来，包括五个要点：采取措施之随意；保护措施的区别程度；保护措施不符合SPS协议第5.1条；被诉方国内法律、法规的变化及其理由；对同一品种的动物在国内流通是否受到限制。由此可见上诉机构吸取了荷尔蒙案件的教训，更着重于客观标准的评判，也使该条款明晰化①。

3.3.4　最低贸易限制问题

SPS协议5.6条规定：在不违背第3条第2款规定的情况下，各成员在制定或维持动植物卫生检疫措施以达到适当的动植物卫生检疫保护水平时，应考虑到技术和经济可行性，应确保这类措施不比达到适当的动植物卫生检疫保护水平所要求的更具贸易限制性。除非存在另一种措施，对现有技术和经济的可行性作了合理的考虑，并达到了合理的保护水平，且对贸易的限制性大大减小。具体标准为：①考虑经济和技术的可行性可以合理获得；②能达到成员适当的卫生和植物卫生保护水平；③对贸易的限制明显少于争议的措施。在鲑鱼案中，澳大利亚要求“消费者开包即食”的鲑鱼，其每份包装不超过450克，专家组认定这一要求对贸易限制的程度超过必要水平，因此违反了5.6条。在苹果火疫病案中，日本提议可供选择的SPS措施，即要求只有成熟，无症状的苹果进口符合以上三个条件，但专家组认为日本的措施导致更多的贸易限制。因此，这两例案例都违背了最低贸易限制的规定。

3.3.5　透明度问题

SPS协议的第7条规定，成员应建立咨询点并指定通知机构向其他成

---

①　肖冰．析WTO规制技术性贸易壁垒之实效性缺乏［J］．现代法学，2008（6）：121-129.

员通知 SPS 法规的新增内容或变动、或者当存在国际标准时成员的新法规不同于国际标准（可能建立在国际标准之上）或者法规可能对贸易有重大影响（即使对一个成员）的所有 SPS 措施。除紧急情况外，各成员应允许在动植物卫生检疫法规公布和生效之间有合理的时间间隔，以便让出口成员，尤其是发展中国家的生产商有足够的时间调整其产品和生产方法，以适应进口成员的要求。除此之外，成员还应该通知成员之间等效的认可、无病区的认可（认可的措施及影响的产品）、特殊和区别对待（如果发展中成员对通知措施存在困难）以及可获得的非正式译文。在美国诉日本的两例农产品案中，日本未能对规定进口条件的管理程序进行通报，因而违反了协议第 7 条和附件 B。

3.4 SPS 措施典型争议案的启示

通过以上案例的研究，可以为 WTO 成员尤其是向中国一样的年轻成员提供下列启示：

3.4.1 采纳国际标准是证明 SPS 措施正当化的最简单方式

科学依据是成员采纳 SPS 措施的前提和依据。SPS 协议适用范围是所有影响国际贸易的 SPS 措施，不仅对协议后设立的 SPS 措施有效，对协议前设立并对国际贸易产生影响的 SPS 措施也同样适用。因此，成员必须对它们现存的 SPS 措施寻找科学依据。科学依据包括两个方面：一是国际标准，二是科学的风险评估。在 SPS 协议中，国际标准只是推荐成员采纳的标准。成员对于国际标准也有三种可供选择的途径：一是等同采纳（Conform to），即采取的 SPS 措施完全依照国际标准、准则和建议的要求实施；二是等效采用（Based on），依据国际标准、准则和建议制定和实施 SPS 措施，并基于风险分析，由于各国的情况不同，其标准比国际标准略高或略低；三是不采纳（Ignore），则必须提供相关风险评估。在以上案例分析中，被告均败诉，其失败在于没有采纳国际标准，而其风险评估并非有效，因而不能证明其措施的正当性。尽管成员也可做相关的风险评估，但其过程复杂，消耗的人力、物力巨大，还有可能不是真正意义上的评估，因此，对于农产品食品而言，尤其是发展中成员的出口而言，采纳相关国际标准是最为省力的方法。

3.4.2 收集数据进行风险评估并积极参与制定国际标准

如果国际标准中考虑了出口国农产品食品的实际状况，则有利于出口国采纳国际标准，改变被动接受国际标准带来的遵从困难，所以农产品出口国必须积极参与到国际标准的制定中来。参与国际标准的制定必须做好以下基础工作：第一，积极收集数据，建立风险评估的基础数据库。第二，进行相关的风险评估。在做风险评估时可以采纳国际组织的方法或者其他国家的方法。中国是三大国际标准制定机构的成员，食品安全的风险评估设在卫生部，而动物健康的风险评估和植物虫害的风险评估则设在农业部，为了遵从 SPS 协议，我国还成立了风险评估专家委员会，根据风险评估结果制定我国的 SPS 措施。第三，如果自身做相关的风险评估有困难，可以提交数据，请国际组织或者发达国家的援助项目做评估。2006 年，斯里兰卡向欧盟出口桂皮，由于二氧化硫问题发生争议，当时还没有相关国际标准，在斯里兰卡建议和提供土壤资料的基础上，Codex 在 6 个月内就制定了国际标准，顺利地解决了贸易争端①。第四，积极深入参加国际标准制定机构的活动。一般而言，国际标准在草案阶段都会发到成员国征询意见，只有成员国都表决通过后才正式实施。因此，发展中应积极实施自己的表决权。

3.4.3 积极挑战国外的 SPS 措施

目前发达国家很多 SPS 措施其实并未采纳国际标准，也未通过相关风险评估。如果没有国家挑战，这些措施就被默许为正当；如果有国家挑战，则可能在外界的压力下，迫使当事国修改其规定。挑战包括向 SPS 委员会申诉，向 WTO 争端解决机制申诉。向 SPS 委员会的申诉程序是：成员国要向委员会提供书面材料，在委员会每年召开会议时提前进入会议的日程，形成委员会的特别贸易关注，通过在委员会会议上讨论，对该国

① Grechen Stanton. Challenges in implementing SPS agreement and its current issues. 实施 WTO/SPS 协定研讨会论文，杭州，2008.12.

形成压力。向 WTO 争端解决机制申诉的第一步为磋商，挑战者可要求被关注一方提供其措施的科学依据，如果对方提供的依据不能满足挑战者，则后者开始负有举证责任并正式提请专家组。荷尔蒙牛肉案中专家组确认首先应该由申诉方提供初步证据，证明被诉方违反 SPS 协议的规定，只有经专家组确认初步证据成立后，举证责任才会转由被诉方承担。这在一定程度上增加了对高于国际标准 SPS 措施进行挑战、诉讼的难度。值得注意的是，提起诉讼一方要尽可能争取一切外援，可提前将磋商或诉讼请求由 WTO 秘书处散发给 WTO 各成员，来争取同盟军。尤其是与本国有着共同利益的国家作为支持者加入磋商或诉讼队伍，来壮大自己在争端解决中的实力，使本国的辨证更有说服力。当向争端解决机制申诉时，无论是以磋商解决还是磋商未果提请专家组解决时，都要有充分的法律依据，以证明对方的行为损害了本国的正当贸易利益，所以必须做好前期的证据搜集。关于挑战和证据搜集的任务，单个企业是无法承担的，政府和行业协会作为企业的代言人，应设立专门机构，为企业提供公共服务，当然，企业则必须为政府和协会提供原始依据。从 WTO 的 SPS 争议案中可以发现，所有的起诉方均获得胜利，这说明，在农产品贸易中有许多不合理的 SPS 措施存在，这启示中国企业在遭遇贸易歧视时，必须积极拿起法律武器，向争端解决机制诉讼，保护自己的合法权益。同时，国际标准也是我国挑战别国 SPS 措施的有效依据。

3.4.4 积极开展对国外 SPS 措施的评议

SPS 协议的透明度原则要求，成员在通知新颁布的措施或者对原有措施的修改通知时，必须留出至少 60 天的评议期，以供其他成员了解和评估该措施是否有执行难度，这项评议制度有利于将 SPS 对农产品贸易的负面影响遏制在法规出台之前，也有利于出口国及早准备，积极应对。美国在这方面的经验值得其他国家借鉴。在美国，对国外新颁布或者修订的 SPS 措施的消息通过“联邦议事”这个信息平台发布给政府机构、中介组织、企业和科学家，由它们采取通讯评议的形式提出意见和建议，然后由政府部门组织专家、律师和企业家代表座谈，对通讯评议的意见进行逐条筛选，形成一个反馈意见。可见，美国的评议中充分考虑了企业的意见，也综合了专家和律师的意见。如果国外的评议期较短，美国一般都要求对方延长评议期，50%情况下会得到批准。这启示包括中国在内的发展中国家，在SPS措施的评议中必须充分了解和考虑企业的诉求，倾听企业的心声。行业协会在SPS评议中也起着重要作用，协会最了解企业，也是企业和政府的纽带，政府必须借助协会的力量吸收企业的意见。另外，专家的参与必不可少，技术专家是为了鉴别SPS措施的执行难度，法律专家则重点关注SPS措施是否构成壁垒。另外，针对第三世界国家的通报，别的国家可以参照英、美国等英语翻译。

第四章

SPS影响中国农产品贸易的实证研究

本章是课题研究的重点之一，主要分析中国农产品贸易的现状及特点，运用案例和大量数据分析 SPS 对我国农产品贸易的影响所在，运用计量方法量化 SPS 的影响效应。

4.1 中国农产品出口贸易的现状分析

中国是全球最大的农产品生产和消费大国，也是世界主要农产品出口国之一。中国农产品出口占世界农产品出口总额的比重逐年提高，从 1996 年的 2.47%上升到 2009 年的 3.50%（见表 4－1）。与此同时，加入

表 4－1　中国农产品出口占世界的份额

单位：千万美元

年份	世界总出口	中国总出口		世界总进口	中国总进口	
		金额	世界份额		金额	世界份额
1996	60 423	1 494	2.47%	641 234	1 530	2.39%
2001	55 226	1 663	3.01%	595 359	2 013	3.38%
2002	58 487	1 880	3.21%	626 466	2 185	3.49%
2006	94 209	3 254	3.45%	981 437	5 165	5.26%
2009	116 885	4 088	3.50%	1 196 665	7 662	6.40%

资料来源：WTO 贸易统计数据库（http：//stat. wto. org/Home/WSDBHome. aspx? Language=E）.

WTO以来中国迅速演变为一个农产品的进口国，中国农产品的进口占世界农产品进口的比重从1996年的2.39%上升为2009年的6.4%。目前中国已成为全球第五大农产品出口国及第三大农产品进口国，在世界农产品贸易格局中发挥着越来越重要的作用。下文将集中分析我国农产品出口贸易的状况。

4.1.1　农产品出口增长迅速但地位下降且逆差出现

进入21世纪以来，中国农产品贸易得以迅速发展，贸易总额从2000年的279.4亿美元增至2010年1 207.8亿美元，年均增长15.76%。其中，农产品出口贸易从2000年的160.9亿美元增至2010年的488.8亿美元，年均增长11.75%。相对于出口，中国农产品进口贸易的增幅更大，2000年我国进口农产品118.5亿美元，2010年增至719.0亿美元，年均增长19.96%。2004年中国农产品开始出现逆差。逆转了长期以来中国农产品保持顺差的历史态势，形成了一个新的历史拐点，2010年贸易逆差达230亿美元，占到农产品出口的47%。随着中国工业化和城市化的发展，中国农产品的贸易逆差还将扩大。中国从一个农产品出口国演变为一个农产品进口大国。

表4-2　2000—2010年中国农产品进出口贸易状况

单位：亿美元

年份	贸易总额	出口额	进口额	顺差
2000	279.4	160.9	118.5	42.4
2001	269.7	157.9	112.7	44.3
2002	304.3	180.2	124.1	56.1
2003	401.3	212.4	188.9	23.5
2004	510.6	230.9	279.7	−48.8
2005	558.3	271.8	286.5	−14.7
2006	630.1	310.3	319.8	−9.5
2007	775.9	366.2	409.7	−43.5
2008	985.5	402.2	583.3	−181.1
2009	913.8	392.1	521.7	−129.6
2010	1 207.8	488.8	719.0	−230.2

资料来源：笔者根据商务部农产品月度分析报告整理而得。

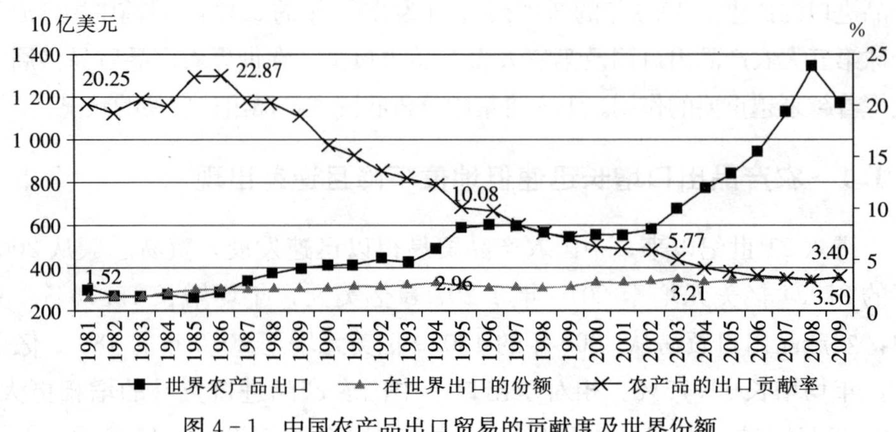

图4-1 中国农产品出口贸易的贡献度及世界份额

资料来源：根据WTO数据库（http：//stat. wto. org/Home/WSDBHome. aspx? Language）数据计算而得。

中国农产品出口在世界的地位有所增强。1981年全球出口农产品2 930.7亿美元，2009年增至11 688.5亿美元，年均增长5.27%。远远低于同期中国农产品出口8.17%的增速，因而中国农产品出口所占的世界份额也逐年增加，从1981年的1.52%增至1995年的2.96%，再上升至2009年3.50%①。这是因为改革开放以来，中国抓住贸易自由化的机遇积极参与国际竞争，充分发挥自身的要素禀赋，中国农产品贸易伴随着世界农产品贸易的增长而不断增长。然而，中国农产品贸易的出口贡献度②在开放初期呈现上升后呈现下降趋势。从1981年的20.25%增至1986年的22.87%，降至2009年的3.40%。出现这种现象的原因，一是农村的改革开放，特别是联产责任制的实行解放了生产力，提高了农产品的产量，农产品的出口的贡献度也出现上升趋势；二是随着城市的改革和出口导向战略的实施，中国充分利用廉价劳动力资源，生产并大量出口劳动密集型产品，如服装、玩具、电子制品等。1981年中国对外出口商品的价值为220.1亿美元，2009年增至12 015.3亿美元，年均增长16.0%，增

① 此处数据均为WTO网上数据，网址为：www. stat. wto. org.

② 农产品出口贡献度是指农产品出口占所有商品总出口的比重。

幅远大于农产品出口，造成农产品在总出口中的地位下降。这也符合中国产业结构调整的趋势。

4.1.2 水产类、畜禽类和果蔬类等劳动密集型为主要出口农产品

通过计算1996—2009年中国出口各类农产品①的平均值可知，出口额排前五名的农产品分别是第3、16、20、7、12章农产品，年均出口额分别为30.6亿、30.2亿、25.0亿、24.1亿和12.0亿美元。这说明中国农产品出口遵循了要素禀赋原理，以出口劳动密集型农产品为主。中国出口额排前五名的农产品全部属于劳动密集型产品，前十名中（第6～10名分别是第10、8、2、5、9章农产品），只有第10章（谷物）农产品属于土地密集型产品。另外，出口额前五名农产品的出口总额占中国农产品总额的55.9%，且该比例有变大趋势，2004年后该比例基本维持在60%以上，2006年高达65%。这表明我国出口农产品的产品集中度②较高，且有加剧的趋势。就中国农产品出口的结构而言，鱼及其他水生动物（第03章）是中国出口最多的农产品，其出口额一致平稳增长，但在2008年出现明显的下滑，2009年又大幅度增长，甚至超过了历史最高水平。其次是肉及其他水生无脊椎动物的制品（第16章），其出口呈现逐年上涨的趋势，仅在2009年出现了较大幅度的下降。含油的籽、果仁和果实、药用植物（第12章）的出口额逐年平稳小幅增加。食用蔬菜、根及茎块（第07章）和蔬菜、水果、坚果（第20章）的出口额增长较快，但蔬菜、水果、坚果在2009年出现较大幅度的下滑（详见表4-3）。

---

① 农产品的统计口径采用WTO农业协议的农产品加上水产品，利用联合国comtrade数据库HS2002的数据进行分析。具体包括1类农产品（HS编码为01-05）；2类植物产品（HS编码为06-14）；3类动、植物油、脂及其分解产品，精制的食用油脂，动、植物蜡（HS编码15）；4类食品，饮料、酒及醋，烟草、烟草及烟草代用品的制品（HS编码为16-24）。

② 集中度是指一国出口产品集中于某类产品的程度，公式为$C_t=100\sqrt{\sum_{i=1}^{n}(X_{it}/X_t)^2}$，$X_{it}$表示第$i$类农产品在$t$时期的出口值，$X_t$表示$t$时期全部农产品的出口值，$C_t$介于100和$100/\sqrt{n}$之间。当$n=1$，即只有一种产品时，$C_t=100$。

表 4-3　1996—2009 年中国农产品出口的产品结构

单位：百万美元

产品种类（HS 编码）	1996	2002	2005	2007	2009
活动物（01）	486.5	343.9	328.8	374.8	441.8
肉及食用杂碎（02）	1 085.9	664.5	742.8	731.3	763.9
鱼及其他水生动物（03）	1 737.6	2 873.5	4 349.7	4 752.4	6 813.6
乳品；蛋类；天然蜂蜜（04）	195.2	193.9	267.4	461.4	340.3
其他动物产品（05）	670.4	654.4	1 012.1	1 077.4	1 217.6
活树及其他活植物（06）	30.0	43.1	77.1	131.6	188.3
食用蔬菜，根及茎块（07）	1 542.1	1 883.2	3 052.1	4 042.9	4 853.1
食用水果及坚果（08）	460.7	554.6	1 067.3	1 632.4	2 378.8
咖啡，茶及调味香料（09）	492.5	551.6	927.4	1 088.9	1 403.2
谷物（10）	186.9	1 650.3	1 412.4	1 966.9	618.1
制粉工业产品（11）	218.1	118.3	200.0	508.7	465.8
含油的籽，果仁和果实，药用植物（12）	1 055.9	939.5	1 383.3	1 628.9	1 843.5
虫胶，树胶，树脂（13）	50.2	77.1	113.3	206.3	517.1
编结用植物材料（14）	51.9	43.8	49.2	59.1	58.5
动，植物油，脂及其分解产品（15）	382.4	108.1	284.0	327.0	329.9
肉及其他水生无脊椎动物的制品（16）	1 469.7	2 327.2	4 364.5	5 831.5	4 576.0
糖及糖食（17）	304.7	227.0	417.5	565.8	771.2
可可及可可制品（18）	48.7	36.0	109.9	147.3	129.5
谷物，粮食粉，糕饼点心（19）	235.2	454.4	759.5	919.8	984.7

（续）

产品种类（HS编码）	1996	2002	2005	2007	2009
蔬菜，水果，坚果（20）	1 046.8	1 757.2	3 084.3	5 436.2	4 750.1
杂项食品（21）	250.8	460.7	716.5	1 103.4	1 298.6
饮料，酒及醋（22）	396.7	597.2	718.4	828.8	832.1
食品工业的残渣；配制的动物饲料（23）	246.7	408.3	478.2	1 003.0	1 762.9
烟草，及烟草代用品的制品（24）	975.7	432.7	537.2	638.7	878.1

资料来源：联合国贸易统计司官方网站（http：//comtrade.un.org/db/dqQuickQuery.aspx）整理而得。

4.1.3 日本、欧盟、美国和东盟等为中国农产品主要出口市场

中国农产品销往亚洲、欧洲、非洲、北美、南美、大洋洲的200多个不同的国家和地区，其中亚洲、欧洲和北美是主要出口市场。通过计算2002—2009年中国农产品出口至不同市场的出口总额可知，亚洲是最主要的出口地区，占出口总额的62.7%；欧洲是第二大农产品出口地区，占总额的17.4%；北美市场占12.8%，非洲、南美和大洋洲分别占3.2%、2.3%和1.5%①。从出口市场细分的角度看，中国农产品出口市场以日本、美国、韩国、中国香港、欧盟、东盟、加拿大、俄罗斯、澳大利亚为主。HH指数②是由Herfindahl－Hirschman于1975年提出的可用于判断产品的市场集中度的指标③。从表4－4可知，中国农产品出口的市场较为集中，但集中度有下降的趋势，集中度A、B、C分别从2001年的

① 根据商务部农产品月度出口数据整理计算而得。

② HH指数的表达式为：$HHI=\sum_{i=1}^{n}(Xi/Xt)^2$。式中，$X_i$ 表示中国对 i 国农产品出口额，X_t 表示中国对世界农产品出口总额，n 表示所选取的国家个数。该指数越高，说明集中度越高；指数越小，表明集中度越小。

③ 刘靖，毛学峰，辛贤．中国农产品出口地理结构的衡量与分析［J］．世界经济，2006（1）．

52.65%、80.87%、83.94%下降至2008年的44.65%、70.34%和76.34%，这说明中国政府1991年部署实施的出口市场多元化战略取得了初步成效。

日本是中国农产品的第一出口市场，所占份额由2001年的三分之一强降到目前的五分之一强。2007年日本作为中国最大的出口市场的大宗农产品或食品有豆粕（占中国所有出口豆粕的67.6%，下同）、蜂蜜（57.1%）、花生果仁（8.7%）、鸡肉制品（89.4%）、烤鳗（76.9%）、棉花（18.8%）、墨鱼及鱿鱼（30.3%）、水煮笋（75.3%）、虾（37.1%）等；日本还是中国茶叶、大米、玉米、植物油、中药材等的第二或第三大出口市场。2008年中国对日出口农产品达75.80亿美元，占总出口的17.94%。近年来，由于中日两国的贸易摩擦不断，日本市场的增速缓慢，甚至负增长。欧盟地区是我国农产品出口的第二大市场，且增长迅速，2008年，中国对欧盟出口农产品61.86亿美元，较2007年增长17.99%。美国市场的出口额增长稳定。2008年中国对美国出口农产品50.21亿美元。韩国市场的波动较大，对中国香港的出口大部分属于转口贸易，出口额相对稳定。东盟作为一个新兴市场在对促进中国农产品出口方面发挥着越来越重要的作用（如图4-2）。

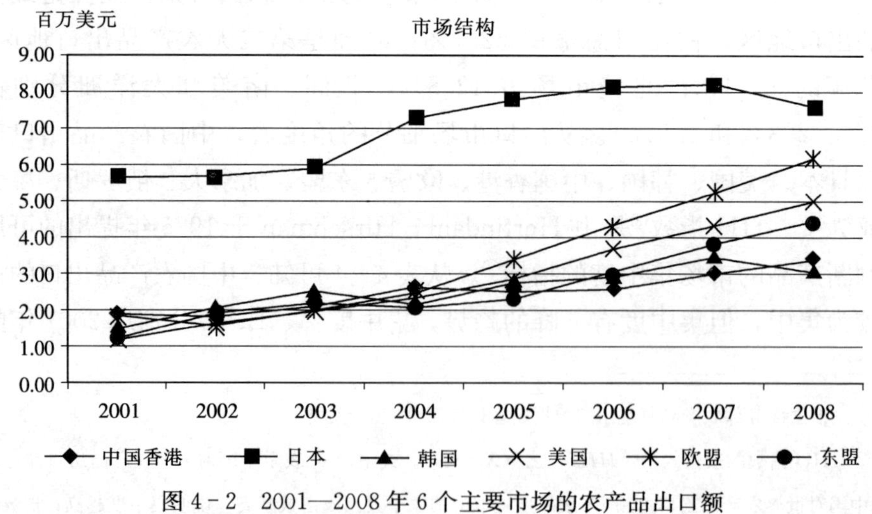

图4-2 2001—2008年6个主要市场的农产品出口额

资料来源：根据国研网对外贸易数据库（http：//edu.drcnet.com.cn）计算而得。

表 4-4　2001—2008 年我国农产品出口的市场集中度

年份	集中度 A	集中度 B	集中度 C
2001	52.65%	80.87%	83.94%
2002	47.69%	79.16%	83.19%
2003	46.35%	77.60%	82.03%
2004	50.22%	78.15%	82.76%
2005	48.77%	75.91%	80.59%
2006	49.33%	75.34%	80.38%
2007	45.77%	72.42%	77.98%
2008	44.46%	70.34%	76.34%

资料来源：根据国研网贸易数据库（http：//edu.drcnet.com.cn）计算而得。

注：集中度 A 表示对日本、美国和欧盟的出口额占全部出口的比重；集中度 B 表示对日本、美国、欧盟、中国香港、东盟和韩国的出口额占全部出口的比重；集中度 C 表示对日本、美国、欧盟、中国香港、东盟、韩国、加拿大、俄罗斯和澳大利亚的出口额占全部出口的比重。

4.1.4　山东、广东、浙江、辽宁等沿海省份为主要出口地区

与我国经济结构类似，我国农产品出口地区大致可分为三个层次，东部沿海地区出口量最大，中部地区次之，西部地区农产品出口最少。山东、广东、浙江、辽宁、福建是我国最主要的农产品出口地，其中山东省农产品出口额远大于其他省份，占全国出口额的 1/4，稳居全国第一；广东省是我国第二大农产品出口地，其出口量约占全国总出口量的 1/8，产品主要销往东盟、中国香港等地；浙江、辽宁、福建三省的农产品出口额相差不大（如表 4-5 所示）。五省农产品出口总额约占全国出口总额的 60%左右，2004 年该比例最高为 64.7%，2009 年该比例为 61.6%。

中国农产品出口主要集中在东南沿海地区，排在前五位的农产品出口省区为山东、广东、浙江、辽宁、福建（参见表 4-5）。这五省的出口额约占我国农产品总出口的 58.6%～64.6%。2007 年农产品出口额超过 10 亿美元的省区分别为：山东（92.5 亿美元）、广东（41.4 亿美元）、辽宁（30.8 亿美元）、浙江（29.3 亿美元）、福建（27.5 亿美元）、北京（20.2 亿美元）、江苏（16.6 亿美元）、上海（12.6 亿美元），合计约占全国农产

品出口总额的73.9%。山东是我国农产品出口第一大省，从2000年以来连续9年位居第一。

表4-5　2001—2009年中国主要农产品出口的主要省份

单位：亿美元

年份	山东省		广东省		浙江省		辽宁省		福建省	
	出口额	排名	出口额	排名	出口额	排名	出口额	排名	出口额	排名
2009	97.7	第一	48.8	第二	30.1	第五	30.7	第四	34.2	第三
2008	99.8	第一	46.2	第二	33.5	第三	33.5	第三	30.3	第五
2007	92.5	第一	41.4	第二	29.3	第四	30.8	第三	27.5	第五
2006	80.9	第一	38.5	第二	26.9	第三	24.1	第四	24.1	第四
2005	69.0	第一	35.7	第二	24.5	第三	21.6	第四	19.6	第五
2004	55.9	第一	34.4	第二	22.4	第三	18.7	第四	17.9	第五
2003	47.5	第一	29.0	第二	17.8	第三	17.2	第四	12.9	第五
2002	39.2	第一	26.8	第二	15.4	第三	14.4	第四	12.9	第五
2001	35.5	第一	23.5	第二	15.2	第三	12.3	第五	12.4	第四

资料来源：根据历年商务部农产品月度出口数据整理。

4.1.5　农产品出口以一般贸易为主且外资企业比重较大

根据商务部农业分析报告的分类方法，本书将农产品贸易分为一般贸易、加工贸易①、边境小额贸易、易货贸易和其他贸易②五种方式。中国农产品的贸易方式以一般贸易和加工贸易为主，二者的贸易总额约占农产品出口总额的97%，其中一般贸易约占77%，加工贸易约占20%③。以2009年为例，2009年中国出口农产品392.1亿美元，其中通过一般贸易的方式出口302.8亿美元，占77.2%；通过加工贸易方式出口73.5亿美元，占18.7%；通过其余的贸易方式出口15.9亿美元，占4.1%。从出

① 加工贸易主要包括来料加工装配贸易和进料加工贸易。

② 其他贸易包括无偿援助和赠送、港澳台华人捐赠、寄售、代销贸易、对外承包工程出口货物、外企投资进口设物、出料加工贸易、免税外汇商品、保税仓库进出境、保税仓储转口货物和其他。

③ 根据商务部农产品月度出口数据整理计算而得。

口企业的性质分析[①]，国有企业、私营企业和外商投资企业的出口总额约占农产品出口总额的95%。其中外商投资企业在出口总额中所占比例始终维持在40%左右，出口较为稳定；国有企业所占比重逐步降低，从2002年的48.9%降至2009年的15.3%；私营企业异军突起，2002年比例仅为7.4%，2009年迅速增至40.6%[②]。

4.1.6　农产品总体竞争力呈下降趋势

评价农产品国际竞争力的指标主要有四种：①反映国际竞争力实现程度的指标；②反映两国或地区之间竞争程度的指标；③反映一国竞争力的贸易模式——产业内和产业间贸易指标；④反映一国贸易集中度和稳定性的指标。根据研究需要，笔者主要采用显示性比较优势指数来衡量中国农产品的国际竞争力。

所谓显示性比较优势指数（Revealed Comparative Advantage, RCA），是指一国某一产业或产品在国际贸易中所具有的比较优势。衡量显示性比较优势指标的方法通常是用该产业或产品在该国出口中所占的份额与世界贸易中该产业或产品所占的总贸易额的份额之比来表示的[③]。

从时序数据来看，鱼及其他水生动物，活树及其他活植物，食用水果及坚果，谷物，虫胶、树胶、树脂，肉及其他水生无脊椎动物制品，可可及可可制品，谷物制品，蔬菜、水果、坚果，杂项食品以及饮料等显示性比较优势指数呈上升的趋势表明该类产品的出口竞争优势越来越强；其余农产品的比较优势指数则下降。从横截面数据来看，以2006年为例，肉及水生无脊椎动物制品，其他动物产品，编结用植物材料，蔬菜、水果、坚果，食用蔬菜、根及茎块，鱼及其他水生动物具有较强的比较优势，其显示性比较优势指数分别为4.84、4.97、2.81、2.71、2.58、2.03；咖啡、茶及调味香料，虫胶、树胶、树脂及含油的籽、果仁和果实具有一定

① 按照企业性质，农产品出口企业可分为国有企业、外商投资企业（中外合资企业、中外合作企业和外商独资企业）、集体企业、私营企业、个体工商户和其他。

② 根据商务部农产品月度出口数据整理计算而得。

③ $RCA_i=\frac{X_i/X}{TX_i/TX}$，$X_i$ 为一国对产品 i 对世界的出口额；X 为一国的产品总出口额；TX_i 为产品 i 的世界总出口额；TX 为世界产品总出口额。

的比较优势，其比较优势指数分别为1.2、1.18、1.07；可可及可可制品，蛋类和天然蜂蜜，乳品、动、植物油脂及其分解产品，肉及食用杂碎等在国际贸易方面没有比较优势，其比较优势指数分别是0.14、0.16、0.23、0.28（表4-6）。这些结论与国际竞争力指数所得结论有一定的相似性。

表4-6　中国农产品出口的显示性比较优势指数

产品种类（HS编码）	1996年	2001年	2002年	2006年
活动物（01）	1.58	1.16	0.98	0.60
肉及食用杂碎（02）	0.84	0.60	0.44	0.28
鱼及其他水生动物（03）	1.89	1.95	1.94	2.03
乳品；蛋类；天然蜂蜜（04）	0.19	0.19	0.18	0.16
其他动物产品（05）	6.13	6.04	5.26	4.97
活树及其他活植物（06）	0.11	0.12	0.12	0.18
食用蔬菜，根及茎块（07）	2.47	2.40	2.28	2.58
食用水果及坚果（08）	0.60	0.45	0.50	0.64
咖啡，茶及调味香料（09）	1.71	1.34	1.32	1.20
谷物（10）	0.13	0.91	1.29	0.53
制粉工业产品（11）	1.01	0.58	0.54	0.68
含油的籽，果仁和果实，药用植物（12）	1.78	1.34	1.24	1.07
虫胶，树胶，树脂（13）	0.94	0.97	0.93	1.18
编结用植物材料（14）	5.48	3.09	3.28	2.81
动，植物油，脂及其分解产品（15）	0.67	0.18	0.12	0.23
肉及其他水生无脊椎动物的制品（16）	3.80	3.98	3.95	4.84
糖及糖食（17）	0.79	0.28	0.39	0.42
可可及可可制品（18）	0.14	0.07	0.08	0.14
谷物，粮食粉，糕饼点心（19）	0.48	0.70	0.65	0.67
蔬菜，水果，坚果（20）	1.89	2.24	2.23	2.71
杂项食品（21）	0.48	0.67	0.67	0.71
饮料，酒及醋（22）	0.37	0.46	0.40	0.41
食品工业的残渣；配制的动物饲料（23）	0.58	0.41	0.52	0.41
烟草，及烟草代用品的制品（24）	1.35	0.54	0.58	0.58
其他农产品	0.71	0.70	0.78	0.65
所有农产品	1.00	1.00	1.00	1.00

资料来源：陈志刚、宋海英、董银果、王鑫鑫（2011）。

4.2 SPS措施影响中国农产品贸易的主要表现

4.2.1 中国贸易伙伴发起SPS措施的数量持续增长

根据WTO《SPS协议》的规定，各成员应该遵守透明度原则，及时通报其卫生与植物卫生措施的变更，并提供相关的信息。据WTO/SPS委员会秘书处统计，截至2011年6月7日，全球共有92个WTO成员发起了12249项SPS通报。其中完全针对中国的通报并不多，仅有125项。共有29个国家针对中国发起SPS通报，排前三位的国家及其通报数量分别为：美国19项、新西兰11项、欧盟和阿尔巴尼亚各9项、澳大利亚8项、巴西和菲律宾各7项、加拿大、瑞士、乌克兰和冰岛各5项（表4-7）。

表4-7 针对中国的SPS通报情况

单位：项

通报成员	通报数	通报成员	通报数	通报成员	通报数
美国	19	秘鲁	4	罗马尼亚	1
新西兰	11	中国台北	3	蒙古	1
欧盟	9	匈牙利	2	肯尼亚	1
阿尔巴尼亚	9	奥地利	2	哥斯达黎加	1
澳大利亚	8	约旦	2	塞浦路斯	1
巴西	7	泰国	2	芬兰	1
菲律宾	7	新加坡	1	斯洛文尼亚	1
加拿大	5	马来西亚	1	澳门	1
瑞士	5	日本	1	印度	1
乌克兰	5	亚美尼亚	1	埃及	1
冰岛	5	荷兰	1		
智利	4	韩国	1		

资料来源：除特殊说明外，所有通报数据均来自世界贸易组织网站，并经整理获得。

尽管各成员直接针对中国发起的SPS通报并不多，但WTO成员发起的通报可能对中国的进出口贸易产生影响的SPS通报多达近万项①，也就

① 除标明的受影响成员中没有中国外，其他通报均视为可能对中国产生影响。

是说，绝大多数SPS通报的受影响国均写着所有贸易伙伴或所有WTO成员，因此都有可能对中国的农产品贸易产生潜在影响。全球SPS通报数增加迅速，1995年各成员 *T* 向WTO通报SPS措施197项，2010年增至1 405项。中国主要贸易伙伴的通报数也基本呈上升之势，其中美国的通报数最多，1995—2010年美国共通报3 053项，占全球总通报数的34.3%（表4-8）。加拿大的通报数仅次于美国，1995—2010年共向WTO通报SPS措施840项，尤其近三年，加拿大明显加大了实施SPS措施的力度，2010年其通报SPS措施174项，远多于历年。近年来，东盟国家的通报数增加很快，其实施通报的国家主要以菲律宾和泰国为主。欧盟、日本、韩国、澳大利亚的通报数量较为稳定。

表4-8　1995—2010年中国主要贸易伙伴的SPS通报状况

年份	澳大利亚	加拿大	欧盟	日本	韩国	美国	东盟	世界
1995	8	8	23	7	21	20	2	197
1996	23	8	13	12	12	59	7	241
1997	33	20	13	9	4	41	11	298
1998	15	9	29	12	18	47	20	335
1999	33	33	9	11	11	82	21	445
2000	15	16	39	12	12	200	31	468
2001	11	30	47	17	32	238	87	777
2002	12	53	47	15	25	225	35	810
2003	17	65	74	21	33	245	36	856
2004	22	76	93	22	33	270	56	926
2005	30	61	40	22	25	239	53	855
2006	19	38	48	21	32	396	66	1 157
2007	17	43	57	7	56	410	60	1 195
2008	13	128	49	43	48	275	53	1 266
2009	21	78	55	22	54	116	71	1 018
2010	17	174	60	25	28	190	68	1 405
总计	306	840	696	278	444	3 053	677	12 249

资料来源：WTO的SPS信息管理系统（http：//spsims. wto. org/）.

从通报类型上看，WTO各成员的SPS通报主要以常规通报、补遗通报和紧急通报为主，2008年以三种方式通报的SPS措施分别为786件、

358件和102件，分别占总通报数的62.1%、28.3%和8.1%[①]，2006年以三种方式进行通报的SPS措施分别为798件、226件和102件，分别占总通报数的69.0%、28.3%和12.8%[②]。从通报领域上看，SPS措施所涉及的领域可分为食品安全、动物健康、植物保护、保护人类免受动植物、有害生物的危害及保护国家免受有害生物的危害5个领域。截至2011年5月，WTO各成员通报的SPS措施中，有食品安全有关的SPS措施5 600件，占总通报数的45%；保护动物健康的1 848件，占15%；植物保护2 443件，占19%；保护人类免受动植物、有害生物危害的2 069见，占16%，保护国家免受有害生物危害的647件，占5%。

4.2.2 主要贸易伙伴对中国农产品的拒绝/扣留状况

日本、美国、欧盟、韩国、加拿大为我国的主要贸易伙伴，这些国家对中国农产品的拒绝、扣留和通报数量反映了中国农产品遭遇SPS措施状况。

美国进口商品的检疫检验工作主要由美国食品药品管理局（FDA）和美国消费品安全委员会（CPSC）负责，其中与食品有关的进口商品的检验由FDA负责，2004—2010年美国FDA拒绝我国食品达到5 877批次（表4-9），美国也成为拒绝我国农产品、食品最多的国家，占全部拒绝批次的近一半。仅2009年一年，美国FDA就拒绝中国农产品1 058批次，给中国农产品出口造成巨大的损失。

表4-9 主要贸易伙伴对中国农产品的拒绝批次

国家	2004	2005	2006	2007	2008	2009	2010
美国	844	756	765	870	707	1 058	877
日本	499	411	509	461	284	304	280
欧盟	161	180	201	266	395	226	270
加拿大	58	101	117	166	70	101	178
韩国	—	—	—	—	262	609	161

资料来源：根据国家质检总局，中国WTO/TBT-SPS通报资讯网整理而得（http：//www.tbt-sps.gov.cn/Pages/home.aspx）.

① 国家质检总局中国技术性贸易措施年度报告2009.

② 国家质检总局中国技术性贸易措施年度报告2007.

日本负责检验进口农产品的机构为厚生劳动省。日本对中国食品出口的拒绝数仅次于美国。2008 年以来，日本对中国食品的拒绝批次呈现减少的趋势，主要源于日本于 2006 年实施了肯定列表制度，加大了对进口农产品的检验力度，食品的相关标准不仅数量大大增多且标准的质量更为严格苛刻，这使中国食品一时难以适应其严格的标准而严重受阻，但随着中国国内对标准的掌握能力越来越强，近年来食品受阻批次明显减少，2010 年日本拒绝我国食品 280 批次，数量明显少于往年。日本拒绝中国农产品的原因是农兽药残留超标，食品添加剂超标等。

欧盟负责对进口产品检疫检验的机构为欧盟健康消费者保护总司（RAPEX）和欧盟食品和饲料委员会（RASFF），其中 RASFF 主要负责对食品类进口产品进行检疫检验。欧盟对我国食品的拒绝批次在逐渐增多，2004 年欧盟拒绝中国食品 161 批次，最高增至 2008 年近 400 批次，2010 年我国出口欧盟食品被拒绝 270 批次，较 2008 年有明显的减少但比 2009 年增加近 50 批次。欧盟拒绝中国农产品的主要原因是化学品残留超标，如氯霉素等。

加拿大卫生部是加拿大负责对其进口产品进行检疫检验的部分。与美国、日本、欧盟相比，加拿大拒绝我国的食品批次较少，2004 年仅 58 批次，逐渐增至 2007 年的 166 批次，2008 年，加拿大拒绝我国食品批次迅速减至 70 批次，随后又逐年增多，2010 年加拿大拒绝我国食品 178 批次，超过了 2007 年的水平。

4.2.3 国内权威机构的调查结果

自 2005 年以来，国家质检总局每年均会对我国出口企业受技术性贸易比例的情况进行调研分析，其中包括农产品出口企业受 SPS 措施影响的情况。国家质检总局 2006 年调查显示，食品土畜产品受到技术性贸易措施的影响面最宽，2005 年直接损失与当年出口额之比为 26.7%，机会损失与当年出口额之比高达 96.6%（2006，国家质检总局）。

2007 年国家质检总局的报告显示，2006 年我国农畜产品行业

45.04%的企业受到TBT/SPS措施的影响，位列八大行业之首，农畜行业受到影响的大型企业数量比平均值高出14.92%，无论是大型还是小型企业的数量均比2005年有所上升。农畜行业样本企业受日本、欧盟、美国、韩国、东盟等国家或地区措施的影响最大，尤其以日本最为严重。2006年，农产品、食品行业的直接损失为85.4亿美元，其中对日本、欧盟和美国出口直接损失分别为44.9亿美元、27.4亿美元和4.4亿美元，在八大行业中所占比重为52.58%、32.13%和5.11%，这说明以上国家的TBT/SPS措施对我国农畜产品行业的影响最大。调查还发现，小型企业的损失（71.3亿美元）要明显大于大型企业（5.4亿美元），这说明SPS措施对于小型企业来说应对更为困难。

根据《中国技术性贸易壁垒2009年年度报告》（国家质检总局，2009）显示：2008年分别有55.79%、49.51%的大型企业和小型企业受到SPS措施的影响，较2007年分别下降1.50%和2.41%；日本、欧盟和美国是我国农产品出口企业遭遇SPS措施影响最大的国家，在受调研的企业中分别有214、206和150家企业受到影响，分别占总影响企业数的13.07%、12.58%和9.16%；从原产地的角度看，福建、广东、海南、河南、湖南、江西、青海、山东、山西、上海、四川、浙江是受SPS影响比较严重的地区，其受影响的企业比重高于全国平均比例；从不同种类SPS措施影响的角度分析，2008年，我国农产品出口企业遭受最多的是农药残留要求、重金属等有害物质要求、接触材料要求及细菌等卫生指标要求，另外，食品标签要求对我国企业也造成了较大的影响；受国外SPS措施的影响，2008年我国农产品出口企业出口以取消订单、扣留货物、销毁货物、退回货物降级处理等多种方式受阻，造成直接损失154.55亿美元，其中对欧盟、美国、日本出口直接损失额分别为69.33亿、33.26亿和32.97亿美元，分别占总直接损失的44.86%、21.52%和21.33%；为了遵从国外SPS措施，适应国外标准，2008年我国农产品出口企业增加的测试费、认证费占出口销售价格的3.27%，其中为了满足欧盟、美国和日本对产品的技术要求而新增的成本分别达到7.09亿、4.55亿和2.78亿美元，给我国农产品出口带来很大的压力。

4.3 SPS 措施对中国典型出口地区的影响分析

4.3.1 引言

乌拉圭回合以来，约占世界贸易总额 13%的农产品被纳入多边贸易规制的范畴，这就意味着农产品领域的非关税措施必须进行关税化改革，而关税水平逐步削减。与此同时，关贸总协定承认成员保护食品安全、动植物安全和环境安全等的权利。为了保障成员在削减关税的情况下，以食品安全等名义的保护措施不沦为贸易壁垒，乌拉圭回合又通过了卫生与植物检疫协议。该协议于 1995 年 1 月 1 日执行。SPS 协议执行以来，成员有关 SPS 措施的通报数量不断增长，从 1995 年的 198 件增长到 2010 年 1 405件，年均递增 14%，15 年间总计通报 12 249 件。据国家质检总局测算，这些通报的 80%对中国农产品和食品贸易产生影响。受此影响，中国加入 WTO 的第一年损失达 100 亿美元；2005 年，42%的农产品出口受到国外 SPS 措施的影响，其直接损失约为当年出口额 26.7%，机会损失与当年出口额之比高达 96.6%①；2006 年，约 90%的农产品受到 SPS 措施不同程度的影响②；2008 年，52.5%的农产品出口企业受到 SPS 措施影响，直接损失 154.6 亿美元，相当于当年农产品总出口额的 38.3%。为了遵从进口国 SPS 措施，中国出口企业的生产成本增加了 3.27%③。实践表明，SPS 措施已成为影响中国农产品贸易的主要限制因素，急需研究应对策略。

针对 SPS 措施对我国农产品贸易的影响，学者们也开展了较为广泛的研究。研究普遍认为，SPS 措施虽有诸多正面效应，但是某些国家制定的 SPS 措施、标准、法规却具有贸易限制作用。黄卫平等认为，SPS 在经济层面能产生关税效应，在制度层面会成为贸易壁垒④。沈忠泉等分析

---

① 国家质检总局．中国技术性贸易措施年度报告 2006.

② 商务部．2006 国外技术性贸易措施对我国对外贸易影响调查报告．

③ 国家质检总局．中国技术性贸易措施年度报告 2009.

④ 黄卫平，程大为．国际贸易中动植物卫生检疫措施的壁垒含义分析［J］．中国人民大学学报．2001 (3)：54－60.

了SPS协议的贸易禁止、贸易限制和贸易扭转效应[①]。丁三寅从全球的角度，分析了SPS协议对农产品国际贸易的影响[②]。也有学者分析了SPS对中国农产品的成本、价格和竞争力的影响[③]、[④]。更多学者分析了SPS协议对中国动物检疫、植物检疫、食品、农产品贸易的影响，SPS协议的主要条款及对中国制度上的影响。关于中国农畜产品出口遭受SPS限制的原因，沈忠泉等认为，中国的安全标准与发达国家存在差异，中国的社会制度、农产品出口的市场结构以及发达国家的歧视性；董银果等认为近年中国猪肉出口受阻的原因在于生猪防疫和猪肉安全控制体系比较落后，不能为猪肉出口提供保障[⑤]。有些学者则从中国国内标准与国际标准的比较，中国农产品质量安全管理体制，农产品生产结构等方面，分析了中国农产品出口遭受SPS的原因。但大多数学者研究认为，中国遭遇SPS壁垒主要是中国农畜产品质量安全水平较低，但也不排除个别国家利用SPS保护国内产业的目的。

遗憾的是，以上研究都是从宏观角度探讨SPS对我国农产贸易的影响，而关于SPS对实际从事农产品出口企业的具体影响却研究过少。企业既是贸易活动的实践者，又是SPS措施的影响对象，因此，本书采用调研方法就SPS对农产品出口企业的影响幅度、程度及相关因素进行分析，着重寻找企业遭遇SPS措施的原因，进而提出针对性的应对措施。

4.3.2 研究设计

1. 样本选择

由于受时间和财力限制，本书仅选择对我国的典型农产品出口地区山

---

① 沈忠泉，曹海涛．SPS协议对我国食品贸易的影响及对策［J］．国际经贸探索，2002（2）：56－59.

② 丁三寅等．进出境动植物检疫与国际农产品贸易［J］．植物检疫，2004（5）：300－304.

③ 顾江，杨红利．SPS措施对出口产品成本因素影响的经济分析［J］．农业经济问题，2003（12）：35－38.

④ 董银果．SPS措施影响中国猪肉贸易的理论模型分析［J］．国际贸易问题，2006（2）：102－108.

⑤ 董银果．SPS措施对猪肉贸易的影响及中国遵从方略研究［J］．北京：中国农业出版社，2005.

东、浙江和福建进行调查。选择这三个省份主要基于下列理由：第一，三省是我国最重要的农产品出口地区。2001—2009山东省农产品出口额增长了175%，年均递增13.4%，连续九年居全国首位。2001—2009年福建省农产品出口增长了176%，年均递增13.4%，浙江省农产品出口增长了98%，年均增长8.9%，其出口额均保持在全国的前五位。三省农产品出口值之和占全国的比重从2001年的39.5%上升到2009年的41.3%（如表4-10）；第二，三省农产品的出口市场囊括了我国农产品出口的所有市场。山东省农产品出口的国家和地区达到185个，出口市场主要集中在日本、欧盟、美国、韩国等地区。其中，日本是山东农产品的第一出口市场，约占全部农产品出口的1/3，尤其是蔬菜，80%流向日本市场。福建省农产品出口到157个国家和地区，但其主要出口市场仍集中在日本、美国和欧盟地区。其中，日本仍为福建省农产品出口第一大市场，约占三分之一。浙江省主要的出口市场集中在日本、欧盟、韩国和美国，其中前三大市场占据农产品总出口的65.6%。第三，三省农产品的出口品种也具有代表性。水产品、蔬菜、水果是山东省主要农产品出口品种。2007—2009年，三类产品出口额占农产品总出口的49.5%、46%和52.4%，其中2009年水产品、蔬菜、水果出口额分别占山东省农产品出口额的25.4%、20.6%和6.5%，占福建省农产品出口额的29.8%、9.4%和7.9%，茶叶在福建农产品出口中也占据较大份额。浙江省农产品出口的主要品种为水产品、生丝、茶叶、蔬菜和水果，2009年此五种产品的出口额占浙江省农产品总出口额的80%以上。目前，水产品、蔬菜、水果、茶叶等为我国农产品的主要品种，因此，山东、福建和浙江三省具有典型性和代表性。

表4-10　山东省、福建省和浙江省2001—2009年农产品出口状况

年份	山东省			福建省			浙江省		
	出口额（亿美元）	占全国比（%）	排名	出口额（亿美元）	占全国比（%）	排名	出口额（亿美元）	占全国比（%）	排名
2009	97.7	24.9%	第一	34.2	8.7%	第三	30.1	7.7%	第五
2008	99.8	24.8%	第一	30.3	7.5%	第五	33.5	8.3%	第四
2007	92.5	25.3%	第一	27.5	7.5%	第五	29.3	8.0%	第四

（续）

年份	山东省			福建省			浙江省		
	出口额（亿美元）	占全国比（%）	排名	出口额（亿美元）	占全国比（%）	排名	出口额（亿美元）	占全国比（%）	排名
2006	80.9	26.1%	第一	24.1	7.8%	第五	26.9	8.7%	第三
2005	69.0	25.4%	第一	19.6	7.2%	第五	24.5	9.0%	第三
2004	55.9	24.2%	第一	17.9	7.8%	第五	22.4	9.8%	第三
2003	47.5	22.4%	第一	12.9	6.1%	第五	17.8	8.4%	第三
2002	39.2	21.8%	第一	12.9	7.2%	第五	15.4	8.5%	第三
2001	35.5	22.2%	第一	12.4	7.8%	第四	15.2	9.5	第三

资料来源：根据商务部农产品月度出口数据整理。

2. 研究方法

调查方法（Survey－based Approaches）是研究SPS措施常用到的方法之一，它通过问卷或座谈等形式询问企业经营者对其贸易实践影响较大的SPS。如国际经济合作与发展组织对美、日、德、英4国3部门的55家企业进行问卷调查，以考察这些国家的技术标准和一致性评估程序对贸易的影响程度①。2005年以来，中国质检总局也采纳调查方法，通过对全国八大行业企业进行分层，调查技术性贸易措施对企业的影响程度和贸易损失②。调查方法的优点是，解剖麻雀，了解实情，在缺乏足够数据时，有助于缩小分析的范围，深入到受影响的企业内部，甄别其类型，了解企业家和经济学家所关注的热点和难点问题；其缺点是，当被调研的对象得知调查结果可能影响现行政策的变更时，他们的答案可能有悖于实际，这给研究者分析和甄别调研问卷结果带来一定的难度。总体上来说，调查方法涉及的成本相对较小，信息相对较为具体，最适合在其他相关信息不足的情况下运用③。

本书主要采用问卷调查和实地考察相结合的方法开展研究。其中问卷

① OECD. An Assessment of the Cost for International Trade in Meeting Regulatory Requirements. Organisation for Economic Development and Cooperation，Paris. 1999.

② 国际质检总局．国外技术性贸易措施对我国对外贸易影响调查报告［R］．2006，2007，2008，2009.

③ 谢娟娟．关于贸易的技术性壁垒的实证研究综述［J］．南开经济研究，2005（6）．

调查是在商务部的协助下通过浙江、山东和福建三省的外经贸厅，对农产品企业随机抽样的方式进行的。为了控制企业（尤其是中小型企业）因遭遇 SPS 措施而出现破产、转产进而对研究结果产生的偏差，调查中要求企业必须具有 5 年以上的出口经历。本次问卷共分为四个部分：一是企业的基本信息；二是企业受 SPS 影响状况；三是企业受阻于 SPS 的原因调查；四是企业应对 SPS 措施及其希望得到的帮助调查，分别采用打分、选择和填充三种形式。实地考察主要是通过座谈会的形式与 20 多家企业负责人进行了深入的交流。

3. 数据描述

调查共发放问卷 102 份，收回问卷 92 份，其中有效问卷 88 份，占回收问卷的 95.7%。88 份有效问卷中，28 份来自山东省，占 31.8%，38 份来自浙江省，占 43.2%，22 份来自福建省，占 25%；从企业成立时间来看，一半企业成立于 20 世纪 90 年代，2000 年以后成立的企业占 37.5%；从企业类型看，72.7%企业为生产加工型，综合型占 21.6%；从企业在同行的地位看，省级龙头企业和国家龙头企业占 66%；从企业的市场导向看，80%的企业为外销型。

表 4－11　调查企业的样本特征

单位：个、%

调查项目		企业个数	比重	调查项目		企业个数	比重
企业成立时间	1990 年之前	11	12.5	企业类型	生产加工型	64	72.7
	1991—1999 年	44	50		贸易型	5	5.7
	2000 年以后	33	37.5		综合型	19	21.6
企业同行地位	国家龙头	17	19.3	市场导向	外销	71	80.7
	省级龙头	41	46.6		内销	15	17
	一般企业	30	34.1		内外销相等	2	2.3

资料来源：根据农产品出口企业调查问卷。

4.3.3 SPS 措施对农产品出口企业影响的调查结果

调查问卷采纳 Henson（2001）在研究 SPS 对发展中国家农产品贸易

影响中所使用的打分方法①，要求企业对其产品出口有影响的十种贸易措施进行打分，运用算术平均法计算出每种措施的分值，再根据分数的大小判断各种措施的影响程度（如表4-12）。

表4-12　影响农产品出口贸易的主要因素及其影响程度

影响因素	影响程度	排名	影响因素	影响程度	排名
汇率	3.88	1	反倾销	2.11	6
SPS措施	3.40	2	配额	1.81	7
通关环节	2.72	3	反补贴	1.78	8
TBT措施	2.69	4	许可证	1.77	9
关税	2.26	5	知识产权	1.42	10

注：5表示影响特别大，4表示影响较大；3表示影响一般，2表示影响较小，1表示没有影响。

资料来源：根据山东、福建、浙江三省调查问卷计算而来。

调查显示，汇率的变动即人民币的持续升值是影响企业出口的首要因素，分值为3.88分。人民币的持续升值抬高了出口价格，削弱了产品的竞争力，这是因为我国目前出口的农产品、食品大多以价格进行竞争，因此企业对汇率的波动更为敏感。SPS措施是影响企业出口的第二大因素，分值为3.40分。排在第三和第四位的影响因素为通关环节和TBT措施，这两者也和SPS密切相关，属于技术性贸易措施的范畴。关税、反倾销、配额、反补贴分别排在第五到第八位，这说明在当前国际贸易中，关税壁垒的作用已经大为减弱。许可证和知识产权对农产品出口企业的影响最小，排在最后两位。

1. SPS措施对农产品出口企业的影响幅度

"关于企业是否遭遇过任何形式的国外SPS措施"用于调查SPS的波及面，要求企业在"是"与"否"中做出选择。结果在调查的88家企业中，50家企业选择了肯定答案，占比56.8%。进一步调查显示，50家企业中的35家遭遇了重大SPS措施的影响，占比70%，占全部受调查企业的

---

① Henson，S.，and R. Loader，. Impact of sanitary and phytosanitary standards on developing countries and the role of the SPS Agreement [J] . Agribusiness 15 (3)：355-369，1999.

39.8%。其中山东省 64.3%企业受到 SPS 影响①，高于福建省的 59.1%和浙江的 50%②。山东省遭遇重大 SPS 影响的企业占到 46.4%，也超过三省的平均值 39.8%。可见，SPS 对我国农产品出口企业的影响面较广，且农产品出口比重越大和出口额越多的省份，所受的影响也越大。

2. 不同类别 SPS 措施对农产品出口企业的影响程度

为了进一步了解 SPS 措施的不同类别的影响程度，调查将 SPS 措施细分为认证及注册要求、指标限量要求、动植物病虫害要求、审批、检验和检疫等程序性要求、风险分析要求以及其他要求六个方面分类统计，仍采用打分方法。结果显示：农药、兽药的指标限量要求是 SPS 措施中排在首位的影响因素，分值为 4.14 分（表 4－13）。这与近年来我国农产品遭遇的重大 SPS 事件相符，如动物源产品案起源于在虾仁中检出氯霉素残留，斑点叉尾鮰事件起源于在叉尾产品检验出氟喹诺酮药物残留，菠菜案也是因为出口菠菜的毒死蜱残留超标。审批、检验、检疫等程序性要求影响位居第二，分值为 3.73 分。动植物病虫害要求位于第三位，为 3.41 分，认证注册分值为 3.37，排列第四位，风险分析要求和其他要求影响较小。可见，SPS 措施中的药物残留限量标准是影响企业出口的最主要因素，必须重点防范和突破。

表 4－13　不同形式 SPS 措施对农产品出口的影响程度

SPS 措施具体要求	影响程度	排序
农兽药最大残留限量要求	4.14	1
审批、检验、检疫等程序性要求	3.73	2
动植物病虫害要求	3.41	3
认证、注册要求	3.37	4
风险分析要求	2.86	5
其他要求	1.25	6

注：5 表示影响特别大，4 表示影响较大，3 表示影响一般，2 表示影响较小，1 表示没有影响。

资料来源：根据山东、福建和浙江省调查问卷计算而来。

① 董银果．SPS 措施对山东省农产品贸易影响的实证调研［J］．华南农业大学学报，2009（4）：12－16.

② 董银果．SPS 措施对福建省农产品出口影响研究［J］．福建农林科技大学学报，2011（2）．

3. SPS对不同类别农产品出口的影响状况

为了进一步明确SPS对农产品不同类别的影响程度，本书将农产品进一步细分为水产品、蔬菜、水果、茶叶、肉类和其他类产品六类分类统计。采用结构指标和强度指标进行分析。结构指标是指在全部受影响企业中，出口不同类别农产品企业所占的比重。结果显示：蔬菜类是我国遭受SPS影响最广泛的产品类型，占全部受影响企业的42.4%和受重大影响企业的39.6%①。其次为水产品企业，分别为19.7%和18.8%。排在第三位的是水果产品，其两项结构指标均为16.7%。相比之下，茶叶产品、肉类产品及其他食品所受SPS的影响相对较小（表4-14）。强度指标是计算每类产品中受影响企业占该类产品受调查企业的比重，避免了样本的自选择问题，更能反映企业的真实影响程度。结果显示，肉类产品受影响程度最高。受调查的6家企业有5家受到SPS和重大SPS影响。山东省是我国出口禽肉的主要地区，2002年的氯霉素事件以来，禽肉出口被主要市场——欧盟禁止，直到2008年9月加热禽肉才获准出口，而冷冻禽肉仍被禁止。茶叶产品企业75%受到SPS影响，58.3%受到重大SPS的影响。浙江、福建都是我国茶叶的主要出口地区，欧盟曾是我国茶叶的主要市场，曾占到我国总出口的1/3，2000年以来，欧盟几乎每年都在调整进口茶叶标准，不但标准数量从2000年7月之前的62项增加到886项，而且标准水平大幅度提高（如硫丹标准提高3 000倍），目前我国除个别有机茶外，其他茶叶基本不能出口欧盟。再次，蔬菜企业62.2%受到SPS影响，42.2%受到重大SPS影响。蔬菜的出口市场集中在日本，2006年5月开始实施的肯定列表制度不仅大大减少允许使用农药的品种，而且将蔬菜的检测指标成倍增加（3-5倍），如大葱由82个增加到330个，大蒜由66个增加到316个，蘑菇由70个增加到290个。水产品受影响的比例分别为50%和34.6%。2001年的“氯霉素事件”引发浙江省尤其是舟山和宁波水产品出口欧盟市场全面受阻，关联效应使得韩国、日本等地区也加强了水产品的全面检验，致使浙江省水产品企业遭受的SPS

① 董银果，姜盼．我国蔬菜出口遭遇SPS措施的调查分析［J］．西北农林科技大学学报，2011（6）．

措施影响较为严重。同时，水果制品也受到了比较严重的影响，而其他食品受SPS的影响较小。

表4-14 SPS措施对不同类别农产品的影响程度

出口产品类型	SPS结构指标		重大SPS结构指标		SPS强度指标		重大SPS强度指标	
	企业数	比重	企业数	比重	企业数	比重	企业数	比重
水产品	13	19.70%	9	18.75%	13	50.00%	9	34.62%
蔬菜	28	42.42%	19	39.58%	28	62.22%	19	42.22%
水果制品	11	16.67%	8	16.67%	11	55.00%	8	40.00%
茶叶产品	8	12.12%	7	14.58%	8	75.00%	7	58.33%
肉类产品	5	7.58%	5	10.42%	5	83.33%	5	83.33%
其他食品	1	1.52%	0	0.00%	1	25.00%	0	0.00%

注：三省88家企业接受调查，50家受到SPS影响，35家受到重大影响。在88家企业中，蔬菜企业45家，水产品26家，水果20家，茶叶12家，肉类制品6家，其他4家（由于部分企业从事多种农产品的出口，故不同产品的出口企业数之和为103，大于被调查的企业总数88）。

资料来源：根据山东、福建和浙江省农产品出口企业调查问卷整理所得。

4. 不同市场SPS措施对农产品出口企业的影响

为了调查不同市场的SPS对农产品出口企业的影响，将农产品出口市场分为日本、欧盟、美国、东南亚、韩国、俄罗斯和其他地区，分别计算其结构指标和强度指标。就结构指标而言，40.6%的企业遭遇了日本的SPS措施（表4-15）。日本是我国农产品出口的第一大市场，尤其是水产品和蔬菜水果产品出口的主要市场。受到欧盟和美国SPS冲击的企业分别占26.4%和20.8%。东南亚、韩国、俄罗斯及其他市场受SPS措施的影响较少。可见，日本、欧盟和美国市场占全部受影响企业的87.8%和受重大影响的86.3%。就影响深度而言，出口日本市场的企业64.2%受到SPS冲击，44.8%受到重大SPS冲击。受欧盟市场SPS和重大SPS措施冲击的企业比重分别为60.9%和45.7%，出口美国市场的比重分别为45.8%和25%。相比之下，受到东南亚、韩国、俄罗斯及其他国家和地区SPS影响的比重相对较小。这说明我国企业所面临的SPS措施主要来源于日、欧、美等发达国家，且一旦遭遇了这些地区的SPS措施，所受影响较大，波及范围较广。如果分产品分市场而言，则发现日本的SPS措施对我国蔬菜和茶叶出口影响最大，而欧盟的SPS措施对我国的茶叶和水产品影响较大，美国的SPS措施对于水产品影响较大。日本、欧盟、美国等发达国家既是我国农产品的主要市场，也是遭遇SPS的主要来源。

表4-15　不同市场的SPS对三省农产品出口企业的影响

出口产品类型	SPS结构指标		重大SPS结构指标		SPS强度指标		重大SPS强度指标	
	企业数	比重	企业数	比重	企业数	比重	企业数	比重
日本	43	40.57%	30	41.10%	43	64.18%	30	44.78%
欧盟	28	26.42%	21	28.77%	28	60.87%	21	45.65%
美国	22	20.75 %	12	16.44%	22	45.83 %	12	25.00%
东南亚	3	2.83%	3	4.12%	3	14.29%	3	14.29%
韩国	4	3.77%	3	4.12%	4	25.00%	3	18.75%
俄罗斯	3	2.83%	2	2.74%	3	33.33%	2	22.22%
其他地区	3	2.83%	2	2.74%	3	11.11%	2	7.41%

注：在受调查的88家企业中，出口日本市场67家，欧盟市场46家，美国市场48家，东南亚市场21家，韩国市场16，俄罗斯市场9家，其他市场27家（由于大部分企业的出口市场不止1个，所以不同出口市场的企业数之和234远远大于88）。

资料来源：根据山东、福建和浙江省农产品出口企业调查问卷整理所得。

5. SPS措施对不同规模企业的影响

为了探讨企业规模与企业遭遇SPS措施的关系，本书以企业2007年的固定资产作为衡量企业规模的一个代理变量，将企业分为大、中、小型企业三个规模类型，其中5 000万元以上的为大型企业，501万～5 000万元之间的为中型企业，500万元以下的记为小型企业。

表4-16　SPS对三省不同规模出口企业的影响

出口企业规模	SPS结构指标		重大SPS结构指标		SPS强度指标		重大SPS强度指标	
	企业数	比重	企业数	比重	企业数	比重	企业数	比重
500万元以下	7	14.00%	5	14.29%	7	50.00%	5	35.71%
501万～5 000万元	24	48.00%	13	37.14%	24	55.81%	13	30.23%
5 000万元以上	19	38.00%	17	48.57%	19	61.29%	17	54.84%

注：在受调查的88家企业中，小型企业14家，中型企业43家，大型企业31家。

资料来源：根据山东、福建和浙江省农产品出口企业调查问卷整理所得。

调查发现：就结构指标而言，中型企业受到SPS冲击的次数最多，占全部受影响的 48%和受重大影响的 37.1%。强度指标而言，在调查的 88 家企业中，14 家是小型企业，其中 7 家遭遇了 SPS 措施，所占比重为 50%，5 家遭遇了重大 SPS 措施，占比 35.7%。相比之下，中、大型企业遭遇 SPS 措施的比重分别为 55.8%和 61.3%，遭遇重大措施的比重分别为 30.2%和 54.8%（见表 4-16）。从调研中发现一个与我们预期相反的结果：大型企业无论在遭遇 SPS 的数量还是比例上均高于小型企业。这说明，我国大型农产品出口企业在做大的同时并没有做强，相对于小企业，其出口产品仅取得了量上的优势，并没有获得质的提高。

6. SPS 对不同所有制企业的影响

企业所有制也可能是企业遭遇 SPS 的一个原因，因此有必要对企业所有制与企业遭遇 SPS 的关系进行分析。本书将调研的 88 家企业分为内资企业和外资企业两种类型，以更有针对性地研究内资企业和外资企业分别受 SPS 措施的影响情况。其中，内资企业包括国有、集体和私营企业，共有 46 家；外资企业包括中外合资和外商独资企业，总计 42 家。

调研发现：我国内资企业受 SPS 措施的影响比例大于外资企业。在 46 家内资企业中，30 家遭遇国外 SPS 措施冲击，占比 62.2%，其中又有 25 家遭遇的是重大 SPS 措施，占内资企业总数的 53.4%。相比之下，外资企业的比例相对较小，遭遇 SPS 措施的企业为 20 家，占全部外资企业的 47.6%，其中 10 家遭遇的是重大 SPS 措施，占外资企业总数的 23.8%。可见，SPS 对内资企业的影响远大于外资企业。其原因是，外商直接或间接地参与外资企业的运营，企业产品大多以外商所在国为出口市场，这样外商往往可以凭借自己的资源优势在第一时间内获得本国的 SPS 信息，主动采取应对或防范措施；同时，来自发达国家的外资企业往往比内资企业更重视产品的质量和源头控制，从而可以有效规避 SPS 壁垒。

4.3.4 农产品企业遭遇 SPS 措施原因的调查结果

SPS 对我国农产品的影响，既有内因也有外因，只有清楚其原因，才可能采取针对性的应对措施。调查显示，下列因素与企业遭遇 SPS 密切相关。

1. 国外标准的歧视性

SPS的歧视性直接决定标准本身的合法性，而且决定着企业的应对方案和遵从成本。因此，调查试图从国外SPS措施是否具有歧视性入手，要求企业从三个备选答案中做出选择。结果显示，38%的企业认为国外的SPS措施对所有出口国适应，即在边界上无歧视，另外30%的企业认为进口国所采取的措施对国内企业和所有出口国企业适应，即在本国企业和进口企业之间无歧视。另外，32%的企业选择了国外的SPS措施仅适用于中国企业，尤其是以日本作为第一出口市场的企业。可见，歧视性是企业遭遇SPS的直接原因，这种歧视表现在：一是对专门从某一市场进口的产品设立较高标准（如菠菜案中，日本对99%从中国进口菠菜的毒死蜱标准比日本本土生产的萝卜的标准高300倍）；二是对不同进口源的产品实行不同的检验比例（如日本对中国鳗鱼加工品以进口申报的10%进行抽样检测，而别国和地区则为5%）①；三是标准虽未歧视，实施中专门针对中国产品检验（如2002年虾仁出口欧盟被检出氯霉素，若该货物出口到东南亚再出口欧盟又成为合格品）。

2. 国内外标准差异过大

第二个层次从国家层面解释企业遭遇SPS的原因。设计的第一个问题是，“您认为国内外的SPS措施是否存在差异”。结果显示，92%的企业认为存在很大或较大的差异。进一步调查企业未能达到国外SPS措施的原因，50家受到影响企业中的58%认为进口国的标准过高（如座谈中企业反映欧盟的氯霉素标准下，消费者只有食用400吨虾仁才会有危害，而美国的氟喹诺酮标准，消费者必须每天食用260磅鱼才会有风险），使他们难以符合，34%的企业认为新标准缺乏足够的过渡期，使得企业没有充分的时间采取应对措施，34%的企业则认为国外的SPS要求缺乏可操作性，难以执行。标准差异之所以成为直接原因，一是我国的标准低于进口国的标准，就会给企业带来遵从的困难。如日本的《肯定列表制度》涵盖302种食品、799种农业化学品，检测项目达54 782个，仅“暂定标准”一项就涉及734种农业化学品、51 392个限量标准、264种食品、农

① 董银果．SPS措施对中国水产品出口贸易的影响分析［J］．华中农业大学学报，2011（2）．

产品，而中国国内的限量标准仅涉及农业化学品 200 余种，限量指标不到 3 000 条。目前我国农产品的国际采标率还不到 50%。二是由于国内外标准不统一，国外常常寻找中国标准中的漏洞，来对中国实施 SPS 壁垒。2007 年美国氟喹诺酮事件中，亚拉巴马州和密西西比州作为美国鲶鱼主要加工区，规定鲶鱼中不得检出氟喹诺酮残留，即"零限量"标准。但该药物当时在中国、欧盟、日本等国家和中国香港均允许使用，且是我国农业部推广使用的药物。

3. 信息不对称

有效的信息是规避 SPS 的前提，也是政府帮助企业的基础。调查显示，86.4%的企业从国家质检机构及其门户网站来获取相关信息，69.3%通过国外经销商获取信息，57.9%的企业则从国内行业组织及其网站获得信息。可见，国家质检机构及其门户网站是我国出口企业获取国外 SPS 措施的主要和首要途径。座谈中企业反映，质检信息化还不健全，信息资源开发和信息共享程度还很不够，企业需要的很多信息不能及时有效地获得，有时企业不得不自己组织人力翻译相关标准。另外，目前我国对国外 SPS 的评议中，企业参与率非常低，有些甚至是企业受到影响后才获得相关信息。因此，企业获取有关国外 SPS 的信息渠道不足，信息不对称也使企业易遭受国外 SPS 影响。

4. 行业协会的功能较弱

第三个层次从行业的角度探索企业受阻于 SPS 的原因。调研中将行业协会的作用程度分为很大、较大、一般、基本没有和根本没有五个选项，要求企业选择。结果显示，仅有七家企业认为行业协会在企业应对 SPS 措施方面起到较大的作用。90%以上的企业认为，行业协会只是起到信息提供的作用，没有很好地帮助企业应对国外 SPS 措施。甚至有些出口企业没有加入任何行业组织。国外的行业组织比较发达，基本有三项职能：一是制定行业标准进行农产品的监管，这些标准可能演化为国家标准甚至国际标准；二是对企业实施整个生产链的技术指导，监管和市场开发等；三是成为政府制定和实施 SPS 措施的中坚力量，代表企业在国际和国内进行谈判和磋商。可见，与国外的行业组织相比，我国行业协会的功能还比较弱，没有发挥上联下引的中介作用。

5. 产品质量安全水平相对较低

第四个层次着重从企业自身寻找遭遇 SPS 的原因。虽然仅有 11.4%的企业承认是由于产品质量不过关以及技术水平达不到进口国要求而造成产品受阻于 SPS 措施，但是当问及企业如何改善这种情况时，却有 84.1%的企业选择了技术改造、自主创新及采用国际权威认证或进口国认证标准等应对措施。不可否认，企业的产品质量安全水平低是我国不断遭受 SPS 措施重挫的关键和根本因素。我国的农产品多为劳动密集型产业，技术含量比较低，缺乏品牌，在国外市场易被替代，另外，农产品生产养殖过程中的滥用农药兽药的现象还比较突出。近年来爆发的重大食品安全危机事件也较多，比如三聚氰胺奶粉、瘦肉精猪肉、毒大米、吊白块面粉、泔水油等食品安全危机事件涵盖了食品生产的所有领域，给消费者健康带来巨大损害（如仅三聚氰胺事件就导致 30 万儿童的健康受到威胁，数以万计的家庭遭受不幸），影响了产品的顺利出口，我国出口的农产品在国外市场频繁被扣留。

4.3.5 结论与政策含义

乌拉圭回合以来，SPS 已成为我国农产品出口的主要障碍。来自我国典型出口地区山东、浙江和福建三省 88 家企业的调查显示：56.8%的农产品食品出口企业受到 SPS 措施冲击，尤其是农兽药残留标准的影响最大。蔬菜和肉类分别是受影响最广泛和最严重的产品，而其中受日本、欧盟和美国三个主要市场 SPS 影响的企业占近 90%。大、中型企业受到的影响大于小型企业，SPS 对外资企业的影响小于内资企业。我国农产品受阻于 SPS 的原因，既有国外标准的歧视性，国内外标准差异过大，信息不对称，行业协会的功能较弱等直接和外在因素，也有我国农产品的质量安全水平较低这一根本原因。

针对我国农产品出口遭遇的 SPS，有三种策略可供选择：申诉、退出和遵从。申诉就是针对国外有歧视性的措施到 SPS 委员会（通过特别贸易关注）或者 WTO 争端机制（通过专家组裁判）诉讼。申诉首先由行业协会收集企业意见，反馈给政府，由政府组织法律专家和技术专家写成书面材料，递交给 SPS 委员会或者争端解决机制。退出策略则是由企业综合考虑遵从成本、遵从收益、遵从资源、遵从能力等因素后决定将出口产品转移到其他市场或者返回国内市场。遵从是指企业通过技术改造等措施，设法满足国外 SPS 措施的要求。为帮助企业应对 SPS 措施，政府和行业协会应区分短期措施和长期策略。短期内主要做好以下几点：第一，政府和行业协会联手加强对企业的服务功能，针对专门市场和专门产品开展广泛的技术培训和技术支持，增强企业遵从 SPS 措施的能力；第二，强化政府对农产品生产的监管功能，严格控制农产品生产源头的药物使用和残留限量；第三，建立和完善 SPS 措施预警系统，及时跟踪主要贸易伙伴的 SPS 信息，为企业提供完善的信息服务；第四，在 SPS 措施的通报评议中，组成由政府、行业协会、企业、专家（法律专家、技术专家和谈判专家）组成联合评议小组，企业的参与度不少于 20%，减少信息不对称对企业的影响；第五，加强行业协会外联内引、组织协调作用，积极配合政府利用 WTO 的争端解决机制，维护企业的利益，为企业提供专业的指导和帮助。长期内主要做好以下几点：第一，加强我国农产品标准的国际化进程，切实参与国际标准的制定，提高国际采标率，缩小国内外标准的差异；第二，帮助企业进行技术创新和品牌建设（如实行税收优惠和资金倾斜），提升农产品的生产和出口结构，改变出口初级产品的粗放模式，向深加工和高附加值的结构演进；第三，加强政府层面的沟通，减少我国农产品贸易中的歧视 SPS 措施，为农产品出口创造一个公平的贸易环境；第四，实施农产品从源头到餐桌的全过程管理，实施追溯和透明体系，最大限度地提高农产品的质量安全水平。第五，增强行业协会的服务功能，使其成为一个真正民办，为民服务的民间组织。需要强调的是，执行国外 SPS 措施是企业，因此，企业必须进行技术改造，提高产品的质量安全水平。

4.4 SPS 措施对中国典型农产品的影响分析[①]

SPS 措施实质上是为了保护消费者食品安全、动植物健康和安全而颁

① 董银果．SPS 措施对我国典型产品的影响分析［J］．南京农业大学学报（社会科学版），2009（4）：10－15.

布法规、标准、合格评定程序、检验方法以及有关包装的要求。通过这些法规、标准及程序对上市产品进行准入限制，最大限度地防止动物疫病和植物虫害对一国动植物群体的影响以及生物性毒素、化学品残留以及物理性污染对一国农产品、食品安全、消费者健康以及生存环境的影响。

前文调研发现，SPS措施对不同类别农产品的影响程度不同。事实上，不同类别的农产品生产、加工的过程不同、环境不同，遭遇SPS措施的具体形式也不同，只有针对性地研究SPS措施对我国农产品的作用方式、作用机理，才能为不同农产品提出针对性的应对措施。

4.4.1　典型农产品的选择

从实际运作来看，SPS措施对不同类产品的影响方式存在一定差异。本书主要选择水产品、蔬菜、禽肉和茶叶作为典型农产品进行比较研究，主要基于下列理由：第一，水产品、蔬菜、畜产品和茶叶是我国主要出口农产品，这四种农产品的出口约占我国农产品总出口的56%（如表4-17），代表了中国绝大多数的农产品，具有代表性。第二，这几类农产品近年来都遭遇了SPS的影响，通过典型案例的剖析，可以揭示我国农产品遭遇SPS的深层原因，为中国农产品生产方式的改革提供依据。第三，水产品和蔬菜是我国劳动密集型农产品，是我国的比较优势所在，禽肉是我国近年来遭遇SPS影响最大的产品，茶叶一直是中国的传统出口产品，因此，这四类产品能够代表中国农产品的各个方面。

表4-17　2004—2007我国主要农产品出口额及其比例

单位：亿美元

	2004	比例	2005	比例	2006	比例	2007	比例
农产品出口总额	233.9	100%	275.8	100%	275.8	100%	370.1	100%
粮食	8.43	3.60%	15.32	5.55%	11.73	5.55%	22.09	5.97%
稻谷产品	23.95	1.02%	2.32	0.84%	4.17	0.84%	4.88	1.32%
玉米产品	3.26	1.39%	11.08	4.02%	4.22	4.02%	8.75	2.36%
小麦产品	1.90	0.81%	12.29	0.44%	2.58	0.44%	6.91	1.87%
食用油籽	8.29	3.55%	9.57	3.47%	8.72	3.47%	10.73	2.90%

（续）

	2004	比例	2005	比例	2006	比例	2007	比例
大豆	1.53	0.66%	1.78	0.64%	1.54	0.64%	2.07	0.56%
食用植物油	0.65	0.28%	1.76	0.64%	2.72	0.64%	1.72	0.47%
饼粕	2.46	1.05%	1.80	0.65%	1.21	0.65%	2.91	0.78%
茶叶	4.37	1.87%	4.84	1.75%	5.47	1.75%	6.08	1.64%
花卉	0.62	0.27%	0.75	0.27%	1.02	0.27%	1.28	0.35%
蔬菜	37.96	16.23%	44.83	16.25%	54.24	16.25%	62.10	16.78%
水果	16.47	7.04%	20.33	7.37%	24.75	7.37%	37.48	10.13%
畜产品	31.91	13.50%	36.04	16.07%	37.26	16.07%	40.46	10.94%
水产品	69.66	29.78%	78.88	28.60%	93.59	28.60%	97.44	26.33%

资料来源：根据农业部网站资料整理。

4.4.2 SPS措施影响典型农产品的方式比较

SPS对于我国水产品贸易的影响主要表现在化学品残留和生物性污染方面，尤其以兽药残留为主；SPS对我国蔬菜贸易的影响也主要表现在化学品残留和生物性污染方面，尤其以农药残留为主。SPS对我国畜产品（禽肉）贸易的影响主要表现在动物疫病、生物性污染、化学品残留几个方面。SPS对我国茶叶贸易的影响主要表现在化学品残留和物理性污染，尤其以化学品残留为主。因此，化学品残留是目前我国水产品、蔬菜和茶叶出口面临的最主要SPS措施。而畜产品（禽肉）却有所不同，对于畜产品而言，不但可能因为疫病控制的原因而无法取得出口资格，也可能因为生物性污染的原因而被退货，也可能因为化学品特别是兽药残留超标的原因而被禁止出口，SPS对不同类产品的作用方式参见表4-18。

表4-18 SPS对我国不同类产品的作用方式比较

	水产品	蔬菜	禽肉	茶叶
动物疫病			X	
植物虫害				X
生物性污染	X	X	X	
化学品残留	X	X	X	X
物理性污染				X

资料来源：董银果．SPS措施对我国典型产品的影响分析［J］．南京农业大学学报，2009（4）．

4.4.3　不同类SPS措施对农产品贸易的作用机理

SPS措施表现为不同类别，如动植物病虫害、生物性污染、化学品残留和物理性污染，这些不同的SPS措施对农产品贸易也有不同的作用机理。

1. 动植物病虫害影响农产品贸易的机理

动物疫病和植物虫害对农产品贸易的作用主要是影响农产品的准入条件。当一国爆发动物疫病和植物虫害时，别的国家为了保护本国的动植物群体安全，可以对爆发疫病和虫害的国家相关农产品进行贸易禁止，防止病害和虫害的传入。根据国际动物兽医局（OIE）的标准，当一国爆发15种A类疫病中的任何一种，对于禽肉来说包括禽流感和新城疫，别的国家就可以对该国相关肉类产品实行贸易禁止。如2004年1月中国宣布爆发禽流感时，世界上与我国有贸易关系的40多个国家立即宣布禁止我国禽肉产品进口。对于植物产品而言，各国根据国际植物保护公约的标准，在一国爆发传播性很强的植物虫害时，各国可禁止相关农产品。目前，我国的这四类农产品还没有遇到因为植物疫病而被禁止出口的案例。但是，2007年，我国农产品尤其是植物源产品因为生物虫害的影响在全部农产品出口受阻中占4%，在水果产品中表现得较为明显，如我国苹果出口中就面临这样的问题。

2. 生物性污染影响农产品贸易的机理

因微生物及其毒素、病毒、寄生虫及其虫卵等对食品的污染而影响食品质量安全问题为食品的生物性污染。生物性污染是目前我国农产品出口受阻的首要原因，2007年我国农产品出口遭遇SPS的原因中，因为微生物超标的比重高达35%（如图4-3）。尽管如此，与2006年相比，生物性污染的总数处于下降趋势，2006年，我国出口农产品中，因为生物性污染的批次高达390件，而2007年下降到350件，下降了10%（图4-4所示）。

生物性污染对于肉类、水产品和蔬菜的影响比较严重，尤其是冷鲜和冷冻类产品更是如此。如2007年中国出口日本的农产品及食品中，肉类出口受阻产品均为冷鲜类和冷冻类产品；水产品受阻批次为132批次，其中冷冻水产品97起，占整个水产品出口受阻总批次的70.45%；蔬菜受阻批次为155批次，冷冻及冷鲜类蔬菜46起，占整个蔬菜类产品受阻总批次29.68%。中国出口美国的农产品及食品中，水产品受阻155起，其中冷冻及冷鲜类水产品受阻116起，占水产品出口受阻案例的75%。中国出口欧盟的水产品扣留批次为56次，其中冷冻及冷鲜类水产品受阻39起，占水产品出口受阻案例的69.64%。

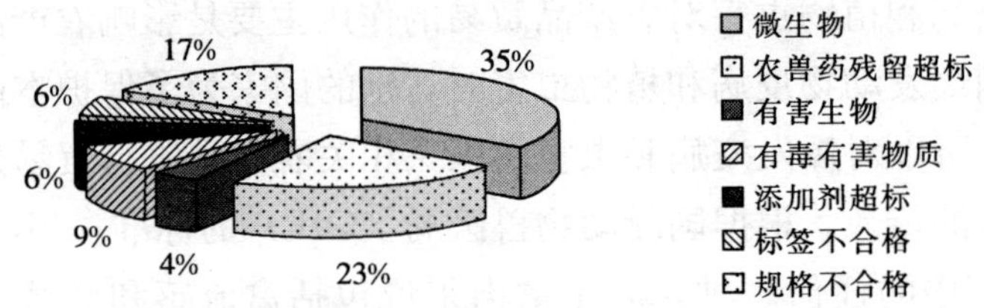

图4-3　2007年我国农产品贸易出口遭遇SPS的原因分解

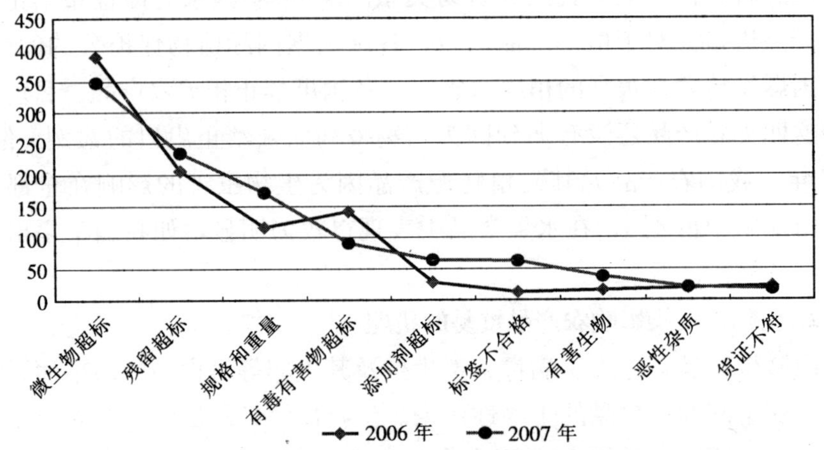

图4-4　2007年与2006年我国农产品出口不合格原因的比较

生物性污染之所以成为影响农产品贸易的首要原因，主要因为：大多数农产品是作为食品食用的，对于食品而言，尤其是冷鲜和冷冻类食品如果生物细菌如沙门氏菌、李斯特杆菌、O157等超标，就会导致食源性疾病。因此，世界各国对进口的食品的病原菌就有严格的规定，因而就导致我国肉类、水产品及蔬菜冷冻和冷鲜类产品出口受阻问题。出口受阻往往是肉类屠宰加工企业、水产品加工企业和蔬菜的加工企业，这些企业往往由于条件所限，导致屠宰、加工过程的污染。为了控制病原菌污染，食品法典委员会（CAC）在全球范围内推荐 HACCP（危害分析与关键点控制）这一预防性控制病原菌的生产方法。如果企业严格按照 HACCP 的要求，将有效地降低病原菌的污染，提高产品的质量安全。

各国对于进口冷鲜类和冷冻类食品的生物性污染控制本无可厚非，但是，在国际贸易中出现的趋势是，有些国家对于生物性污染的标准已经高到难以达到的程度，如禽肉贸易中的沙门氏菌，很多国家都规定沙门氏菌为负，但是，事实上，为负的标准很难达到，即使一国花费很大的成本也是如此，因为生物性病菌无处不在。因此，负的标准往往就成为限制别国产品的壁垒。

3. 化学品污染影响我国农产品贸易的机理分析

因化学物质对食品的污染造成的食品质量安全问题称作食品的化学性污染。目前危害最严重的是化学农药、有害金属、多环芳烃类如苯并［a］芘、N-亚硝基化合物等化学污染物。从图 4-3 可以发现，2007 年我国农产品出口受阻的原因中，化学品残留占全部的 38%（农兽药残留 23%＋添加剂 6%＋有毒有害物 9%）。从这个意义上看，化学品污染事实上是我国农产品出口受阻的最主要原因，而且，与 2006 年相比，2007 年化学品残留污染的数量在上升。化学品残留几乎影响我国各类农产品、水产品、蔬菜、肉类产品和茶叶都遭受过化学品残留的影响，如“动物源产品案”、“宠物饲料案”、“毒水饺案”等都是化学品残留超标或污染问题。一般而言，化学品残留对农产品贸易的作用机理如下：

（1）国外不断增加农药、兽药残留的控制范围，提高农产品的准入门槛。这其中又以日本的肯定列表制度为甚。2006 年 5 月 29 日日本开始执行的肯定列表准度，涉及 302 种食品，804 种农业化学品，54 782 个限量标准，全面提高了进口农产品的技术门槛和市场准入标准。这其中，15 中农药不得检出，暂定标准为 734 种农药，限量标准为 51 392 个，并且对于没有涉及的农药采取一律标准，即不能超过 0.01×10^{-6} 的限制。日本的肯定列表制度可谓历史上最为严格的化学品限制标准。在肯定列表未实行之前，日本市场是我国农产品出口的第一大市场、约占我国农产品出口总量的 1/3，近两年来，日本市场在我国农产品总出口中的份额下降了近10个百分点。项目中涉及的水产品、蔬菜、肉类产品和茶叶也不例外，尤其是水产品、肉类产品和茶叶的市场份额影响较大。

（2）检测项目的增多大大提高了农产品的遵从成本，降低了农产品的利润水平和竞争力。如在肯定列表制度中，农产品涉及的残留限量标准平均为200项，个别甚至超过400项。如茶叶从89种增加到276种，大葱从77种增加到339种，菠菜从87种增加到335种，大米从129种增加到579种，胡萝卜从68种增加到325种。若以农产品的平均检测费用200元计算，则每批货物的检测费用增加4万元。农产品的利润是很薄的，尤其是原料性农产品更是如此。日本对于农产品的普通抽检比例为2%～3%，而监控检查为50%，命令检查则高达100%，而且费用完全由出口商负担。另外，检测项目的增多无疑使检测时间和通关时间延长，如蔬菜从4～7天增加到20天左右，使鲜活农产品的品质受到影响，提高了企业的遵从成本。在遵从成本不断上升和企业利润不断下降的情况下，部分企业不得不退出市场，或者将农产品转向第三国市场。

有研究以肉类产品为例，将遵从成本总结为十个方面[①]：①为满足国外对我国牲畜健康和畜产品安全的要求，国家必须投巨资建设无病区，并获OIE（国际兽医局）等国际组织和成员国对中国无病区认可，畜产品企业若要获得必要的出口动物健康证书必须投入大量的人力、物力并支付相关认证费用。②为了达到进口国的卫生检疫安全标准而必须添置新的高精尖卫生检疫设备。为应对国外越来越严格的检验检疫标准，国家或企业必须加大对重点检验检疫实验室的投资建设。与此同时，在生猪生产、屠宰、加工、流通环节为使国内检疫检测水平达到发达国家检疫检测标准所做技术改造或努力也将引起标准成本的增加。③为了满足国外对于中国动物生产过程或肉品产品的卫生、安全及环境标准要求，肉品及其加工产品必须通过某种权威认证，为此，企业必须支付价格不菲的专家考察认证费。④由于国外检验检疫标准提高了，国内海关以及相关企业为验证出口产品是否符合某项新安全标准所耗费的有关技术、行政支出也将上升导致

① 董银果：SPS措施对中国农产品影响的理论模型——以猪肉为例［J］．国际贸易问题，2006（2）。

遵从成本增加。例如，进口国提高了安全检测标准，或者增加了安全检测项目，不仅导致我国国内海关的工作量大大增加，同时企业内部必须相应增设产品检验部门，专门针对出口产品进行合格性检验。由于检验检疫标准的提高，相应的检验检疫项目增加，或难度加大或耗费时间增加，都会使企业增加相应的管理费用。⑤随着检疫标准的提高，项目的增加往往导致检验检疫时间增加，鲜活产品因为进行新增卫生检疫而延误时间导致机会成本上升。⑥海关卫生检疫项目的增加延长了产品进入国外市场的时间，造成周转速度下降，这将引起库存、运输以及保鲜等其他物流费用的超额支出，也会使产品的成本上升。⑦价格波动对出口产品的影响。一些国家往往通过设置更高的检疫标准以延长卫生检疫时间，导致部分鲜活农畜产品因错过最佳销售时间使产品遭受价格损失。⑧由于进口产品未能通过卫生检疫标准措施而被没收、销毁而导致损失的潜在风险大大增加。⑨由于产品被没收、销毁的消息通过新闻媒体的曝光，就会增加产品的不安全性，不但影响产品对该进口国的出口，而且影响对其他国家的出口甚至国内销售，它使产品的信任成本大大增加。⑩由于产品质量安全标准问题引起的贸易争端，调查、取证、协商、谈判将花费大量人力、物力和财力，这会使产品出口贸易成本增加。

（3）农兽药残留标准的不断提高和严厉无疑增加了农产品遵从的难度，达到数量控制的目的。这里以欧盟的茶叶标准为例，2000 年以来，欧盟对茶叶的标准几乎可以说年年更新，标准不断提高。如 2000 年 7 月 1 日，欧盟的三氯杀螨醇由原来的 20.0 毫克/千克提高到 0.1 毫克/千克，提高了 200 倍，在 193 项标准中，有 181 项采用仪器最小检出量（LOD）作为标准，占总量的 93.8%。这个标准基本上摒弃了世界卫生组织（WHO）主张的风险性分析原则，而完全根据仪器的检出灵敏度作为 MRL 标准，实行“零风险”。2005 年 8 月 1 日，欧盟公布的新标准中，将硫丹在茶叶中的残留限量从 30 毫克/千克调整为 0.01 毫克/千克，相当于“检测标准严格了 3 000 倍”。更为严重的是，欧盟将对 210 项以外的农残项目采用“默认标准”，其限量值为 0.01 毫克/千克。2008 年欧盟有更新标准，农残限量提高到 886 种，在这样的高标准下，中国几乎没有可供欧盟市场出口的茶叶。

(4) 检测方法的变化更加重了检出率和遵从的风险。国外不断调整农残的检验方法，在新方法下增加了检出的概率。如欧盟和日本将茶叶的检验方法从"汤茶法"调整为"干茶法"、"全茶法"，大大增加了企业遵从的难度。据专家分析，一般而言，茶叶中的残留只有10%溶入水中，因而两种检测方法数据相差至少十倍。如2005年日本将孔雀石绿的检验方法从显性转化为隐形方法，显性检出限为5微克/千克，隐性孔雀石绿含量，且最低检出限2微克/千克，又如对水产品禁用药物硝基呋喃的检测，从药物母体检测方法转化为代谢产物检测方法，检测精度大大提高提高。检验方法的调整一方面增加了检出的概率，提高了遵从的难度；另一方面由于受制于先进的检验设备，企业不得不排队等待或到外地去检验或者在进口国检验，这些都大大提高了企业的遵从难度和遵从成本，迫使企业退出市场，或者减少了他们的利润水平。

4. 物理性污染影响农产品贸易的机理

食品的物理性污染通常指食品生产加工过程中混入食品中的杂质超过规定的含量，或食品吸附、吸收外来的放射线核素所引起的食品质量安全问题。在我国出口中常见的物理性污染表现为故意掺假作伪，添加违禁物质，如鱼注水、茶叶染色、宠物饲料中添加三聚氰胺等，给我国出口农产品和食品的声誉带来了严重影响。茶叶是我国传统出口产品，在茶叶出口中，个别企业为了降低成本，在茶叶中掺入矿石粉、滑石粉以增加重量，在绿茶加工中添加炭黑（橡胶、塑料工业用色剂）、在苦丁茶使用果绿和用做染布的有毒工业染料着色欺骗消费者，有的掺杂达15%。如我国的所谓"人造蜂蜜"出口欧盟事件。一些造假分子用糖浆冒充蜂蜜，经媒体曝光后，国际社会对我国生产的蜂蜜制品产生严重的信任危机。欧洲很多大型超市甚至明确表示，不允许中国蜂蜜或含有中国蜂蜜的混合蜂蜜上架。2008年三鹿奶粉事件暴露了奶业全行业的潜规则。欧盟曾将中国视为全球最大的掺杂使假地。物理性污染尤其是故意掺杂使假行为暴露了一个国家的诚信，通过媒体的炒作大大影响消费者的信心，最终使农产品出口受阻。

5. SPS措施的传递效应对农产品出口产生持续和深度影响

SPS措施的传递效应表现在以下方面：第一，SPS措施很快从一国传递到另一国，使农产品出口的市场转移策略难以发挥。如 2002 年当英国对中国蜂蜜加强检查时，加拿大、欧盟、中国香港、美国等市场也加强了对中国蜂蜜的检查。2004 年 1 月当中国宣布爆发禽流感时，世界上 40 多个国家立即宣布停止中国禽肉及其制品进口。第二，SPS 措施从一种产品影响到出口国其他无辜产品，使整个国家的出口农产品受阻。如 2002 年 1 月欧盟因为中国大虾的氯霉素超标而对中国所有动物源产品关上了大门，2008 年初的“毒水饺”事件后，所有农产品出口日本市场受到影响，有些无辜产品也被禁止出口数月。第三，SPS 措施及其污染经过媒体的宣传和炒作，大大影响消费者的信心。如中国鳗鱼的农残超标事件经过日本媒体的炒作，使日本消费者对中国产食品产生信用危机，民意调查，大部分日本消费者表示不会购买中国食品。再如 2007 年的“宠物饲料案”后，在美国消费者的心中，中国产食品都是有毒的，因此，有专家研究发现，一条有关食品安全方面的消极信息对消费者行为的影响往往是好消息的 4 倍①。第四，SPS 的放大效应使其极易造成农产品退出一国市场，而要得重新进入市场难上加难。如 2002 年 1 月欧盟对中国动物源产品封关后，禽肉也被迫退出欧盟市场，经过长达 6 年的高级别谈判和欧盟兽医官数次的考察，直到 2008 年 9 月，山东地区的加热禽肉才被允许进入欧盟市场，其他地区尚未开禁，冷冻禽肉的开关还遥遥无期。

4.4.4 结论与启示

本书详细地比较和论述了 SPS 措施及其主要表现形式的动植物疫病、生物性污染、化学品残留和物理性污染对我国农产品贸易的作用机理。研究表明，动植物疫病是我国农产品贸易面临的首要障碍，其导致的结果是贸易禁止，比其他污染更为严重。当贸易禁止后，要想恢复难乎其难，我国禽肉出口欧盟和美国市场就是典型证明。因此，一国政府必须高度重视动植物疫病对贸易的严重后果，做好预防和控制工作，就我国而言，有计划地制定疫病的预防和控制措施仍然是当务之急。消除所有的疫病是不现

① Chang, H. and Kinnucan, H. Advertising, information, and product quality: The case of butter. American Journal of Agricultural Economics, 73 (4): 1195 - 1203, 1991.

实的，但是对于贸易有严重影响的重大疫病，制定防控措施显得尤为关键。生物性污染是目前我国被美国FDA、欧盟食品与饲料快速通报系统以及日本厚生省扣留、拒绝和通报的最主要原因，这说明我国在食品的加工过程中对食品安全污染的控制能力还比较弱。生物性污染对贸易的作用机制是影响产品的销售数量，达到数量限制的目的。目前，在食品的出口中，我国对出口企业强制执行HACCP系统，以控制加工过程的病原菌，只要企业严格按照HACCP系统的要求执行，安全隐患是可以消除的。化学品残留对于农产品贸易的作用机制是通过标准的控制范围扩大，限制进入的数量。另外检验费用的提高，影响产品的成本进而影响数量，检验方法的变化影响产品的进入数量。化学品残留目前也是我国农产品遭遇SPS的另一个重要原因，其原因在于，我国目前的标准与国外和国际标准尚有一定距离，农兽药的源头控制存在漏洞，导致违禁药物流入市场，影响企业的产品出口。另外，大多数企业没有自己的生产基地，缺乏对污染物的控制能力，主要依靠收购产品满足市场出口也是导致化学品残留较高的重要原因。物理性污染对于蔬菜和茶叶影响比较明显，尤其是茶叶的重金属和放射性物质以及掺假问题，严重影响了我国优质农产品的声誉。物理性污染对于农产品贸易的影响主要通过影响产品数量和价格。因此，对于我国农产品应对SPS措施而言，必须从这些措施的源头和机理出发，采取有效措施，才能降低SPS造成的经济损失，促进我国农产品的出口。

4.5 SPS措施影响水产品贸易的实证分析①

新世纪以来，SPS措施已经成为中国农产品出口贸易的主要障碍。水产品是中国出口的主要农产品之一，约占农产品总出口额的30%。水产品的出口不仅与农民收入的增加和水产业的健康发展密切相关，更关系着中国农产品“走出去”战略的实施。本书关注的问题是：SPS措施对中国

① 董银果．SPS措施影响中国水产品贸易的实证分析［J］．中国农村经济，2011（2）：43-51．保留了原文的文字和风格，可能文献综述与第一章的综述部分有些重复。

水产品出口贸易是否也造成影响及如何度量这种影响。基于此，本书以特色水产品——鳗鱼为例，探索 SPS 措施对鳗鱼出口的影响及影响程度，为中国政府和企业应对 SPS 措施提出有针对性的参考建议。

4.5.1　文献综述

SPS措施的量化研究在国外文献中较为丰富，主要采用频度、数量和价格三种工具。频度工具方法通过频度比率、进口覆盖率等指标度量 SPS 措施对某国、产业或产品的影响规模、程度和范围。根据 Beghin 和 Bureau（2001）[①]，频度工具数据来源于：法规本身的数据，如法规数量、法规页数或者法规、标准的水平等；进口国海关对产品拒绝的频度数据，还包括法规导致的进口拒绝批次、频率和对进口产品的覆盖率；发达国家的原告反对歧视性法规而向国际仲裁机构通知或诉讼的数据。数量工具一般借助计量经济模型，用实际贸易额与扣除 SPS 措施或 SPS 壁垒外的各种贸易决定因素回归后的残差来量度，或直接用各种虚拟变量代表 SPS 措施进行回归来量度。其中，虚拟变量可以是标准或法规的数量或修改频率、出口企业遭遇 SPS 措施影响的调查数据或标准本身水平等[②]。价格工具一般通过比较 SPS 措施或壁垒发生前后的贸易额并结合进口商品的供给与需求弹性的变动，计算关税等值的大小[③]。

国外对 SPS 措施影响贸易的度量方法大致有 6 种：价格楔方法、存货清单方法、调查方法、重（引）力方法、以风险评估为基础的成本收益方法、产业和多市场的数量方法[④]。例如，Calvin 和 Krissoff（1998）用

①② Beghin，J. and Bureau，J. C. Quantitative Policy Analysis of Sanitary and Phytosanitary and Technical Barriers to Trade. Economic Internationale，87：107－130，2001.

③ Laird，S. and Yeats，A. Quantitative Methods for Trade Barrier Analysis. Macmillan，London and NUUP，New York. 1990.

④ 董银果，万广华、徐恩波 . SPS 措施及相关因素影响中国猪肉出口贸易的量化分析［J］. 中国农村经济，2005（10）.

价格楔方法研究了 SPS 措施对美国和日本苹果贸易的影响[①]；Henson 等（2001）采用存货清单方法分析了美国食品与药品管理局（FDA）对非洲、亚洲和拉丁美洲一些国家和地区缘于 SPS 原因的产品拒收[②]；Otsuki 等（2001）使用引力模型评估了欧洲黄曲霉素标准变动对非洲国家坚果出口造成的影响；Orden 和 Romano（2004）在风险评估的基础上，采用成本收益方法评估了美国与墨西哥的牛油果贸易纠纷[③]；Paarlberg 和 Lee（1998）将风险评估方法引入局部均衡分析框架中，借以研究与口蹄疫有关的牛肉贸易问题[④]。

目前关于 SPS 措施经济影响的实证研究主要围绕 SPS 对贸易流量、进出口国家福利的影响以及出口国遵从成本的影响因素展开。总体研究认为，发达国家严格的 SPS 措施已经成为发展中国家农产品出口的巨大障碍。例如，Otsuki 等（2001）利用 1989—1998 年欧盟 15 国和非洲 9 国的数据，分析了欧盟黄曲霉素标准对非洲国家坚果出口的影响[⑤]。研究指出，欧盟实施的黄曲霉素标准对非洲国家的出口贸易造成了极大地影响，标准使每百万人口的死亡率减少 1.4 个的同时却导致了非洲国家 10 亿美元的贸易损失，如果欧盟采纳国际标准，可使非洲国家的出口增加 64% 并产生 6.7 亿美元的贸易利得；Jayasuriya 等（2006）研究认为，由于 7 国（美国、日本、澳大利亚、法国、德国、荷兰、英国）实行严格的质量安全标准且各国标准差异较大，使印度出口的潜在损失增大，遵从成本提高，一般企业的遵从成本为销售收入的 5%，有些中小企业的成本更高达

① Calvin，L. and Krissoff，B. Technical Barriers to Trade：A Case Study of Phytosanitary Barriers and US-Japanese Apple Trade. Journal of Agricultural and Resource Economics，23（2）：351-356，1998.

② Henson，S. and Loader，R.：Barriers to Agricultural Exports from Developing Countries：the Role of Sanitary and Phytosanitary Requirements，World Development，29（1）：85-102，2001.

③ Orden，D. and Romano，E. The Avocado Dispute and Other Technical Barriers to Agricultural Trade under NAFTA. paper presented at the conference on NAFTA and Agriculture：Is the Experiment Working? San Antonio，TX，November，1996.

④ Paarlberg P. and Lee，J. Import Restrictions in the Presence of a Health Risk：an Illustration Using FMD. American Journal of Agricultural Economics，80（1）：127-153，1998.

⑤ Otsuki，T.；Wilson，J. S. and Sewadeh，M. Saving Two in a Billion：A Case Study on Quantify the Trade Effect of European Food Safety Standards in African Exports [J]. Food Policy，26（3）：495-514，2001.

10%～15%[①]；Gebrehiwet等（2007）度量了经合组织（OECD）的5国实施严格的SPS标准对非洲国家出口带来的巨大遵从成本[②]。另外，OECD、世界银行的大量研究也都证实了SPS措施对发展中国家农产品出口贸易带来的消极影响。

遗憾的是，国外文献中针对中国农产品出口贸易的实证研究尚未发现。近年来，国内对SPS贸易影响的实证研究文献逐渐增多。董银果等（2005）试图用BOX－COX函数量化SPS措施对中国猪肉出口的影响[③]。研究发现，SPS措施对中国猪肉出口产生了明显的贸易限制和贸易禁止效应；孙东升等（2007）运用成本方程估算了欧盟药物最大残留限量（Maximal Residual Limits，MRLs）标准对中国茶叶出口欧盟的影响[④]。结果显示，欧盟MRLs标准的变化引起中国茶叶用药成本的增加，茶叶出口欧盟减少0.006%～1.099%；田东文、叶科艺（2007）采用引力模型分析1995—2004年美国、日本、加拿大等11个发达国家黄曲霉素标准的变化对其与中国等8个亚洲国家之间坚果贸易的影响[⑤]。结果显示，进口国协调采用国际标准将产生更大的贸易促进效果；武玉英、郭珉（2007）对中国水产品出口欧盟遭遇技术性贸易壁垒的影响进行了实证分析[⑥]。结果表明，欧盟有关水产品及食品卫生法规（标准）对中国水产品出口有明显的阻碍作用；郭留超、许冬至（2009）采用引力模型实证检验

---

① Jayasuriya，S.；MacLaren，D. and Metha，R. Meeting Food Safety Standards in Export Markets：Issues and Challenges Facing Firms Exporting from Developing Countries. paper presented at the IATRC Summer Symposium，Food Regulation and Trade：Institutional Framework，Concepts of Analysis and Empirical Evidence，Bonn，Germany，28－30 May，2006.

② Gebrehiwet，Y.；Ngqangweni，S. and Kirsten，J. F. Quantifying the Trade Effect of Sanitary and Phytosanitary Regulations of OECD Countries on South African Food Exports. Agrekon，46（1）：23－39，2007.

③ 董银果，万广华，徐恩波．SPS措施及相关因素影响中国猪肉出口贸易的量化分析［J］．中国农村经济，2005（10）．

④ 孙东升，孙雯静，周锦秀．欧盟农药最大残留限量（MRLs）对中国茶叶出口的影响［J］．农业技术经济，2007（1）．

⑤ 田东文，叶科艺．安全标准与农产品贸易：中国与主要贸易伙伴的实证研究［J］．国际贸易问题，2007（9）．

⑥ 武玉英，郭珉．我国水产品出口欧盟遭遇技术性贸易壁垒的影响研究［J］．财贸研究，2007（2）．

国外水产品安全标准对中国水产品出口贸易的影响①。研究表明，进口国MRLs标准的提高对中国水产品出口存在负效应。

国内关于SPS措施贸易影响实证研究存在的主要缺陷有：①只验证了SPS对于中国农产品或水产品贸易的限制作用，并没有测算出具体影响程度；②没有针对某一标准的调整对中国具体水产品品种的影响展开研究，进而揭示其影响机制。基于以上认识，本书以孔雀石绿标准的调整为例，验证SPS措施的主要形式——农药MRLs标准对中国鳗鱼出口的影响程度。由于数据的局限，本书仍然沿用引力模型。

4.5.2 模型及数据

1. 模型设置

引力模型方法是贸易研究中经常使用的方法，其优点是：第一，在数据难以获取时，模型只需要有限的数据即可运行；第二，模型的理论研究充分，阐述详尽，在评估贸易措施对贸易流量的影响上具有优势；第三，该模型还能测算规则或者标准的贸易促进效应，尤其是边境贸易政策对贸易流量的影响。本书引力模型在Otsuki等（2001）研究的基础上，除采用日本、美国、欧盟的孔雀石绿MRLs②中国与贸易伙伴的相对贸易距离、中国与进口国的国内生产总值（GDP）等传统变量外，还将引力模型与存货清单方法相结合，引入中国出口水产品在进口市场遭遇的被扣留批次变量。同时，还将中国无公害水产品标准的制定和执行情况作为虚拟变量引入模型。总之，模型选取的变量主要有：

（1）出口国人均GDP。该变量用来表示出口国的供给能力，数值越大，表示出口国的供给能力越强，出口能力也愈强，预估该变量系数符号为正。

（2）进口国人均GDP。该变量可以反映进口国的需求能力。数值越

① 郭留超，许冬至．药物残留标准对中国水产品出口影响的实证分析［J］．经济论坛，2009（21）．

② 孔雀石绿是一种化工染料，曾一度用于治疗水霉病和原虫的控制，但对人体有致畸形、致癌等副作用，因此被许多国家列为水产养殖禁用药物。中国于2002年5月将孔雀石绿列入《食品动物禁用的兽药及其化合物清单》中。

大，表明进口国消费者的支付能力越强，对进口产品的需求也越强，双边贸易额越大，预期该变量系数的符号为正。需要指出的是，在有些引力模型中，采用GDP数值，本书认为，进出口国的人口数量对贸易有着重要的影响，因此，选取人均GDP更为科学。

（3）进出口双方之间的距离。即中国与贸易伙伴首都之间的距离。这一变量用来表示双方的贸易成本，距离越远，运输成本越大，相应的贸易风险和贸易成本越大。因此，贸易伙伴之间的运输距离同贸易额成反比，故变量系数的符号预期为负。

（4）进口国扣留中国水产品的批次。扣留意味着中国出口水产品的质量安全未能满足进口国SPS措施的要求。因此，扣留的批次越多，对鳗鱼出口量的影响越大，两者表现为负相关。本书的因变量为贸易额，所以变量的预期不确定。另外，由于无法获得鳗鱼在出口市场被扣留数据，此处用水产品被扣留批次作为鳗鱼被扣留批次数据的替代变量。

（5）进口国SPS措施的水平。近年来，中国水产品出口遭遇了一系列重大贸易纠纷，如“氯霉素事件”、“斑点叉尾鮰事件”、“鳗鱼输日事件”，这些事件的发生都与出口水产品药物残留超标有关；同时，分解2007年中国农产品出口受阻的原因发现，化学品残留超标的产品占全部受阻农产品的38%（农兽药残留23%＋添加剂6%＋有毒有害物9%）。可见，化学品污染事实上是中国农产品，特别是水产品出口受阻的最主要原因。故本书构建的模型用化学品残留来衡量中国贸易伙伴的SPS措施水平。通过对相关案例的分析，发现孔雀石绿含量超标是影响中国鳗鱼出口的最主要因素，因此，选取进口国孔雀石绿MRLs标准作为考察变量①。该数值越小，表明进口国SPS标准越严格，出口国能达到该标准的出口产品将越少，两者成正比关系，故预估这一变量的符号为正。

（6）虚拟变量。2001年10月1日起，中国实施针对蔬菜、水果、畜禽肉、水产品的8项无公害农产品国家标准。为度量无公害标准对中国水产品出口贸易的影响，设立虚拟变量。从2002年开始，虚拟变量设定为1，2002年之前为0。由于中国的无公害水产品标准在一定程度上可以促

① 孔雀石绿最大残留限量标准的单位为ppb，1ppb表示十亿分之一。下同。

进水产品的出口，预估这一变量的符号为正。

(7) 鳗鱼出口额。本书选取的因变量为某一时期中国对进口国（即日本、美国、欧盟）鳗鱼的出口额。

根据以上分析，具体的引力模型为：

$$\ln M_{ij}=\beta_0+\beta_1\ln GDPp_i+\beta_2\ln GDPp_j +\beta_3\ln D_{ij}+\beta_4\ln Decl_j+\beta_5 SPS_j+U_{ij} \quad (1)$$

$$\ln M_{ij}=\beta_0+\beta_1\ln GDPp_i+\beta_2\ln GDPp_j+\beta_3\ln D_{ij} +\beta_4\ln Decl_j+\beta_5 SPS_j+\beta_6 Dum+U_{ij} \quad (2)$$

（1）式和（2）式中，M_{ij}表示中国向贸易伙伴鳗鱼的出口额；$GDPp_i$和$GDPp_j$分别表示出口国即中国与进口国的人均GDP；D_{ij}表示中国与贸易伙伴之间的运输距离；$Decl_j$表示进口国扣留中国水产品的批次；SPS_j代表进口国实施的孔雀石绿MRLs标准；Dum表示中国是否实施无公害水产品标准，U_{ij}代表残差。

模型（1）侧重考察日本、美国、欧盟的孔雀石绿MRLs标准对中国鳗鱼出口的影响；模型（2）在模型（1）的基础上引入了虚拟变量Dum，以考察中国水产品无公害标准体系的建立对鳗鱼出口贸易的影响。

为了确保数据的连续性和有效性，本书选取1998—2008年中国鳗鱼出口到日本、美国和欧盟的贸易流量数据来度量SPS措施对水产品贸易的影响程度。原因在于：①这些国家和地区是世界上SPS标准最为严厉的地区，也是中国水产品的主要出口市场，中国对这些国家和地区的水产品出口约占中国水产品出口总量的60%以上；②中国水产品出口到上述国家和地区遭遇的贸易纠纷事件和在边境遭拒绝的事件频繁发生，说明水产品受到SPS措施的影响；③烤鳗是中国出口的水产品加工品，附加值较高。在2006年之前烤鳗一直是中国水产品出口的第一大品种，2007年降至第三，2008年降到第四位，其贸易地位下降值得进一步思考和研究。故模型选取的出口市场样本和产品样本具有典型性和代表性。

2. 数据描述

本书的数据来源于：①联合国统计数据库[①]，从中获取1998—2008

① 联合国统计数据库（http://unstats.un.org）.

年中国与贸易伙伴之间鳗鱼的贸易额；②地图在线[①]，从中获得中国出口产品到达日本、欧盟和美国的运输距离数据；③国家质检总局 WTO－TBT/SPS 通报中心资料[②]，从中获得中国水产品在日本、美国和欧盟遭遇扣留的数据；④中国国家统计局数据库[③]，借以获得中国和贸易伙伴的人均国内生产总值数据；⑤国际标准化组织[④]、中国技术性贸易措施网[⑤]、福建 WTO/SPS－TBT 咨询服务网[⑥]以及《主要贸易国家和地区食品中农兽药残留限量标准》，从中获知中国及主要贸易伙伴鳗鱼的孔雀石绿 MRLs。

需要指出的是：①因变量的选取。本书提到的鳗鱼产品主要指海关编码为 0301、0302、0303、0304、1604 的水产品[⑦]，不同编码下的出口量不能简单加总，因此，本书选用出口额作为因变量。②距离的计算。2004 年 5 月 1 日，波兰、匈牙利等 10 国正式成为欧盟成员组成欧盟 25 国，而本书的数据跨度为 1998—2008 年。因此，为了保证数据的连续性和可比性，本书仍选用欧盟 15 国作为样本。这 15 国包括：法国、德国、意大利、荷兰、比利时、卢森堡、丹麦、爱尔兰、英国、希腊、西班牙、葡萄牙、奥地利、芬兰、瑞典。具体计算距离的方法是，取北京到 15 个国家首都距离的简单算术平均数，作为中国和欧盟之间的距离。变量的详细描述见表 4－19。

表 4－19　关键变量的统计描述

变量	平均值	中位数	标准误	最小值	最大值
M_{ij}（亿美元）	8.374	9.384	5.426	1.489	18.068
$GDPp_j$（美元）	1 431.8	1 100.0	715.7	740.0	2 940.0
$GDPp_j$（美元）	35 227	35 430	6 881	22 695	47 580

① 地图在线（http：//www.earthol.com）.

② 国家质检总局 WTO－TBT/SPS 通报中心（http：//www.tbt－sps.gov.cn）.

③ 中国国家统计局数据库（http：//www.stats.gov.cn）.

④ 国际标准化组织（http：//www.iso.org）.

⑤ 中国技术性贸易措施网（http：//www.tbt－sps.gov.cn）.

⑥ 福建 WTO/SPS－TBT 咨询服务网（http：//www.wtofj.cn）.

⑦ 根据海关 HS1996 编码分类标准统计。

（续）

变量	平均值	中位数	标准误	最小值	最大值
D_{ij}（千米）	7 064	7 936	3 809	2 096	11 159
$Decl_j$（批次）	106.18	101.00	69.81	21.00	361.00
SPS_j（ppb）	3.253	2.000	2.916	0.100	10.000

4.5.3 实证结果及解释

本书数据为时间序列与横截面数据组成的面板数据，时间跨度为11年（1998—2008年），每个时间截面上都选取了3个对象，即日本、美国、欧盟。虽然采用了面板数据，但因为模型中存在不随时间变化的距离变量，因此无法使用固定效应模型；又因为只有3个截面单元，即3组国家，随机效应模型也不适合。因此，本书采用对时间加权的面板广义二乘法（GLS）和最小二乘法（OLS）估计方法。

根据计量软件的特点，本书选择Stata软件运行模型。两种方法对模型（1）和模型（2）回归的结果如表4-20所示。结果显示，两种方法下模型（1）中的SPS均不显著，而模型（2）所有变量与预期符号基本一致，并在1%或5%水平上显著。因此，加入无公害水产品标准虚拟变量的模型更为科学。比较两种回归方法的结果，发现GLS的结果不仅使方程的R^2从0.939提高到0.964，方程的F值也从83.89提高到144.7，DW统计值从1.08提高到1.23。因此，下文重点报告用GLS方法回归的模型（2）的结果。

表4-20 孔雀石绿最大残留标准对中国鳗鱼出口影响回归结果

变量	GLS回归		OLS回归	
	模型（1）	模型（2）	模型（1）	模型（2）
$\ln GDPp_i$	0.759***	0.835***	0.787***	0.751***
	(0.189)	(0.146)	(0.216)	(0.198)
$\ln GDPp_j$	1.544***	1.003***	1.441***	1.196***
	(0.341)	(0.284)	(0.398)	(0.376)

（续）

变量	GLS回归		OLS回归	
	模型（1）	模型（2）	模型（1）	模型（2）
$\ln D_{ij}$	−0.607***	−0.488***	−0.639***	−0.551***
	(0.082)	(0.069)	(0.097)	(0.095)
$\ln Decl_j$	0.041	0.060	0.037	0.047
	(0.058)	(0.051)	(0.075)	(0.069)
SPS_j	0.035	0.088***	0.033	0.067**
	(0.027)	(0.022)	(0.031)	(0.032)
Dum	—	0.353***	—	0.296**
		(0.081)		(0.117)
常数项	−14.755***	−11.147***	−13.59***	−11.88***
	(2.314)	(1.990)	(2.719)	(2.575)
R^2	0.942	0.964	0.928	0.939
F统计值	105.1	144.7	82.950	83.892
概率	0.000	0.000	0.000	0.000
$D-W$统计量	1.347	1.232	1.158	1.084
似然值对数	—	—	9.616	6.009
样本数	33	33	33	33

注：括号内为标准误，*** 表示在1%的水平上显著，** 表示在5%的水平上显著。

回归结果显示：

第一，进口国制定的SPS（此处是孔雀石绿MRLs标准）措施对于中国鳗鱼出口具有明显的抑制作用。国外SPS标准越严格，即SPS的ppb值越低，对中国鳗鱼出口的限制就越大，贸易额Mij越小，两者成正相关。SPS的回归系数为0.088，在1%的水平上显著，这意味着国外孔雀石绿MRLs标准每上升一个ppb（放松10亿分之一），中国鳗鱼贸易额可增加8.8%；相反，国外MRLs标准每降低（严格）一个ppb，中国鳗鱼出口贸易额将减少8.8%。模型结果证明了发达国家严格的SPS措施抑制了中国鳗鱼的出口。

一般而言，一国SPS措施的水平与其经济实力、科技发展和收入水平密切相关。越是经济发达的国家，对消费者健康安全风险越敏感，药物残留控制标准也愈高，并不断根据消费者收入水平和科技发展水平调整。这种调整表现在两个方面：①扩大控制范围和提高控制水平。例如日本是中国鳗鱼最主要的出口市场，通过比较中日鳗鱼贸易额和日本的孔雀石绿MRLs标准之间的变动关系（如图4-5），不难发现每次日本孔雀石绿标准的变动，中日鳗鱼贸易额都会经历一个从下降到逐渐恢复并上升的阶段。1998—2001年由于控制标准没有变动，故这个阶段中日的贸易额是先上升后趋于稳定；而到2002年，由于日本孔雀石绿标准提高到5ppb，中日鳗鱼贸易额在2002—2003年间有了明显的回落；之后随着中国企业和政府采取一系列应对措施，贸易额又逐步上升，到2006年达到顶峰。2006年5月，日本颁布肯定列表制度，鳗鱼的药物MRLs标准从25项增加到112项。孔雀石绿标准从5ppb苛刻到2ppb，对中国鳗鱼出口到日本市场带来巨大的冲击。肯定列表制度实施的半年里，中国出口日本的鳗鱼产品就被通报13批次，为通报最多的单项产品。2007年3月，日本再次公布“进口食品监控检查计划实施细则”，进一步抬高进口食品监控检查“门槛”。2007年9月起，广东对日本烤鳗出口量连续8个月呈现50%以上的降幅，其中2008年前4个月，烤鳗出口量下降了72%。②改变检验方法，提高精确度。2005年起，日本将鳗鱼的检测方法，从检测显性孔雀石绿含量调整为检测隐性孔雀石绿含量，检出率从5ppb提高到2ppb。欧盟对鳗鱼也一直采取隐性孔雀石绿检测方法。可见，检验方法的优化有效提高了检出率，抬高了市场准入的门槛，达到了贸易限制甚至贸易禁止的目的。

另外，SPS措施的负面消息具有传递和放大效应，常常迅速波及其他国家或者中国出口的其他产品。主要表现在四个方面：个别产品连累无辜产品、一国波及多国、沿产业链向上向下的传递效应以及因SPS原因被扣留通报的消息通过媒体报道影响消费者的购买行为。例如，2005年7月，日本政府对来自中国的鳗鱼产品强制检测孔雀石绿。2005年，因孔雀石绿超标被扣留的鳗鱼产品为8批次；2006年上升到15批次；2007年也为15批次。尽管2007年中国出口鳗鱼在日本的检验合格率在99.8%以上，日本的民意调查却显示，40%的日本消费者只愿意消费日本产的鳗鱼。

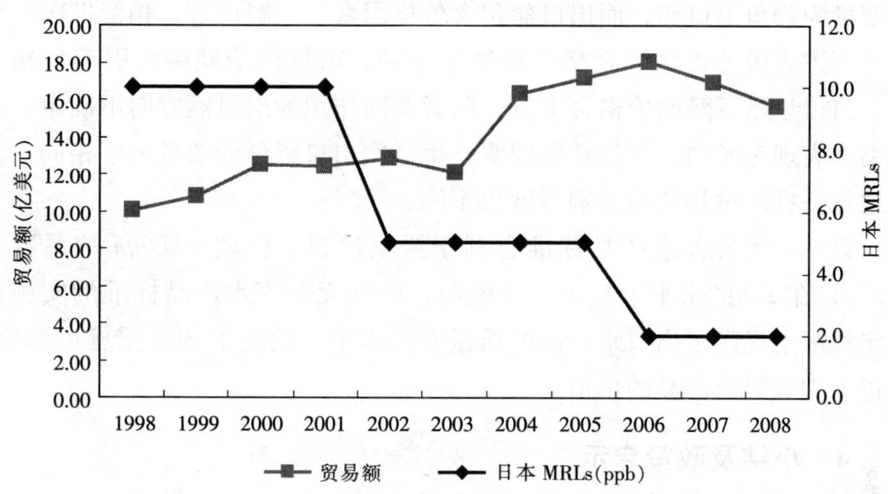

图 4-5 1998—2008 年间中国对日本鳗鱼出口额与日本孔雀石绿标准变化关系图

第二，进出口双方人均 GDP 的增加对中国鳗鱼出口具有促进作用。变量 Ln$GDPp_i$ 的系数为 0.835，在 1%的水平上显著，表明中国人均 GDP 每增加 1%，即中国国内供给能力每增强 1%，中国鳗鱼出口额就会相应增加约 0.835%；变量 Ln$GDPp_j$ 的系数为 1.003，在 1%的水平上显著。这表明，进口国人均 GDP 每增加 1%，即进口国居民的需求能力每增强 1%，中国鳗鱼出口就会相应增加 1.003%。这一结果也表明，贸易双方在国内经济繁荣时期，双边贸易发展也较为迅速，而经济萧条不利于贸易的发展。

第三，进出口国家间相对贸易距离对鳗鱼贸易具有负向作用。模型中 LnD_{ij} 的回归系数为−0.488，在 1%的水平上显著，这表明中国与贸易伙伴之间的相对运输距离每缩短 1%，两国间的鳗鱼贸易额就相应增加 0.488%。由于中国与日本的距离优势，中国鳗鱼主要出口到日本市场。这也说明中国应积极开发韩国、东盟等周边地区市场。

第四，中国出口水产品在进口国/地区被扣留的批次对中国鳗鱼出口额影响不显著。变量 Ln$Decl_j$ 的系数为正，但这一结果统计上不显著。原因主要有：一是数据因素。本书采用的数据为整个水产品的扣留数，这就人为地高估了鳗鱼的扣留数值。而且，该数据并非仅仅基于孔雀石绿标准原因的扣留，而是各种 SPS 措施下的扣留批次。二是价格因素。本书的因变量为鳗鱼出口额，而出口额包含价格因素。一般而言，扣留批次增加意味着进入国外市场的合格产品数量下降，市场供给减少将引起价格上升，出口量虽下降而价格又上升，两者共同作用的出口额方向不确定，在本书中表现为增加。三是数量因素。每批次出口鳗鱼的数量未必相同，相应地每一批次被扣留的影响程度也不同。

第五，无公害水产品标准有利于鳗鱼出口。模型中 *Dum* 的系数为 0.353，在1%的水平上显著，这说明，中国无公害水产品标准的实施在一定程度上提高了出口水产品的质量安全水平，减缓了SPS措施的影响，促进了中国鳗鱼产品的出口。

4.5.4 小结及政策启示

本章运用引力模型评估了日本、美国和欧盟SPS措施对中国水产品出口的影响程度。回归结果显示，国外SPS措施（这里特指孔雀石绿标准）对中国鳗鱼具有明显的抑制作用，即孔雀石绿MRLs标准每严格1ppb，中国鳗鱼出口贸易额减少8.8%；中国及贸易伙伴人均GDP的增加能有效促进鳗鱼出口；中国与贸易伙伴之间运输距离的减少，可以相应增加中国水产品的出口；中国无公害水产品标准的实施能有效减少出口水产品遭遇SPS措施的概率，促进水产品的出口。

基于以上研究，本书认为，中国水产品出口应对SPS措施，必须重点控制药物残留问题，努力减缓农药MRLs标准对贸易的限制作用。为此：①紧盯进口国标准的变化，积极主动地遵从进口国具有科学依据的SPS措施；②积极参与国际标准的制定，提高在国际标准中的话语权和农产品的国际标准采用率；③实行从“池塘到餐桌”全程质量安全监控体系，重点抓好养殖源头药物残留控制；④无公害农产品标准的实施有效增强了农产品出口企业应对国外SPS措施的能力，促进了中国水产品出口，为此，应将这一体系向其他农产品领域扩展并不断提高无公害农产品标准的水平。另外，水产品出口周边地区既有运输距离的优势，又能适度缓解出口市场过度集中带来的风险。根据中国鳗鱼的出口状况，可积极开发韩国和东盟市场。毋庸置疑，SPS措施是建立在经济发展、科技进步和收入水平等因素之上的一种贸易手段，只要国家间存在以上差异，SPS措施的影响就不可能完全消除。

4.6　中国农产品遭遇SPS措施的因素分析①

出口农产品频频受阻于SPS措施不但导致企业的利润流失，而且也影响了广大农民收入的增加及中国劳动力比较优势的发挥，更为严重的是损害了中国农产品的国际声誉，如“毒水饺”事件。那么，中国农产品出口企业为何会遭遇SPS措施冲击，是企业自身的内在因素还是与SPS措施有关的外在因素呢？只有探明企业受阻的原因，才能提供针对性的解决之策。为此，笔者利用来自中国农产品出口大省山东、浙江和福建3省88家农产品出口企业的微观调研数据，利用Logit模型，探索企业遭遇SPS措施的决定因素，为中国农产品出口企业应对SPS措施提供理论和实证依据。

4.6.1　文献回顾

关于SPS措施对农产品国际贸易的影响，国内外学者已经进行了大量的理论和实证研究。理论研究方面，Deardorff 和 Stern（1998）认为SPS措施产生的执行成本、寻租成本以及遵从成本，对于整个社会是一种无谓损失，扭曲了农产品国际贸易的发展②。Roberts 等（1999）提出了一个分析SPS措施对农产品国际贸易影响的理论框架，他们认为SPS措施有三种经济效应③：①法规保护效应（Regulatory Protection Effect），即SPS措施增加了外国供应商的成本，从而限制了进口；②供给转移效应（Supply Shift Effect），主要包括供给从国外生产者向国内生产者转移和SPS措施带来的潜在收益（降低食品安全风险等）；③需求转移效应（Demand Shift Effect），即SPS措施为消费者带来了食品安全方面的信

---

①　4.6节内容选自董银果，姜盼．中国农产品出口企业遭遇SPS措施的影响因素分析．已投稿中国农村经济．为保持原文风格，未对文字进行删改。

②　Deardorff，A. V. and R. M. Stern. Measurement of Nontariff Barriers. The University of Michigan Press，1998.

③　Roberts，D.，T. Josling，and D. Orden. A Framework for Analyzing Technical Trade Barriers in Agricultural Markets. Market and Trade Economics Division，U. S. Department of Agriculture Working paper (NO. 1876)，1999.

息，有利于减低交易成本，增加消费者的需求。冯宗宪（2000）分析了标准的数量和价格控制机制，进而就SPS/TBT标准对出口国企业和社会福利产生的影响进行了理论阐述[①]。研究发现：标准在设立之初，起到零配额的作用，表现为数量控制机制；标准的作用一旦显现，对进口产品就产生了数量和价格控制的双重作用，相当于一种关税加配额的复合性贸易壁垒。董银果（2008）从遵从成本的角度[②]，系统分析了SPS措施影响贸易的四种模式（即一国受另一国歧视、贸易小国受所有进口国歧视、贸易大国受所有进口国歧视和非歧视状态），以及四种模式下出口商的遵从成本和遵从成本的转移路径。

与理论研究相比，量化SPS措施对农产品国际贸易的影响较为困难，原因有以下两个方面：①由于SPS措施的隐蔽性和复杂性，其影响产品供给的方式、导致的额外成本和国内外价格的差异都很难被观测到，而这些恰恰是量化SPS措施影响的关键指标；②SPS措施对消费者的偏好、信心以及福利的影响是不确定的，并且很难找到替代指标加以有效的衡量（Beghin，2001）[③]。但是量化SPS措施的影响不仅有利于解决国际贸易纠纷，还有助于一国制定更为透明、科学有效的SPS措施[④]（Antle，1995）。因此，仍有学者在这方面进行了许多有意义的探索。Calvin和Krissoff（1998）用价格楔方法（Price Wedge Approach）研究了日本SPS措施对美国苹果出口的影响[⑤]。结果表明，1994—1997年，日本实施的SPS措施导致了27.2%的关税等值（即相当于对美国苹果多征收了27.2%的进口关税）。研究还指出：在没有疾病传播的情况下，如果停止实施SPS措施会促进两国苹果贸易量的增加，日本将获得7 090万美元的

① 冯宗宪．开放经济下的国际贸易壁垒［M］．北京：经济科学出版社，2001.

② 董银果．SPS措施影响贸易的模式——以中国农产品为例［J］．上海大学学报（哲学社会科学版），2008（3）．

③ Beghin，J. C. and J. C. Bureau. Quantitative Policy Analysis of Sanitary，Phytosanitary and Technical Barriers to Trade. Economy International，87（2）：107-130，2001.

④ Antle，J. M. Benefits and Costs of Food Safety Regulation. Food Policy，24：605-623，1999.

⑤ Calvin，L. and B. Krissoff. Technical Barrier to Trade：A case Study of Phytosanitary Barriers and U. S-Japanese Apple Trade. Journal of Agriculture and Resource Economics，23（2）：351-366，1998.

收益，而美国出口商的损失将减少 69%；即使在有疾病传播的情况下，停止实施 SPS 措施产生的贸易利得也将超过疾病传播导致的损失，因此，日本的 SPS 措施严重影响了美国苹果的出口。European Commission（2001）也使用价格楔量化研究了美国 SPS 措施对欧盟猪肉、禽肉以及苹果出口的不利影响①。Monenius（1999）采用存货清单法（Inventory-based Approach），收集 1980—1995 年欧盟 12 国在 471 个产业实施国家特定标准（Country-specific Standard）和双边共同标准（Bilaterally shared Standard）数据，实证研究了标准对国际贸易的影响②。研究表明，双边共同标准促进了国际贸易的发展，而国家特定标准则阻碍贸易的发展，农业标准对农产品国际贸易的影响十分显著。武玉英等（2007）也用存货清单法分析了欧盟 SPS 措施对中国水产品出口的影响③。结果表明：欧盟 SPS 措施对中国水产品出口产生了明显的阻碍作用。Otsuki 等（2000）运用引力模型（Gravity-based Approach），利用 1989—1998 年欧盟 15 国和非洲 9 国的数据，分析了欧盟黄曲霉素标准对非洲国家坚果出口的影响④。研究指出，欧盟实施的黄曲霉素标准使每百万人口的死亡率减少 1.4 个的同时却导致了非洲国家 10 亿美元的贸易损失，如果欧盟采纳国际标准，可使非洲国家的出口增加 64%并产生 6.7 亿美元的贸易利得。孙东升（2006）利用引力模型分析了欧盟、美国、日本的 SPS 措施对中国茶叶、蔬菜和水产品的影响⑤，指出国外 SPS 措施对中国农产品出口产生了不利的影响。另外，也有学者，如 Henson 等（2000）⑥、Wilson 和

① EU commission. Report on United Barrier to Trade and Investment. European Commission, Brussels, 2001.

② Moenius, J. Information versus Product Adaptation: The Role of Standards in Trade. University of California, San Diego Working Paper, 1999.

③ 武玉英，郭珉．我国水产品出口欧盟遭遇技术性贸易壁垒的影响研究［J］．财贸研究，2007（2）．

④ Otsuki, T., J. S. Wilson and M. Sewadeh. Saving two in a Billion: Quantifying the Trade Effect of European Food Safety Standards on African Exports. World Bank Washington D. C Working Paper, 2000.

⑤ 孙东升．技术性贸易壁垒与农产品贸易［M］．北京：中国农业科学技术出版社，2006.

⑥ Henson, S. J., R. Loader, A. Swinbank, M. Bredahl, and N. Lux. Impact of Sanitary and Phytosanitary Measures on Developing Countries. Center for Food Economics Research, University of Reading, Reading, UK, 2000.

Anton（2006）[①]、Chouinard等（2007），分别用调研法（Survey - based Approach）、成本收益法（Cost - benefit Approach）、可计算的一般均衡法（Computable General Equilibrium Approach）研究了SPS措施对农产品贸易的影响，均得出SPS措施对农产品国际贸易产生贸易限制的结论。

尽管国内外学者已对SPS措施影响农产品国际贸易这一问题进行了大量的理论和实证研究，但是这些研究大都集中在SPS措施对一国贸易的宏观影响上，而对SPS措施对微观企业的影响研究甚少。企业是从事对外贸易的基本单位，也是贸易活动中最为重要的参与者。SPS措施对农产品贸易的影响，应该首先表现为对农产品进出口企业的影响。作为对外贸易的微观主体，企业受到SPS措施的影响更值得关注，不应与SPS措施对宏观贸易的影响等同起来。遗憾的是，国内这方面的研究只有宋海英等（2009）对出口企业的调研分析[②]，缺乏更深层次的实证研究成果。基于以上原因，本书利用微观调研数据，采用Logit模型对中国农产品出口企业遭遇SPS措施的影响因素展开研究。

4.6.2 数据及模型

1. 数据来源

本书的数据均来自作者对中国农产品出口企业的问卷调研[③]。由于受时间和财力的限制，本书仅对山东、浙江和福建3省的农产品出口企业进行实地调研。尽管调研的范围仅限3省的农产品出口企业，但笔者认为这对调研结果的可靠性影响并不大。原因如下：第一，山东、浙江、福建3省是中国农产品出口大省，自2001年以来，其出口额稳居全国前五位，山东省更是连续9年稳居中国农产品出口之首。2009年，3省的农产品出口额占全国农产品出口总额的41.3%（见表4-21）；第二，3省的农产品

---

① Wilson，L. W. and J. Anton. Combining Risk Assessment and Economics in Managing a Sanitary and Phytosanitary Risk. American Journal of Agriculture Economics，88（1）：194-202，2006.

② 宋海英，陈志刚，董银果．国外SPS措施对农产品出口企业的影响分析［J］．中国农村经济，2009（1）．

③ 2008年，在商务部协助下，本次调研向山东、浙江、福建三省发放问卷102份，收回问卷92份，其中有效问卷88份，占回收问卷的95.7%。88份有效问卷中，28份来自山东省，38份来自浙江省，22份来自福建省。

出口种类齐全且具有代表性。水产品、蔬菜、水果、茶叶和肉类一直是中国出口的主要农产品，而3省也正是这些农产品的主要出口地区；第三，3省农产品出口市场囊括了中国农产品出口的所有市场；第四，近年来，3省的农产品出口企业频繁遭遇SPS措施的冲击。因此，山东、浙江和福建具有典型性和很强的代表性。

表4-21　2001—2009年山东、浙江和福建农产品出口状况

年份	山东省			福建省			浙江省		
	出口额（亿美元）	占全国比（%）	排名	出口额（亿美元）	占全国比（%）	排名	出口额（亿美元）	占全国比（%）	排名
2009	97.7	24.9%	第一	34.2	8.7%	第三	30.1	7.7%	第五
2008	99.8	24.8%	第一	30.3	7.5%	第五	33.5	8.3%	第四
2007	92.5	25.3%	第一	27.5	7.5%	第五	29.3	8.0%	第四
2006	80.9	26.1%	第一	24.1	7.8%	第五	26.9	8.7%	第三
2005	69.0	25.4%	第一	19.6	7.2%	第五	24.5	9.0%	第三
2004	55.9	24.2%	第一	17.9	7.8%	第五	22.4	9.8%	第三
2003	47.5	22.4%	第一	12.9	6.1%	第五	17.8	8.4%	第三
2002	39.2	21.8%	第一	12.9	7.2%	第五	15.4	8.5%	第三
2001	35.5	22.2%	第一	12.4	7.8%	第四	15.2	9.5	第三

资料来源：根据商务部农产品月度出口数据整理。

2. 模型设计及变量描述

本书认为，SPS措施本身的状况、SPS措施信息传递的及时准确性以及企业个体特征可能会影响企业遭遇SPS措施。基于这样的认识，本书选择以下变量。

(1) 标准歧视性（X_1）。《SPS协议》规定："各成员国可以采取必要的措施来保护人类、动物、植物的生命或健康，但这些措施必须建立在科学基础之上，不应对情况或条件相同的成员构成不合理的歧视，也不应成为国际贸易的变相限制条件。"SPS标准的歧视性越强，企业所面临的贸易环境就越严峻，也越容易受到SPS措施的影响。因此，标准的歧视性是决定企业是否遭受SPS措施影响的一项重要因素。调查问卷中设置了问题“您认为国外标准是否具有歧视性”，48家企业认为国外标准没有歧视性，而42家企业认为国外标准存在不同程度的歧视性。为此，将肯定回答赋值为1，否定回答赋值为0。预估 X_1 的系数为正。

（2）国内外标准差异（X_2）。根据需求层次理论，经济发展水平的差异会导致需求层次的差异，即经济发展水平较高的国家处于较高的需求层次，对消费者健康的保护和食品安全的要求也较高，从而倾向于实施较为严格的SPS措施。因此，发达国家经济水平高，实施的SPS措施较为严格，而发展中国家则由于经济水平相对较低，其SPS措施也相对宽松，两者差异较大，这势必导致在农产品国际贸易中，发达国家的SPS措施对发展中国家农产品出口造成障碍，也增加了其农产品出口受阻的概率。因而，国内外标准差异越大，农产品受阻的概率越大，表现为正相关。通过分析近年中国农产品的出口市场发现，60%～70%中国农产品出口到发达国家市场，因此调查问卷设计问题“您认为国内外SPS标准的差异程度”，有“差异很大”、“差异较大”、“差异一般”、“基本没有”和“根本没有”5个选项供企业选择。结果显示，46家企业认为标准差异较大或很大，而另外42家则认为标准差异不大。由于大多数企业的选择集中于“差异很大”、“差异较大”和“差异一般”，为此笔者将选前两项的企业赋值为1，否则，赋值为0。此处预估 X_2 的系数为正。

（3）企业获取信息的渠道（X_3）。信息是影响经济决策的重要因素，优质的信息服务可以矫正市场失灵，避免贸易摩擦。同样，企业及时准确的获取国外SPS措施的信息，有利于企业做出正确的决策，并针对性地应对SPS措施，因而优质的信息能降低企业受阻于SPS措施的概率。本次调研问卷中列出了8条企业可能采用的获取SPS措施信息的主要途径，以及一个备注选项供企业选择。结果显示，绝大部分企业从国家质检机构的网站上获取信息，大多数企业获取信息的渠道较少（小于4条），仅有少数企业有多元化的获取信息途径。根据经验判断，企业获取信息的渠道越多，获取信息越充分，受阻于SPS措施的概率就越低，故预估 X_3 的系数为负。

（4）企业规模（X_4）。企业规模越大，表明企业在资金、技术上越具有优势，这也意味着企业可能更有实力从事技术更新、技术改造，获得更多的国外认证以及拥有更强的产品自检能力等，而这些都有利于企业规避SPS措施的冲击。因此，企业规模越大，企业越不易受到SPS措施的影响。笔者将受调研企业2008年固定资产的实际数值作为衡量企业规模的指标。因此X_4为连续变量，预估其系数为负。需要指出的是，本次调研中要求企业必须连续出口农产品达到5年，这样就避免企业（尤其是中小型企业）因遭遇SPS措施而出现破产、转产等情况，进而对研究结果产生的偏差。

（5）企业是否加入行业组织（X_5）。通过对国外行业组织的研究发现，行业组织主要有3项基本职能：①制定行业标准进行农产品生产和流通的监管，这些标准可能演化为国家标准甚至国际标准；②对企业实施整个生产链的技术指导，监管、自律和市场开发等；③成为政府制定和实施SPS的中坚力量，代表企业在国际和国内进行谈判和磋商。因此，加入行业组织有利于企业对SPS措施进行规避。根据调研问卷“企业是否加入行业组织”这一问题，如果回答为“是”表明企业加入了行业组织，赋值为1；否则，赋值0。有效问卷中，71家企业加入了行业组织，17家没有加入。此处，预估行业组织的变量系数为负值。

（6）企业是否遭遇SPS措施（Y）。本书选取的因变量是“企业是否遭受过SPS措施的影响”，调查问卷要求企业针对问题“企业是否遇到任何形式的国外SPS措施冲击?”做出回答。如果企业选择“是”表明企业受到SPS措施的影响（即国外SPS措施的变动或者SPS措施的实施导致企业的出口下降和出口成本上升），将其赋值为1，选择“否”则表明企业未受到影响，将其赋值为0。调研结果表明：88家农产品出口企业中，40家企业未受到过SPS措施的影响，而另外48家企业则受到了SPS措施的影响。

以上变量的详细描述见表4-22，依据上述变量，本书设计的多元线性回归方程为：

$$Y_i = \beta_0 + \sum_{i=1}^{5} \beta_i X_i + u_i \tag{3}$$

由于本书选取的因变量是二分定性变量，因此不适宜用线性概率模型进行回归分析，原因如下：①u_i 服从两点分布而不是正态分布；②u_i 具有异方差性；③$E(Y_i/X_i)$ 可能是负值也可能大于 1；④$E(Y_i/X_i)$ 会随着 X_i 线性改变，这与现实显然不符。为了避免这些问题对结果的影响，本书选取 logit 模型。因此，本书的回归方程变为：

$$L_i=\ln[P_i/(1-P_i)]=\beta_0+\sum_{i=1}^{5}\beta_i X_i+u_i \tag{4}$$

方程中，X_1 代表国外标准的歧视性，X_2 表示国内外标准的差异，X_3 表示企业获取信息的途径，X_4 表示企业规模，X_5 代表企业加入行业组织情况。Y_i 代表企业是否遭遇国外 SPS 措施冲击，P_i 代表企业受冲击的概率，u_i 代表残差。

表 4－22　变量设值及描述性统计

变量名称		取值和含义	样本数	百分比（%）	预期符号
因变量（Y）		0＝未受到 SPS 影响	40	45.5	
		1＝受到 SPS 影响	48	54.5	
自变量	标准歧视性（X_1）	0＝否	48	54.5	＋
		1＝是	40	45.5	
	国内外标准差异（X_2）	0＝否	42	47.7	＋
		1＝是	46	52.3	
	获得信息途径（X_3）	1＝1 条途径	13	14.8	—
		2＝2 条途径	22	25.0	
		3＝3 条途径	24	27.3	
		4＝4 条途径	19	21.6	
		5＝5 条途径	6	6.8	
		6＝6 条途径	4	4.5	
	企业规模（X_4）	低于 500 万	14	15.9	—
		500～5 000 万之间	43	48.9	
		高于 5 000 万	31	35.3	
	是否加入行业组织（X_5）	0＝否	17	19.3	—
		1＝是	71	80.7	

资料来源：根据对山东、浙江、福建三省企业的调研问卷整理而得。

4.6.3　模型结果分析

为了对方程（4）中的参数进行估计，还需要 L_i 的数值。L_i 取决于数据类型，本书调研数据属于个体数据，ln［P_i/（1－P_i）］也就没有意义，因此需要用最大似然估计（ML）对方程进行回归分析，由软件 stata10.0 生成的回归结果如表 4－23 所示。

本次回归的 LR 值为 71.58，其 P 值接近于 0，这表明回归方程在整体上通过了假设检验。另外，方程中关键变量的符号与预期相符，并在统计上显著，这说明回归结果比较可信。

表 4－23　Logit 回归结果

变量	系数	机会概率	标准误	Z 统计量	P 值
C	－1.564	－4.776	1.145	－1.370	0.172
X_1	2.598***	13.341	.829	3.130	0.002
X_2	3.424***	30.689	.853	4.020	0.000
X_3	－707**	－2.027	.321	－2.200	0.028
X_4	.000	1.000	.000	－ 0.640	0.525
X_5	1.219	3.384	.951	1.280	0.200
	LR＝71.58			Pseudo R^2＝0.590	

注：* 表示在 10%的显著性水平；** 表示在 5%的显著性水平；*** 表示在 1%的显著性水平。

回归结果显示：

1. 标准的歧视性是中国农产品出口企业遭遇 SPS 措施的重要原因

变量 X_1 的回归结果为 2.598，在 1%的水平上显著，表明当一项 SPS 标准具有歧视性时，L_i 将上升 2.598，其机会概率为 13.341，表示如果一项 SPS 标准具有歧视性，中国出口企业受 SPS 措施冲击的可能性将提高大约 13 倍。可见，国外标准的歧视性成为中国农产品遭遇 SPS 措施的重要因素。SPS 措施的歧视性一般有 3 种表现形式：①对国内产品和进口产品采用不同的 SPS 措施。根据 SPS 协议，这是一种典型的歧视，出口国可以向 WTO 争端解决机制进行诉讼，因此，国际贸易中，这种形式的歧视性并不常见。但是有些国家会采取一种擦边球的形式，如菠菜案中，日本对 99%从中国进口菠菜的毒死蜱标准比日本本土生产萝卜的毒死蜱标准高 300 倍。②国内产品与进口产品采用统一标准，但对不同进口源的产品实行歧视，如日本对中国鳗鱼加工品以进口申报的 10%进行抽样检测，而别国和地区则为 5%。③标准本身虽无歧视，但在实施中专门针对某个国家产品检验。如 2002 年中国虾仁出口欧盟被检出氯霉素，若该货物经东南亚转口欧盟市场又成为合格品；又如日本不断实施中国农产品强制检验月活动。SPS 措施的歧视不但增加了出口产品受阻的概率，而且在不同的歧视程度与贸易地位下，一国的受损程度也不同。董银果（2008）根据遵从成本排列了受影响程度，即贸易小国面临所有进口商的歧视≥贸易小国面临某一贸易大国的歧视≥贸易大国面临所有进口国的歧视 ≥贸易小国面临单个贸易小国的歧视≥贸易小国面临无歧视≥贸易大国面临无歧视[①]。

2. 国内外标准差异过大是中国农产品出口企业频频遭遇 SPS 措施冲击的最主要原因

自变量 X_2 的系数为 3.423 9，并在 1%的水平下统计显著，与预期符号相同。这表明，当国内外标准具有较大的差异时，L_i 将上升 3.424，其机会概率为 30.689，即如果中国的 SPS 措施与国外 SPS 标准有较大差距，中国出口企业受 SPS 措施冲击的可能性将提高大约 30 倍。因而，国外标准差异过大是企业遭遇 SPS 措施冲击的最主要因素。

目前，中国的农产品标准与国外存在着较大差异，主要表现在（以蔬菜为例进行比较）[②]：

(1) 农药残留标准限量指标。2005 年中国与蔬菜有关的强制性国家农药残留标准 34 项，涉及农药残留指标 58 项，农药 52 种。相比而言，国际食品法典委员会（CAC）蔬菜农药残留标准有 827 项指标，涉及 146 种农药；欧盟的蔬菜农药残留标准有 583 项指标，涉及 76 种农药；美国蔬菜的残留标准 802 项，涉及 165 种农药。就番茄而言，中国有 44 项药

---

① 董银果．SPS 措施影响贸易的模式——以中国农产品为例［J］．上海大学学报（哲学社会科学版），2008（3）．

② 董银果，姜盼．我国蔬菜出口遭遇 SPS 措施的调查分析［J］．西北农林科技大学学报，2011（4）．

残指标，而CAC有60项，日本有360项，欧盟68项。

(2) 农药残留指标的针对性。中国对六六六、滴滴涕等33种农药在所有蔬菜种类都制定了相同的限量指标，占中国蔬菜农药残留标准涉及农药的53.5%。只有联苯菊酯一种农药针对番茄、顺式氯氰菊酯一种农药针对黄瓜制定了限量指标，其他17种农药分别对叶菜类、果类菜，根茎类菜、鳞茎类、白菜类、甘蓝类等蔬菜制定了相同的限量指标。CAC把蔬菜分成73类，分别制定限量指标，对一种蔬菜的不同食用部分也制定了限量指标，如分别对莴苣头、莴苣叶、莴苣根和莴苣制定了限量指标①。

(3) 植物生长调节剂和除草剂残留指标。CAC除草剂残留指标为4项，欧盟为9项，美国为30项，日本为18项；CAC和欧盟植物生长调节剂残留指标均为4项，美国为11项，日本为6项。中国蔬菜只有1项除草剂指标，没有植物生长调节剂的残留标准。

(4) 药残检测方面。美国的多残留检测方法可检测360种农药，德国的残留检测方法可检测325种农药，加拿大多可检测251种农药，而中国缺乏同时测定上百种农药的多残留分析技术。可见，国内外标准的较大差异已给企业带来遵从困难。也由于中国的SPS标准远远低于国外水平，国外常常寻找中国标准中的漏洞或软肋，来对中国实施SPS壁垒。

3. 信息的不对称性也是中国企业遭遇SPS措施的重要原因

自变量X_3的系数为−0.707，且在5%的水平下显著，符号与预期一致。这表明：如果企业能采取多元化的途径获取与SPS措施有关的信息，那么企业受SPS措施影响的概率会相应下降②。世界银行的一份报告(World Bank，2005)认为③，SPS标准的提高并不一定会抑制发展中国家的贸易，对于那些在新标准实施前，就已经主动采取应对措施的国家或

① 路凯，林少彬，金银龙，刘丰茂，江树人．我国蔬菜农药残留标准对出口的影响[J]．现代预防医学，2005 (4)．

② 由于每个信息途径的质量不同，所以其影响的概率数也不同，因此本书不报告其机会概率。另外，本书曾试图采用虚拟变量计算每一条信息的影响概率，但由于每个企业的信息途径为多种，多种信息之间存在严重共线性问题，因此回归结果并不理想。

③ World Bank. The impact of Food Safety and Agricultural Health standards on Developing Country Exports. Working Paper，2005.

企业，新标准实施却是抢占市场份额的良好机遇。因此，增加企业获取信息的途径和及时有效的信息有利于其规避SPS措施。

4. 企业规模对企业遭遇SPS措施影响不明显

自变量 X_4 的系数0.000，符号与预期不符，且回归结果在统计上不显著。这表明：在中国，大型企业在规避SPS措施方面并没有比中小型企业有太多优势。对88家企业数据细分后发现，中型企业55.8%受到SPS影响，而大型企业为61.3%，小型企业为50%。出现这一结果的可能原因是：①中国农产品出口企业在做大的同时并没有做强，仅取得量上的优势，没有获得质的提高。②与企业的出口市场有关。中小型企业有可能以发展中国家为主要市场，而大型企业却以发达国家为主要出口市场，因而受到SPS措施的冲击较大。③5年出口经历的样本要求使大部分中小企业退出调查，而留下来的企业竞争力较强。

5. 加入行业组织对企业遭遇SPS措施影响不显著

变量 X_5 的回归结果系数为1.219，符号与预期不符，且在统计上不显著。这表明：在帮助企业应对国外SPS措施上，行业协会并没有发挥十分明显的作用。之所以出现这样的结果，一则表明目前中国行业协会的功能还非常有限，主要从事技术指导、培训和信息提供等较为初级的功能，调查中企业对其作用的评价比较低，甚至有企业不愿参加行业协会。二是因为中国行业协会目前不属于真正的民间组织，其运作还并不依靠会员的支持，官方或者半官方的行业协会在某种程度上带有一种官僚性质。这也说明，在未来，中国行业协会还有较大的发展空间。

4.6.4 结论与政策启示

本书利用山东、浙江、福建三省农产品出口企业的调研数据，采用Logit模型，对企业遭遇SPS措施冲击的决定因素进行了回归分析。结果表明：国外标准的歧视性和国内外标准差异过大是中国农产品出口企业频频遭遇SPS措施冲击的重要原因；信息的不对称也增加了企业遭遇SPS措施的概率；企业规模和加入行业协会对企业遭遇SPS措施影响不明显。

基于以上研究，本研究认为：消除标准的歧视性是中国农产品出口企业避免遭遇SPS措施的有力保证。为此，应做好以下几点：①在对国外

SPS措施的评议中，执行政府、协会、专家和企业的四体联动策略，广泛吸纳企业参与，及时发现歧视行为，降低信息不对称对企业的影响。②利用WTO/SPS委员会的具体贸易关注，通过磋商解决贸易纠纷和维护我国企业的正当利益；或在积极搜集证据的前提下，向WTO争端解决机制提起诉讼，利用法律途径解决贸易歧视行为。③加强政府和行业协会与国外的交流与互访，消除贸易中的歧视待遇。

其次，减少标准差异是帮助企业规避SPS措施的最有效手段。消除国内外标准差异可以选择以下途径：①标准的互认性。两个国家标准的互认是减少贸易纠纷的有效途径。②积极采纳国际标准。③积极参与国际标准的制定。

再次，拓宽企业获取国外SPS措施的渠道。主要从以下方面为企业提供及时有效的SPS信息：①建立和完善SPS措施预警系统，及时跟踪主要贸易伙伴的SPS信息，为企业提供完善的信息服务。②进一步健全国家质检总局信息，提高信息的开发和信息的共享程度。③积极拓展国外商会的信息渠道，更为重要的是将企业纳入国外SPS措施的评议主体。

最后，进一步开发行业协会的功能。我国行业协会对上要及时了解国家出台的政策，协调企业与政府之间的对话，并根据国家政府部门与国外相关部门提供的信息，建立信息支持系统；对下要引导企业进行技术改造，推进行业标准的实施和升级，加强行业自律，对外要加强与国外同行的联系磋商，帮助企业规避外国SPS的冲击。

第五章

遵从成本与SPS影响农产品贸易的理论模型

本章从“遵从成本”的视角分析SPS措施的产生及影响农产品贸易的机理，从理论上阐述SPS措施的形成机制，对农产品贸易的宏观、微观影响效应。

5.1 遵从成本与SPS措施的形成机制

5.1.1 遵从成本与遵从收益

遵从成本（Compliance Cost）被Henson（2002）定义为：遵从某些法规要求时企业产生的必要的额外成本①。还有学者认为遵从成本是指将出口国的卫生水平从现有水平提高到进口国所要求水平而产生的最低成本②。遵从成本包括宏观遵从成本和微观遵从成本。本书认为，遵从成本是指出口国/出口商为了遵从进口国设立的SPS措施而必须付出的额外代价，其中包括风险成本。

遵从成本的大小从宏观的角度来看取决于进口国和出口国SPS措施的相近性、进口国SPS措施的针对性或标准的普遍性。两国的SPS措施越接近，则可以通过一致性认可，因而出口国/出口商的遵从成本就低；

① Henson，Spencer . Measuring the Economic Impact of Technical Measures on Trade in Agricultural Commodities [R] . Department of Agricultural Economics and Business，University of Guelph，2002.

② Xing，Y. and Kolstad，C. Do lax environmental regulations attract foreign investment? [J]. Environmental and Resource Economics，21 (1)：1－2，2002.

若两国标准差异较大，则SPS措施水平较低的国家面临着较高的遵从成本。对于标准水平较低的发展中国家的出口商若遵从发达国家的SPS标准，必然要付出较高的遵从成本，而对于经济、科技水平高的发达国家遵从发展中国家的低水平SPS措施，则无须付出成本或者遵从的成本很低。显而易见，遵从成本必然对发展中国家的贸易竞争力造成重大影响。出口国标准若不针对某个国家，则所有出口国可以分摊遵从成本。从微观的角度来看，遵从成本的大小取决于出口商的遵从资源、遵从能力。出口商的遵从资源越丰腴，包括物资资本和人力资本，则其遵从能力增强，遵从的收益相应增加，遵从的成本降低；相反，若出口商缺乏遵从资源，如检测检验设施、认证条件、检验人员、供应链的数据库等，则面临着较高的遵从成本，甚至其无法承担的成本，而不得不选择退出市场。

遵从收益是出口国/出口商遵从进口国SPS措施带来的溢价。实施SPS措施后，消费者的食品安全水平得到保护，提高了产品的质量安全水平，为此消费者愿意为商品支付额外的费用，商品价格上升，因SPS措施的实施而导致商品价格上升的部分即为SPS措施的遵从收益。

5.1.2 遵从成本的影响因素

SPS遵从成本包括宏观遵从成本和微观遵从成本。宏观成本包括信息、培训、软硬环境建设和特别关注产生的成本，而微观成本包括由于企业制度性结构调整、法规性控制、技术性基础设施、人力资本培训、信息分发、监控等产生的人力资本、供应链、员工时间、一般操作费用、外部服务、机会成本等成本。

SPS措施对农产品国际贸易的影响主要是通过影响标准遵从成本，进而影响进口数量。SPS对农产品成本的影响主要表现在：①对于动物源类产品而言，为满足国外对生畜健康和农畜产品安全的要求，出口国必须投巨资建设无病区，并获OIE（国际兽医局）等国际组织和贸易伙伴无病区的认可，畜产品企业若要获得必要的出口动物健康证书必须投入大量的人力、物力并支付相关认证费用。②为了达到进口国的卫生检疫安全标准而必须添置新的高精尖卫生检疫设备，为应对国外越来越严格的检验检疫标准，国家或企业必须加大对重点检验检疫实验室的投资建设。与此同时，在生产、屠宰、加工、流通环节为使国内检疫检测水平达到发达国家检疫检测标准所做技术改造或努力也将引起标准成本的增加。③为了满足国外对于动物源产品生产过程或产品的卫生、安全及环境标准要求，农产品、食品必须通过某种权威认证，为此，企业必须支付价格不菲的专家考察认证费。④由于国外检验检疫标准提高了，国内海关以及相关企业为验证出口产品是否符合某项新安全标准所耗费的有关技术、行政支出也将上升导致遵从成本增加。例如进口国提高了安全检测标准，或者增加了安全检测项目，不仅导致出口国国内海关的工作量大大增加，同时企业内部必须相应增设产品检验部门，专门针对出口产品进行合格性检验，由于检验检疫标准的提高，相应的检验检疫项目增加，或难度加大或耗费时间增加，都会使企业增加相应的管理费用。⑤随着检疫标准的提高，项目的增加往往导致检验检疫时间增加，鲜活产品因为进行新增卫生检疫而延误时间导致机会成本上升。⑥海关卫生检疫项目的增加延长了产品进入国外市场的时间，造成周转速度下降，这将引起库存、运输以及保鲜等其他物流费用的超额支出，也会使产品的成本上升。⑦价格波动对出口产品的影响。一些国家往往通过设置更高的检疫标准以延长卫生检疫时间，导致部分鲜活农产品因错过最佳销售时间使产品遭受价格损失。⑧由于进口产品未能通过卫生检疫标准措施而被没收、销毁而导致损失的潜在风险大大增加。⑨由于产品被没收、销毁的消息通过新闻媒体的曝光，就会增加产品的不安全性，不但影响产品对该进口国的出口，而且影响对其他国家的出口甚至国内销售。它使产品的信任成本大大增加。⑩由于产品质量安全标准问题引起的贸易争端，调查、取证、协商、谈判将花费大量人力、物力和财力，这会使产品出口贸易成本增加[①]。

5.1.3 基于演化博弈的 SPS 措施形成机制

SPS 措施在长期可以改善贸易双方的福利水平，SPS 措施的形成过程其实就是农产品进口国与出口国之间的动态博弈过程。本节采用动态演化博弈模型阐述 SPS 措施的形成机制。

---

① 董银果．SPS 措施影响中国农产品贸易的模式［J］．国际贸易问题，2006（2）．

1. 演化博弈模型

演化博弈模型将人视为有限理性的生物体，认为社会制度并非是人为设计的结果，而是大量有限理性的个人在相互博弈的基础上形成的一种适应环境变化和社会发展的均衡态，并在适应性进化的过程中产生并发展起来的。

在演化博弈论中，有两个重要的概念，演化稳定策略（evolutionarily stable strategy，ESS）和复制动态过程（replicate dynamic，RD）。

演化稳定策略（ESS）的基本思想是要求均衡系统能抵御变异的入侵。设想某个在位种群初始时采用了策略 x，而某一小部分变异群体 ε，采用另一策略 x'，演化博弈策略意味着当博弈参与人随机配对进行博弈时，在位种群成员的支付水平高于入侵者的支付水平，即一个在位群体能消除任何小突变群体的入侵。公式表示为

$$u\,[x,\ (1-\varepsilon)\ x+\varepsilon x']\ >u\,[x',\ (1-\varepsilon)\ x+\varepsilon x']$$

其中，u（·）表示支付函数，ε 表示参与博弈的人遇见选择，x' 表示策略参与人的概率。

动态复制过程的基本思想是：如果某个群体的适应能力超过了种群的平均水平，那么它之中的个体数量就会增加；如果适应能力低于平均水平，它的数量就会下降。[①] 用公式表示为

$$F\ (s)\ =\mathrm{d}s\ (x)\ /\mathrm{d}t=s\ (x)\ [u\ (x)\ -\bar{u}]$$

其中，s（x）为群体中选择策略 x 的比重，u（x）为选择 x 的支付水平，$\bar{u}$为平均支付水平。

2. 进出口双方的演化博弈

在SPS措施的形成中，博弈双方（进出口国）均有两个纯策略（执行SPS措施和不执行SPS措施，分别用 E 和 NE 表示）可供选择。其中出口国执行SPS标准可从以下两方面理解：①当进口国执行SPS措施时，出口国遵从其SPS措施；②当进口国不执行SPS措施时，出口国自己提高SPS措施，以增强自身的竞争力。假设进口国执行SPS措施取决于进

① Maynard Smith J. 演化与博弈论［M］. 上海：复旦大学出版社，2008.

口国进口商的意愿 y。当进口国有 N_1 个进口商愿意执行 SPS 标准，N_2 个不愿意时，$y=N_1/N$（$N=N_1+N_2$）。同理出口国执行 SPS 措施取决于出口商的执行意愿 x。

假定 π_e、π_i 为博弈双方均不执行 SPS 时（即新的 SPS 措施制定执行前）的正常利润，ΔV_e、ΔV_i 为双方均执行了新的 SPS 标准后双方的遵从收益，C_{oe}、$\Delta V_i'$为出口方选择策略 E 而进口方选择策略 NE 时，出口方的遵从成本以及进口方的额外收益（即对出口商歧视后，由于市场竞争减少，价格上升而或获得的收益，或称为贸易保护收益），C_{oi}、$\Delta V_e'$为进口方选择策略 E 而出口方选择策略 NE 时，进口方的遵从成本以及出口方的额外损失（由于出口方选择不遵从 SPS 措施，意味着他们不得不退出进口国市场，寻求新的市场渠道，在这个过程中，出口国的出口数量下降，出口商利润受损）。

表 5-1　博弈双方的博弈矩阵

		进口商	
		E	NE
出口商	E	$\pi_e+\Delta V_e$，$\pi_i+\Delta V_i$	π_e-C_{oe}，$\pi_i+\Delta V_i'$
	NE	$\pi_e-\Delta V'_e$，π_i-C_{oi}	π_e，π_i

为简化分析，进一步假设由于一方执行 SPS 措施，另一方不执行 SPS 措施而造成的损益为 0，即 $\Delta V_i'$、$\Delta V_e'$均为 0。因此，博弈双方的博弈矩阵如表 5-2 所示：

表 5-2　简化后的博弈矩阵

		进口商	
		E	NE
出口商	E	$\pi_e+\Delta V_e$，$\pi_i+\Delta V_i$	π_e-C_{oe}，π_i
	NE	π_e，π_i-C_{oi}	π_e，π_i

假定出口方采用策略 E 的出口商比重为 x，所以愿意采用 NE 的出口商为 $1-x$。进口方采用策略 E 的比例为 y，采用 NE 的为 $1-y$。

因此，出口方采用策略 E 的支付水平为：

$$u(E)=y(\pi_e+\Delta V_e)+(1-y)(\pi_e-C_{\alpha e}) \quad (1)$$

出口方采取策略 NE 的支付水平为：

$$u(NE)=y(\pi_e)+(1-y)(\pi_e) \quad (2)$$

所以出口方的平均支付水平为：

$$\bar{u}=xu(E)+(1-X)u(NE) \quad (3)$$

根据动态复制过程：

$$\mathrm{d}x/\mathrm{d}t=x[u(E)-\bar{u}] \quad (4)$$

结合方程（1）、（2）、（3）、（4）得：

$$\mathrm{d}x/\mathrm{d}t=x(1-x)[(\Delta V_e+C_{\alpha e})y-C_{\alpha e}] \quad (5)$$

同理可得进口方的动态复制过程：

$$\mathrm{d}y/\mathrm{d}t=y(1-y)[(\Delta V_i+C_{\alpha i})x-C_{\alpha i}] \quad (6)$$

令微分方程（5）、（6）等于0，则可得到系统的均衡解，其中

$$x_1=0,\ x_2=1,\ x_3=C_{\alpha i}/C_{\alpha i}+\Delta V_i$$

$$y_1=0,\ y_2=1,\ y_3=C_{\alpha e}/C_{\alpha e}+\Delta V_e$$

因此，系统可以产生5个均衡点O（0，0）、A（1，0）、B（0，1）、C（1，1）、D（x_3，y_3）。均衡点O表示进出口双方均不执行SPS措施状况，此时系统保持稳定状态。A点表示出口方全部执行SPS措施，而进口方全不执行SPS措施的状况，即SPS措施对国内外商人歧视模式下的状况，此时SPS措施表现为贸易壁垒，会遭到全体出口商的反对，SPS措施的实施处于不稳定状态。B点表示出口方全不执行SPS措施，而进口方全部执行，即SPS措施的实施导致进口为零的状态，此时亦不是稳定状态。C点表示进出口双方全部执行SPS措施的状况，即SPS措施在国内外商人之间无歧视，此时系统处于稳定状态。D点表示系统当前状态（如表5-3，图5-1）。

然后用动态演化系统对上述5个均衡点进行稳定性分析（如图5-1），可以得出O（0，0），C（1，1）为演化稳定点，是演化稳定策略。而A、B、D都是不稳定点。通过图5-1还可得出，在AOBD区域内的点最终将收敛于O点，而ACBD区域内的点将收敛于C点。

表 5-3 系统中均衡点的结果和特殊意义

均衡点	结果	现实意义
O (0, 0)	演化稳定策略	博弈双方都不执行 SPS 措施
A (1, 0)	不稳定	出口方全部执行 SPS 措施，而进口方全不执行
B (0, 1)	不稳定	出口方全不执行 SPS 措施，而进口方全部执行
C (1, 1)	演化稳定策略	博弈双方全都执行 SPS 措施
D	鞍点	动态演化系统的当前演化状态点

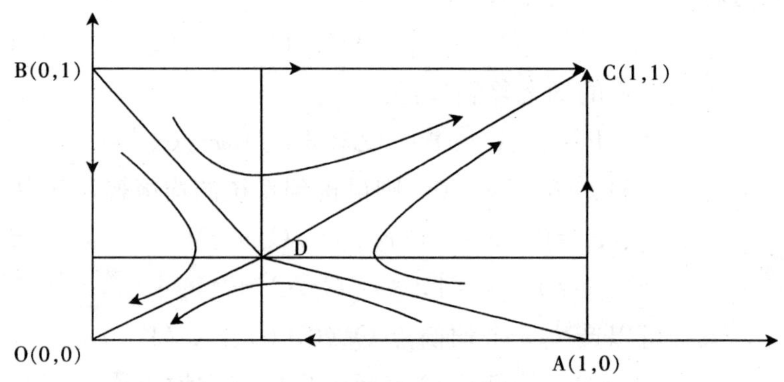

图 5-1 SPS 措施形成过程的动态演化系统

通过上述的分析可知，动态系统将收敛于 O 点或 C 点，但是动态演化是一个长期的过程，在相当长的时期内，系统将保持策略 E 与 NE 并存的状态，即进出口双方的策略处在变动过程中，不执行的也可能演变为执行，而执行的策略也可能变为不执行。因此，SPS 措施作为贸易壁垒，降低社会福利，引起贸易纠纷的现象也就不足为奇了。

3. SPS 措施形成的均衡条件

相对于 O 点，C 点可以增进贸易双方的福利水平。系统收敛于 O 点还是 C 点，取决于鞍点 D 与初始点 M（x，y）的位置比较。如果初始点 M 位于区域 ACBD 内，则系统将收敛于 C 点；如果 M 位于区域 AOBD 内。则系统将收敛于 O 点。由于初始点 M 随机分布在矩形 AOBC 内，因此系统的收敛方向就与 D 点的位置紧密相关。当 D 点靠近 O 点时，系统收敛于C点的概率增大，而当D点靠近C点时，系统收敛于C的概率减少。均衡点D（x_3，y_3），$x_3=C_{\alpha i}/C_{\alpha i}+\Delta V_i$，$y_3=C_{\alpha e}/C_{\alpha e}+\Delta V_e$，因此，D点的位置与以下因素有关：

当进出口双方的遵从成本$C_{\alpha e}$与$C_{\alpha i}$同时降低时，x_3，y_3也同时减少，D点则趋近于O点，这时ACBD的面积将变大，而AOBD的面积将变小，这能增大系统向C点收敛的概率。当$C_{\alpha e}$与$C_{\alpha i}$同时增大时，x_3，y_3同时增大，D点则趋近于C点，这时ACBD的面积将变小，而AOBD的面积将变大，这将增大系统向O点收敛的概率。

当进出口双方执行SPS措施的遵从收益ΔV_e与ΔV_i同时增大时，x_3，y_3将同时减少，D点将趋近于O点，这将使ACBD的面积变大，而AOBD的面积将变小，这能增大系统向C点收敛的概率。当ΔV_e与ΔV_i同时减少时，x_3，y_3将同时增大，D点将趋近于C点，这将使ACBD的面积将变小，而AOBD的面积将变大，这将增大系统向O点收敛的概率。

在农产品贸易过程中贸易双方都要制定并执行适度的SPS措施，这样才能在不影响贸易的前提下增进贸易双方的福利水平。具体应做好以下几点：①减少制定、执行SPS措施的成本。SPS措施的制定和执行过程都需要大量的成本，如潜在的市场调研成本、设计成本、管理成本、检疫检验成本、遵从成本等。这些成本均会影响系统的收敛方向，进而影响贸易双方的福利水平。因此，贸易双方确保制定标准的合理性，以减少SPS措施的遵从成本和管理成本。另外，完善行会组织的建立，行会组织能充分将企业组织起来，可以减少市场调研成本、设计成本、管理成本以及谈判等交易成本。另外，良好的贸易环境也是降低成本的重要因素。②降低贸易双方合作风险，增加SPS措施的额外收益。在国际贸易实践中，贸易双方都希望最大化自己的利益。然而，双方的利益往往并不一致，因此贸易双方在合作时也会存在风险。正是由于这种风险的存在，减少了贸易收益。因此，要增加系统向C点演化的概率，最重要的就是控制贸易风险。贸易过程中风险控制的核心内容就是对经济主体的资源进行优化配置，实现进出口双方优势互补，加强风险管理，降低市场需求面的冲击强度，即外生性风险。另外，要设计一些切实可行的制度和机制，来激励贸易双方的行为，从而使其符合社会最优帕累托标准，使个体理性与集体理性相一致，从而降低内生性风险。通过控制内生性风险和外生性风险，可以达到双方合作的期望利润。

5.2 遵从成本与SPS措施影响农产品贸易的宏观模型①

SPS 措施作为一项影响市场准入的贸易政策，必然对商品流动、市场价格和市场供求产生影响。要评价 SPS 措施的经济影响，必须清楚 SPS 措施的使用上是否存在歧视。有研究认为，倘若实际执行国际标准的国家越多，遵从成本就会显著降低，贸易歧视也会相应减少②。可见，歧视性是影响遵从成本最大的因素。本节从 SPS 措施设立中的歧视性出发，采用局部均衡分析框架，分析 SPS 措施影响农产品贸易的模式及其导致的遵从成本。

5.2.1 SPS 措施歧视性的分类

进口商设立 SPS 措施按照歧视性，可以分为两类：一是对外歧视，即 SPS 措施只是针对进口商品，而不针对国内生产。根据 SPS 协议的无歧视原则，这是典型的 SPS 壁垒，会受到 WTO/SPS 协议的禁止，因此，本书不做重点讨论。二是对不同的进口商歧视，即 SPS 措施对国内外都使用时，但在边界口对不同贸易商采取歧视做法，具体可以分为对某个出口商的歧视和对其他所有出口商非歧视。而对出口商而言，面临的 SPS 措施可能是针对自身的歧视性措施或针对于全体出口商的非歧视性措施，综合出口商和进口商的利益，国际贸易中的 SPS 措施根据其使用范围可以细分为四种类型：①一个进口商针对一个出口商的歧视；②一个进口商针对全体出口商（非歧视）；③所有进口商针对一个出口商（歧视）；④所有进口商针对全体出口商（非歧视）（详见表 5-4）。

① 董银果. SPS 措施影响贸易的模式——以中国农产品为例［J］. 上海大学学报（社会科学版），2008（3）.

② Mattoo A. Discriminatory Consequence of Non-Discriminatory Standards［J］. Journal of Economic Integration，2001（3）.

表5-4　从进出口商的角度看SPS措施的范围

	SPS措施只针对某个出口商（个体）（歧视性措施）	SPS措施针对所有出口商（统一）（无歧视措施）
只有一个进口商提高SPS措施（个体）	可以通过从其他途径购买或销售而避免遵从成本，“潜在”的而不是真实的贸易限制	所有出口商将遵从成本打入价格而由进口商承担
所有进口商都提高SPS措施（统一）	由于进口商可以从别的渠道购买，所以目标指向的出口商承担遵从成本	由于市场价格按照成本调整，进出口商共同承担遵从成本，价格对买者上升而对卖者下降

资料来源：Roberts（1999）。

在国际贸易中，要评价贸易措施的经济效应，必须区分贸易大国和贸易小国，因为贸易大国往往能够影响世界的供求进而影响国际价格。因此，按照SPS措施应用的范围，SPS措施对贸易影响的评判模型也设计为以下几种情况：①贸易小国面临一个进口国（贸易小国或贸易大国）的歧视；②贸易小国面临所有进口国的歧视；③贸易小国面临无歧视待遇；④贸易大国面临一个进口国（贸易小国或贸易大国）的歧视；⑤贸易大国面临所有进口国的歧视；⑥贸易大国面临无歧视待遇。由于无论是贸易大国还是贸易小国，当面临一国（贸易小国或贸易大国）歧视性SPS措施时，采取的措施比较相似，因此我们把①和④放到一起讨论；同时，无论贸易大国还是贸易小国面临无歧视SPS措施时，对策也比较相似，因此将③和⑥合并作为面临无歧视SPS措施的经济效应。SPS措施的宏观经济影响可以分为以下四种情况：

5.2.2　一国歧视性SPS措施的经济效应

一国歧视性SPS措施是指某一特定出口国在对外贸易中，受到某一进口商的歧视待遇，即进口国设立的SPS措施专门针对这一特定出口国，对其他出口国不适用。也意味着只有这一个进口商（X_i）设立了新的SPS措施，用于限制从该出口国（Y_j）出口的产品。一国歧视性SPS措施的影响取决于特定出口国出口产品在国际贸易中的地位、对进口国市场的依赖程度以及该进口国对特定出口国产品的需求价格弹性。

当 Y_j 在该类产品出口中作为一个贸易小国时，受到 X_i（X_i 为贸易小国）歧视性 SPS 措施时，尽管对双边贸易的影响较大，但对世界贸易流量和贸易价格的影响微乎其微，因为贸易小国是世界价格的接受者。对于双边贸易的影响取决于各自市场的集中程度。如果双方都采取的是市场多元化战略，则对双边贸易影响也只是短期的、有限的影响。出口国（Y_j）可以将产品转移到其他贸易伙伴国（X_1，…，X_{i-1}，X_{i+1}，…，X_n），而进口国 X_i 也可以从其他渠道（Y_1，…，Y_{j-1}，Y_{j+1}，…，Y_n）进口该类产品，国内福利和价格不会受到太大影响；当贸易小国受到一个贸易大国的歧视性 SPS 措施时，由于出口国对该进口国市场依赖比较大，即出口国的供给弹性比较小而进口国的需求弹性比较大，则出口国受到的影响比较大，不得不独自或者承担绝大多数遵从成本（因为进口国的国内价格可能不上涨或者小幅上涨），而寻找替代市场需要时间，出口国的出口量可能下降较大，对双边贸易影响较大。

当一个贸易大国面对一个贸易小国或者非主要市场的歧视性 SPS 措施时，由于该国可以增加对其他主要市场的出口弥补在该进口国的损失，对世界贸易的流量和价格影响都很小。当贸易大国受到贸易大国或者主要市场的歧视性 SPS 措施时，虽然可以采取市场转移措施，但开辟新市场需要一定的时间和条件。遵从成本会在进出口国之间分摊，即国际价格上升或者下降取决于出口国产品的供给弹性和进口国对出口国产品的需求弹性。若出口国对进口国市场的依赖不大即供给弹性大，而进口国对出口国的产品需求价格弹性小的话，则价格的变动有利于出口国，进口国的价格上升到能够弥补出口国大部分的遵从成本，反之则进口国价格的变动远远小于出口国的遵从成本。

当一国在国际贸易中受到另一国歧视性待遇时，总体的应对策略是贸易转移策略[①]。由于其他进口国没有针对该出口国实施较高的 SPS 措施，故该出口商可以将产品从受到歧视的国家转移到其他国家。总之，无论是贸易大国还是贸易小国在受到歧视性 SPS 措施时，短期内对该国产品都

① 董银果．SPS 措施对猪肉贸易的影响及中国遵从方略研究［M］．北京：中国农业出版社，2005.

会构成贸易限制，对贸易双方哪方的影响更大则取决于出口商供给弹性和进口商需求弹性的比较。若出口国供给弹性小于进口国需求弹性，则出口国承担大部分遵从成本，当遵从成本高到出口商无法承受时，双边贸易中断。

5.2.3　贸易小国面临所有进口国歧视性SPS措施的经济效应

当贸易小国（Y_j）面临所有进口国（X_1，$X_2 \cdots X_n$）或主要贸易集团针对该国产品的歧视性SPS措施时，其产品没有可供选择的替代市场，且出口量小到无法影响世界价格，因此其产品要么退出国际市场，要么独自承担遵从成本。故SPS措施对该国产品构成贸易限制，当遵从成本高到该国（Y_j）无法接受的程度则构成贸易禁止。而对于进口国或进口集团而言，由于有众多可供选择的替代市场，基本不影响其进口量，世界贸易量亦不会受到影响。

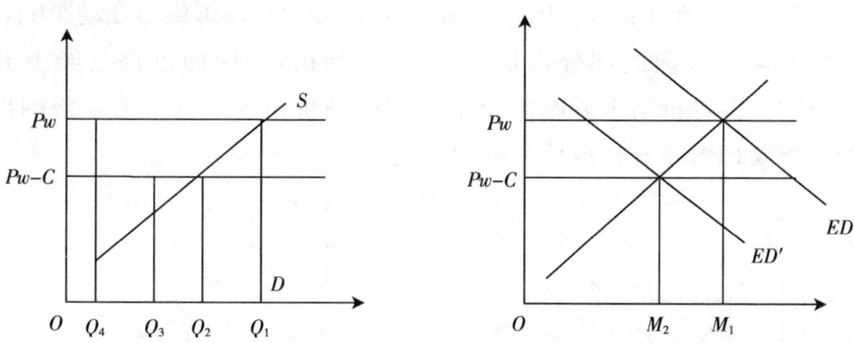

图5－2　贸易小国面临所有进口商的歧视性SPS措施对该国产品的影响效应

如图5－2所示，D和S分别代表一国产品国内的需求和供给曲线，在P_W的世界价格水平，该国出口（OQ_1-OQ_2）的产品到国际市场，即对应于右图的OM_1，当所有进口商对该国产品实行歧视性SPS措施时，该国的出口量减少，其作用相当于世界对该国产品的过剩需求下降，从ED降到ED'。因此，该国产品不得不独自承担遵从成本C，由于该国是贸易小国，不影响世界价格。世界价格仍然是P_W，而该国面对的价格却是（P_W-C）。在（P_W-C）的价格水平上，该国的出口量降到（OQ_3-OQ_4）。显而易见，新的SPS措施对该国构成贸易限制。如果新的措施超越了该国的能力导致遵从成本高到该国出口商无力承担的水平，该国产品就不得不退出国际市场，SPS 措施就构成了事实上的贸易禁止。

5.2.4 贸易大国面临所有进口国歧视性 SPS 措施的经济效应

在所有进口国对某一贸易大国出口产品提高 SPS 标准时，该国产品没有可供选择的市场，不能采取市场转移策略，只能被动接受各国的 SPS 措施，承担遵从成本。但是由于该国是贸易大国，出口量直接影响着世界价格的变动，当该国出口受 SPS 措施影响减少时，国际市场的价格却因为供给的减少而上升，但是上升的幅度小于该国产品遵从成本的上升，此时各国针对该国的 SPS 措施对该国产品出口构成限制作用。如图 5－3 所示该国在世界价格的水平上可以出口产品（OQ_2-OQ_1），当所有进口国针对该国农产品实行 SPS 措施时，该国农产品的供给量减少进而影响世界价格从 Pw 上升到 Pw_2，（Pw_2-Pw'）部分为受该国供给变动影响，世界价格分摊了该国的部分遵从成本，而此时该国国内价格已经上升到（$Pw+C$），世界价格上升幅度小于该国产品价格的上升幅度，该国出口减少，所以 SPS 措施构成贸易限制作用。

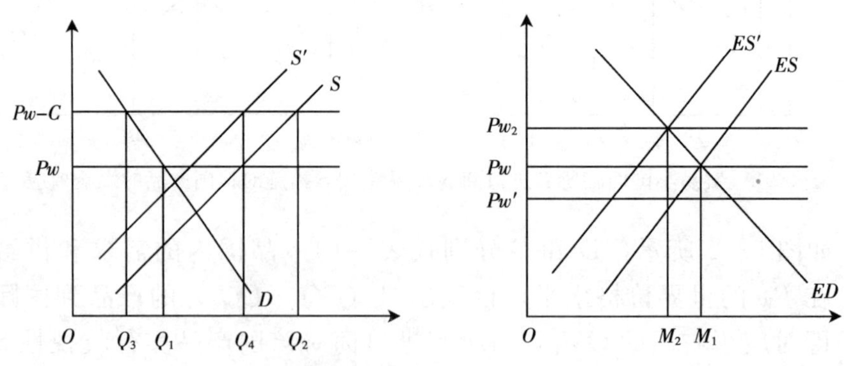

图 5－3 贸易大国面临所有进口国的歧视性 SPS 措施

5.2.5 无歧视 SPS 措施的经济效应

当一国作为贸易小国和贸易大国在世界市场上面临无歧视 SPS 措施

时，由于市场的进口国对所有出口国实行无歧视的措施，所以遵从成本由所有进口国和所有出口国共同承担。由于承担部分遵从成本，进口国的进口价格和世界价格都上升，从 Pw 上升到（$Pw+C$）。图 5－4 中各字母的含义与前述相同。

对于一国产品而言，在国外没有采用新的 SPS 措施时，该国出口（OQ_2-OQ_1）的产品。当所有进口国针对所有出口国采用新的 SPS 措施时，相当于对所有国际贸易中的产品征收了 C 的关税，因而限制了该国产品的出口，虽然遵从成本有其他国家分摊，在（$Pw+C$）的价格水平下，该国产品出口量降为（OQ_4-OQ_3），可见，SPS 措施对该国产品构成贸易限制。

遵从成本 C 被世界各国分摊的情况下，该国产品的遵从成本取决于该国与世界平均 SPS 水平的差异。无歧视条件下的遵从成本低于一国歧视或所有进口国歧视下的遵从成本。故这种状况下，一国出口产品的遵从成本相对较低，新 SPS 措施对该国产品贸易的限制作用相对较小。但这种理论分析与客观现实仍存在较大差距。问题和条件在于：所有出口国都有实行新的 SPS 措施的可能性。

综上所述，按照遵从成本的大小，我们发现无歧视条件下一国面临的遵从成本最低，而一个贸易小国面临所有进口国歧视条件时的遵从成本最高。

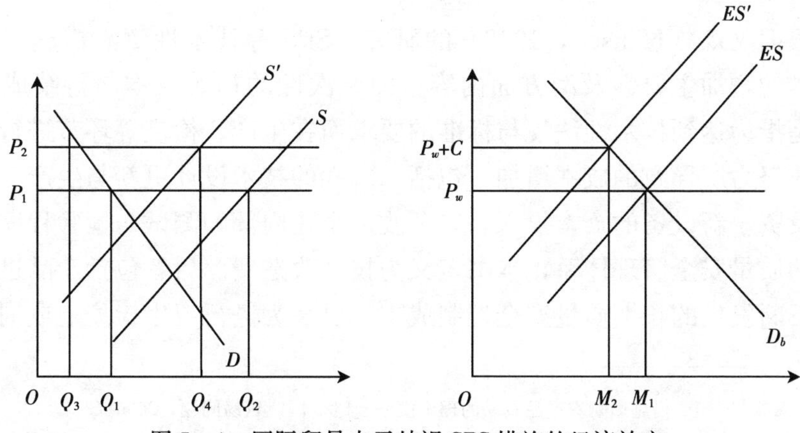

图 5－4　国际贸易中无歧视 SPS 措施的经济效应

以上研究发现，当贸易小国面对所有进口商歧视 SPS 措施时的遵从成本最高，由于该出口商没有可供选择的替代市场，而且又是贸易小国，对世界价格的影响微乎其微，因此不得不独自承担遵从成本，这时的遵从成本在各种情况下为最高的。而当非歧视情况下，遵从成本被世界各国的出口商和进口商分摊，因此，出口商面对的遵从成本最低。因此，按照遵从成本的排序为：贸易小国面临所有进口商的歧视≥ 贸易小国面临贸易大国的歧视≥ 贸易大国面临所有进口国的歧视 ≥ 贸易小国面临一个贸易小国的歧视 ≥ 贸易小国面临无歧视 ≥ 贸易大国面临无歧视。

5.3 遵从成本与 SPS 措施影响农产品贸易的微观效应①

从前文的分析中得知，当国外采取的 SPS 措施对歧视性或非歧视性的，对出口国的影响不同，对企业的影响也不同，同时，歧视性措施是一国歧视还是多国歧视，对出口国的影响也不同。为了简化分析，本书主要选取，非歧视性 SPS 措施对企业出口贸易的影响和企业遵从成本的大小。为了精确地分析 SPS 措施对企业均衡与贸易的影响，本书区分短期均衡和长期均衡两种情况。

5.3.1 企业遵从成本的构成

根据汉森（Henson，1998）的研究，SPS 等技术性贸易措施导致产品成本的增加主要涉及两方面内容：即一次性的初始成本与持续成本②。前者是指为达到技术性法规与标准的要求而在生产、检疫等环节进行技术改造或努力所导致的成本增加，包括一次性的技术设计更新与生产工艺改造、投资于新设备的资本投入，以及改进企业内部的测试与检验程序并建立新的质量安全管理体系，本书定义为技术改造费。后者包括产品进入市场后不断发生的长期质量安全控制成本，以及为进行卫生检疫造成周转速

① 董银果．SPS 措施影响农产品贸易的理论模型［J］．国际贸易问题，2006（2）．

② Henson S.，Caswell J. Food Safety Regulation and the Firm：Understanding the Compliance Process［J］．Food Policy. 23：9－23，1998.

度下降以及因此产生的库存成本和运输成本的超额支出，包括检验费用、认证费用以及其他费用。显然，对于企业来说，初始成本提高了进入市场壁垒，巨大的初始成本将使经济实力不强的中小出口企业退出进口国市场，当初始成本无限大时（如必须获得OIE无病区认证），将使出口国所有企业退出进口国市场，导致事实上的禁止性贸易。持续成本则意味着企业必须持续不断地付出更高的边际成本，当边际收益不能弥补边际成本的增加时，出口国企业在进口国市场的竞争力可能降低。由于大型企业有可能形成规模经济，随着规模经济效应的发挥，效率的改进，可能部分抵消成本增加。SPS措施作为一种技术性措施，随着技术创新，SPS措施可能会频繁变动，标准不断提高，新的SPS措施产生，又会产生新的初始成本和持续成本。SPS标准变化越快，遵从难度越大，导致的初始成本和持续成本则越大。这对发达国家大农场、大企业有利，而对小农户、小农场、小企业十分不利。由于国家间安全标准、技术水平和经济实力的差异，SPS措施实际上除有积极作用的一面之外，贸易壁垒作用正在日益增大。标准差异实际反映了遵从成本差异，贸易竞争力的差异。

Jaffee（2004）在项目中发现：在影响遵从的因素中，领导/私营部门的协调能力、私营部门的管理/技术能力以及公共部门的管理/技术能力起着最为主要的作用。影响遵从成本的四个环节是：①产品和原材料渠道，如实施良好农业实践（GAP）；②过程和出口方面，如执行良好生产实践（GMP）或危害分析和关键点控制（HACCP）；③公共部门和行业，如主管当局的能力；④进口商/零售商或整个供应链。他最后得出结论：遵从成本相互交织在总成本中，投资成本约为多年FOB价格的0.5%～5%，经常性成本约为年销售值的3%。

5.3.2　SPS措施对出口企业的短期影响

假定国际农产品市场是完全竞争市场，任何一个企业面对的是一条水平的需求曲线，是国际价格的接受者（即 $P=MR$）。SAC 为短期平均成本，SMC 为短期边际成本。

假设 P 为农产品国际价格，也是进口国的价格，在设立SPS措施前，企业出口农产品在进口国的赢利为 $P-SAC$（相当于图5-5中曲线 AB 部分，对有些中小企业来说，$P-SAC$ 有可能为零），企业的出口量为 OQ；实施新的 SPS 措施后，如增加产品检验项目，采纳 HACCP 等使企业的固定投资增加，可变成本也增加，此时 SAC 曲线将向上移动到 SAC'，边际成本曲线也有 SMC 向左移到 SMC'。可见，在 SPS 措施的作用下，企业的出口量降到 OQ'，利润也降到 $P-SAC'$（相当于图 5－5 中的 CD 曲线部分）。如果短期内世界价格不变动，则出口企业则不但出口量下降，出口效益也下降。SPS 措施的影响作用非常明显。如果世界价格也上升，并且与该企业成本上升保持同步，则意味着企业的出口量虽下降，出口效益不变。

假设企业起初没有超额利润，企业的价格等于其短期平均成本，$P-SAC$ 为零，SPS 措施实施后，则 SPS 措施不但导致企业出口量下降，而且导致亏损，企业不得不退出市场。这一点对于中小企业更是如此。

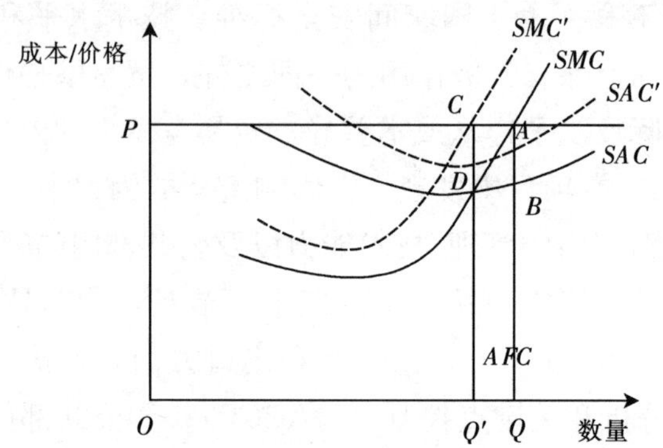

图 5－5　SPS 措施对企业的微观作用短期作用机制

5.3.3　SPS 措施对出口企业的长期影响

对单个出口企业，同样假设在完全竞争的农产品市场上，企业面对的是一条水平的需求线。但就长期而言，企业是没有超额利润的，也就是说，价格等于长期平均成本（这是由于超额利润的存在刺激新的出口商加入）。因此，企业的均衡点是 A。

国外不断设立新的 SPS 措施，必然导致农产品出口企业产生一项初始成本，该成本平均分摊到每单位农产品上则使农产品的平均固定成本

LAC增加，农产品持续成本也意味着出口企业LAC增加，企业主要靠调整规模来保持市场竞争。企业的长期平均成本曲线由LAC向上移动到LAC′，长期边际成本曲线（LMC）（假设该企业是规模收益不变或规模收益递增）向左移动到LMC′。此时，出口量从OQ下降到OQ′（如图5-6），如果此时世界价格也同比上升，则企业虽出口量下降，但仍留在市场，但若世界价格上涨幅度小于企业成本增加的幅度，则企业不得不退出市场。

在农产品安全控制标准提高，检疫检测增加，过关手续更繁更严的情况下，确保出口产品“安全达标”，同时大幅降低“安全达标”的固定成本、可变成本、遵从成本，不断平衡“安全达标”与“贸易发展”之间的矛盾，提高农产品出口企业的国际竞争力，是出口企业生存发展的重大课题。同时，安全达标成本由谁来分担较为合理，也是需要研究的问题。

还需指出的是，出口国的检验能力也对企业遵从SPS有着重大影响，当出口国的检验证书不被进口国认可的情况下，出口国企业不得不努力获得国外的检验认证，这将会提高企业的遵从成本，有时甚至形成制度上的障碍。

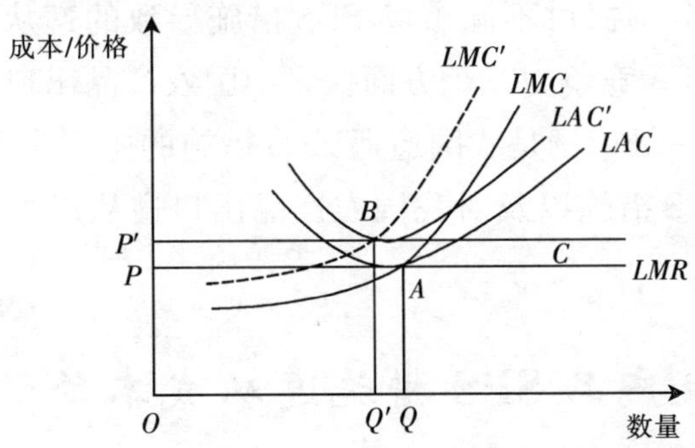

图5-6　SPS措施对微观企业的长期作用机制

第六章

SPS措施与中国农产品出口的遵从成本

本章在上文研究的基础上，进一步探讨中国农产品出口的遵从成本大小，遵从成本的影响因素，不同程度SPS措施和不同级别市场SPS措施导致的遵从成本，探索造成中国农产品遵从成本攀升的原因，为中国农产品应对策略的选择以及中国农产品出口企业目标市场的定位提供依据。

本章的内容安排如下：首先，根据中国农产品出口企业的微观调查数据，实证分析企业遵从成本的影响因素；其次，将国际农产品市场为一、二、三个级别，分别探讨不同市场SPS措施导致的遵从成本；最后，从环境、制度和TTA竞争力三个方面探索中国农产品出口企业遵从成本攀升的原因。由于一级市场是我国遭遇SPS措施的主要来源，因此，日本、美国和欧盟的SPS措施以及对我国农产品出口遵从成本的影响将是本章重点探讨的内容。

6.1 中国农产品SPS措施遵从成本的影响因素①

6.1.1 引言

SPS措施与一国的经济、科技水平密切相关，因而往往是发达国家的SPS措施给中国农产品出口造成较大的遵从成本。对于中国农产品而言，

① 董银果，张洁．中国农产品SPS措施遵从成本的影响因素分析［J］．农业经济问题，2011年。

选择“退出”市场还是“遵从”进口国的SPS措施的关键变量是遵从成本。那么中国农产品遵从成本如何？遵从成本受哪些因素影响？如何遵从就成为中国农产品出口突破发达国家SPS措施和选择目标市场的关键因素。为此，笔者基于中国农产品出口典型地区山东、浙江、福建、四川56家出口企业的调查数据，采用最优尺度回归方法，探讨中国农产品出口企业遵从成本的影响因素，为降低企业遵从成本和实施农产品“走出去”战略提供依据。

6.1.2 文献综述

遵从成本（Cost of Compliance）也称为“规制成本”或“依从成本”，指遵从某些法规要求时企业产生的必要的额外成本①。也有学者认为遵从成本是指将出口国的卫生检疫措施从现有水平提高到进口国所要求水平而产生的最低成本。遵从成本的概念有两个关键点，第一为minimal，即该成本是最小、最低的成本；第二为additional，即该成本是额外的成本②。可见，遵从成本并非企业固有成本，而是在出口过程中，因遵从出口市场标准而产生的额外成本，具有“附加性”；其次，遵从成本是为了达到进口国某项标准所必须付出的成本，具有“出口黏性”。本书将遵从成本定义为中国出口企业为达到进口国卫生与植物检疫标准的要求所必须付出的最低的额外成本（单位产品，下同）。

学者们对SPS措施遵从成本的研究主要从理论和实证两个方面进行研究。理论研究方面，主要采用局部均衡分析框架，研究SPS措施对成本和贸易的影响机制，普遍认为SPS措施主要通过价格作用机制和数量作用机制产生影响③，而价格作用机制就是通过影响遵从成本进而影响贸易流量。因而SPS措施不同设立方式下，出口国的遵从成本完全不同。

① Henson, Spencer. Measuring the Economic Impact of Technical Measures on Trade in Agricultural Commodities [R]. Department of Agricultural Economics and Business, University of Guelph, 2002.

② Kolstad, I., Wiig., A. A cost-benefit framework for allocating SPS-related technical assistance. www.cmi.no/public/pub 2002.

③ 冯宗宪. 开放经济下的国际贸易壁垒 [M]. 北京：经济科学出版社，2001.

贸易小国设立法规保护模型，受损者是进口国自己，在经济上是不可行的；而贸易大国设置 SPS 措施的遵从成本被分摊①。有研究发现，当标准普遍采用时，遵从成本就低，因此，对于国际谈判者来说，最重要的是看标准是否普遍适用②。也有研究发现，歧视性是影响遵从成本的重要变量，尤其是当一个贸易小国受到所有贸易伙伴歧视时的遵从成本最高，而无歧视 SPS 措施的遵从成本相对较低③。

SPS 措施遵从成本的实证度量大多是国际机构，如世界银行、OECD 针对发展中国家农产品出口发达国家市场的研究。文献中采用的方法主要有：①调研法，即调查企业遵从国外 SPS 措施必须增加的设备和项目，然后计算其成本。Wilson 和 Otsuki（2004）通过对 17 个发展中国家 20 个行业 689 家企业的调查发现，农产品出口企业（82 家）的平均遵从成本为销售收入的 6.18%④。作为世界银行 7 个项目之一⑤，Manarungsan 等（2005）采用调研方法，研究泰国大虾、鲜芦笋、冷冻绿豆分别出口美国、欧盟、日本市场 SPS 措施的遵从成本，指出遵从成本约为销售收入的 7.1%～10%⑥。②关税等值法，又称价格楔方法，即将企业遵从成本折算为关税，计算关税等值的大小。如 Calvin 和 Krissoff（1998）对美国和日本苹果贸易遭遇的 SPS 措施，运用了价格楔方法进行研究。研究发

① Robert D., Orden D., Josling T. A tramework for Analysing Technical Barrier in Agriculture Markets. Technical Bulletin No. 1876, Market and trade Economics Division. U. S. Department of Agriculture. 1999.

② Mattoo A. Discriminatory Consequence of Non-Discriminatory Standards [J]. Journal of Economic Integration, 2001 (3).

③ 董银果. SPS 措施影响贸易的模式 [J]. 上海大学学报（哲学社会科学版），2008（3）：19-27.

④ Wilson, J. S. and T. Otsuki. Standards and Technical Regulations and Firms in Developing Countries: New Evidence from a World Bank Technical Barrier to Trade Survey. World Bank, Washington DC. 2004.

⑤ 世界银行的 7 个调查项目包括该调查包括埃塞俄比亚（动物产品），印度（鱼和调味品），牙买加（非传统农产品出口），肯尼亚（鱼和园艺），拉丁美洲国家（动物产品），摩洛哥（水果和蔬菜），尼加拉瓜（虾），塞内加尔（鱼和花生）和泰国（虾和园艺）。

⑥ Manarungsan S., Naewbanij O, Rerngjakrabhet, T.. Costs of Compliance with SPS Standards: Thailand Case Studies of Shrimp, Fresh Asparag-us and Frozen Soybeans [J]. Agriculture and Rural Development. Discussion Papers. 2005.

现，2006年日本的SPS措施给美国苹果出口带来的平均关税等值为27%①。而Yue等（2006）突破价格楔模型对国内外产品完全替代的假设，认为2000年日本SPS措施给美国苹果出口的关税等值为60%②。③成本计算方法，即计算出口企业为遵从国外SPS措施增加的项目及成本。Jaffee和Henson（2004）在世界银行项目研究中发现，影响遵从成本的四个环节是：产品和原材料渠道、过程和出口方面、公共部门和行业、进口商/零售商或整个供应链。而遵从成本相互交织在总成本中，投资成本约为多年FOB价格的0.5%～5%，经常性成本约为年销售值的3%③。④计量经济方法。Jayasuriya等（2006）运用了食品安全标准综合指数和引力模型分析得出，由于七国（美国、日本、澳大利亚、法国、德国、荷兰、英国）实行严格的质量安全标准，且各国的标准各异，使印度潜在的损失很大，遵从成本提高。一般来讲，企业的遵从成本为销售收入的5%，一些企业甚至高达10%～15%④。Maskus等（2005）采用企业生产成本函数，研究发现：为满足进口国SPS措施，在出口企业固定投资增长1个百分点时，可变生产成本提高0.06%～0.13%。企业固定成本的增加约为每家企业42.5万美元，即平均生产成本增加4.7%⑤。

总体而言，国内外关于遵从成本的研究文献较少，而关于中国农产品遵从SPS措施的成本研究则几乎没有展开，这与近年来中国企业SPS措

① Calvin, L. and B. Krissoff. Technical Barriers to Trade: A Case Study of Phytosanitary Barriers and US-Japanese Apple Trade [J]. Journal of Agricultural and Resource Economics, 23 (2): 351-356, 1998.

② Yue, C., Beghin, J. C. and H. H. Jensen. Tariff equivalent of technical barriers to trade with imperfect substitution and trade costs [J]. American Journal of Agricultural Economics, 88 (4), 947-960, 2008.

③ Jaffee S. and Henson S. Standards and Agro-Food Exports from Developing Countries: Rebalancing the Debate. World Bank Policy Research Working Paper 3348, June, 2004.

④ Jayasuriya S., MacLaren D. and Metha R. Meeting Food Safety Standards in Export Markets: Issues and Challenges facing Firms Exporting from Developing Countries. Paper presented at the IATRC Summer Symposium, Food Regulation and Trade: Institutional Framework, Concepts of Analysis and Empirical Evidence, Bonn, Germany, 28-30 May 2006.

⑤ Maskus, K., Otsuki, T. and J. S. Wilson. The costs of compliance with product standards for firms in developing countries: an econometric study. World Bank Working Paper 3590, Washington DC, 2005.

施遵从成本不断攀升的现实不相符合。基于这样的认识，作者以中国典型出口地区企业调查数据为基础，采用最优尺度方法分析企业遵从成本的影响因素，探讨企业特征对遵从成本的影响，为企业应对 SPS 措施和理性定位目标市场提供理论和实证依据。

6.1.3 变量、模型及数据

1. 变量选取

本书根据研究命题的需要，主要选取以下变量：

（1）因变量——遵从成本（CC）**。**即企业为满足国外市场 SPS 措施的需要不得不付出的额外成本。根据 Henson（1998）的研究，SPS 措施导致遵从成本的增加主要涉及两方面内容：一次性的初始成本与持续成本①。董银果（2006）进一步将遵从成本划分为 10 个方面②。国家质检总局将遵从成本分为两个方面：一是测试费和检验费，二是认证费和注册费。并调查发现，2008 年，我国农产品出口企业的测试检验费占出口产品销售价格的 2.85%，认证注册费占 0.42%③。企业的遵从成本不仅包括检测检验费用、注册认证费用，还应包括企业对生产设备的改造更新费用，对包装和标签的更换费用等，因此将遵从成本细分为技术改造成本、注册认证成本、检验检测成本和其他成本。

①技术改造成本（C_1）。技术改造成本多为一次性的技术设计更新与生产工艺改造、投资于新设备的资本投入，以及改进企业内部的测试手段与检验程序、帮助企业家和测试人员提高业务素质和建立新的质量安全管理体系所增加的投入。在实际数据获取中主要包括企业对生产设备的改造，购置检测检验仪器的费用，对检测检验人员的培训费用，对国外 SPS 措施的科研费用，也包括企业为适应市场而对绿色农药、有机肥料的使用

① Henson S.，Caswell J. Food Safety Regulation and the Firm：Understanding the Compliance Process [J]. Food Policy，23：9-23，1998.

② 董银果 . SPS 措施影响中国猪肉贸易的理论模型分析 [J]. 国际贸易问题，2006（2）：102-108.

③ 国家质检总局 . 中国技术性贸易措施年度报告 2009 [R]. 中华人民共和国国家监督检验检疫总局，2009.

而产生的成本。

②检测成本（C_2）。指为满足国外SPS标准而对出口产品进行法定测试、检验以及企业自检所花费的支出，如企业专门设立检验检疫室，配置检验检疫人员。这里检验检疫费用只包括检验设备的运营成本和人员的日常工资，不包括企业对检验设备的投资和对检验人员的培训费用。

③认证/注册成本（C_3）。是指为产品顺利出口，出口企业不得不进行相关企业注册，对产品或生产过程进行质量安全认证等花费的成本。

④其他成本（C_4）。指前面几项未述及但由于SPS措施导致的其他费用，如由卫生检疫内容、方法和时间而造成产品周转速度下降、库存成本和运输成本的超额支出。

（2）自变量。企业遵从成本受多种因素影响，如SPS措施的歧视性、出口企业所在国与进口市场SPS措施的差异性、出口企业规模、企业技术水平、企业获取信息的渠道、企业所有制性质等。另外，企业获取认证的时间也影响着遵从成本。本书根据研究需要，选取以下自变量：

①企业成立时间（X_1）。企业成立时间对遵从成本的影响主要体现在两个方面：一是企业成立时间越早，生产设备和检测设备可能越陈旧，为满足国外SPS措施，出口企业需要不断更新设备，进行技术改造，导致技术改造成本提高，这些累积的成本将远远大于近年成立企业的费用支出，因此预估企业成立时间与技术改造成本的系数为正。二是较早成立的出口企业，可能较早关注企业注册并对产品和生产过程进行认证，注册认证后每年均需缴纳认证年费。因而，成立较早的企业其认证、注册成本也相应较高，即预估其系数正。

②企业规模（X_2）。企业规模代表着企业的经济实力。规模越大的企业，往往是国家或省级龙头企业，这样的企业在成立之初即有实力购置较为先进的生产和检验检测设备，其产品也以国际市场尤其是发达国家市场为目标，故在遇到SPS措施时，其技术改造成本相对较低，因而预估企业规模与企业技术改造成本的系数为负。同时，规模较大的企业更加关注出口国市场的要求，对于国际市场上SPS措施水平不断提高的事实，规模较大的企业有实力添置检验检测设备，对产品进行层层检验，严格控制企业出口产品的质量安全，严防因为产品被扣留或被拒绝而给企业声誉造

成的损害。因此，随着企业规模的扩大，其检验检测成本上升，故预测企业规模与检验检测成本的系数为正。然而，大规模企业在注册认证上却能获得规模经济效益。有研究发现，HACCP等质量安全认证无论在固定成本还是在人力资本等可变成本上都有利于大规模企业①②，因此，企业规模与企业注册认证费用的系数预估为负。企业规模与其他成本的关系则比较复杂，也可能为正也可能为负。

③自检能力（X_4）。此处自检能力定义为国家质检总局认可的自检能力，即企业自检后质检系统只需个别抽查即可盖章放行的企业。SPS措施的不断严格化表现为，标准数量的增加、标准水平的提高和检测检验方法的优化等。拥有自检能力可以较好地控制产品的质量安全。因此，拥有自检能力的企业其检测成本小于不具备自检能力的企业，故拥有自检能力与检测检验成本的系数为负。

④出口市场类别（X_3）。按照SPS措施的严厉程度，国际农产品市场可以划分为三个级别③。以日本、欧盟、美国等国家和地区为代表的高价市场或者一级市场，经济发达，收入水平高，消费者对于食品安全的要求较高，因而SPS措施的水平也普遍高于国际标准，相应地进口产品价格也高；以中国香港、新加坡、韩国等国家和地区为代表的中价市场或者二级市场，SPS措施较一级市场稍低，基本与国际标准持平；以俄罗斯、菲律宾、朝鲜等大多数发展中国家为代表的低价市场或者三级市场，由于收入水平较低，SPS措施水平也相对较低，甚至低于国际标准。由于不同级别市场SPS措施的水平各异，与中国SPS措施水平的差异各不相同，导致中国企业的遵从成本也会大相径庭。出口市场级别对遵从成本的影响机理表现在：发达国家市场SPS措施的水平高，难度大，为此中国企业不得不进行技术改造、增加技术改造成本，对产品进行多层次的检验检测，

---

① Henson S.，Caswell J. Food Safety Regulation and the Firm：Understanding the Compliance Process [J]. Food Policy. 23：9－23，1998.

② 姜励卿．浙江省中小企业实施HACCP体系现状及成本收益分析——基于浙江省中小食品企业的调查 [J]．特区经济，2008 (10)：59－60.

③ 董银果．SPS措施对猪肉国际贸易的影响及中国遵从方略研究 [M]．北京：中国农业出版社，2005.

企业的检验检测成本上升，而且，发达国家市场注册认证要求多，相应地企业的认证、注册成本也上升。更为严重的是，发达国家市场由于SPS措施的执行严格，对中国农产品拒绝、扣留的数量大，企业的机会成本高，从而其他成本上升。据国家质检总局调查发现，欧盟、日本和美国是我国产品遭遇SPS措施的主要来源，占据我国农产品出口损失的90%左右。综上所述，越是高价市场（一级市场），企业的技术改造成本、检验检测成本、注册认证成本就越高，故预估出口市场级别与企业四种遵从成本的系数均为负。

2. 模型设定

为检验以上研究假设，本书构建多元回归模型来分析企业特征对遵从成本的影响，模型形式如下：

$$C_i=\beta_0+\beta_j X_j+U_i$$

式中，β_0 为截距；C 表示企业的遵从成本，因此 $i=1$，2，3，4，C_1 表示技术改造成本，C_2 表示检测成本，C_3 表示注册、认证成本，C_4 表示其他成本；X_j 表示企业各种特征，$j=1$，2，3，4，分别表示企业成立年份、企业规模、是否拥有自检能力以及主要出口市场的类别，U_i 为误差项。

3. 数据描述

受时间和经费制约，本书未能对全国31个省市农产品出口企业进行调研，而是选择在山东、浙江、福建和四川四省农产品出口企业获取调查数据。尽管只有四省数据，笔者认为对研究结果的影响不大。

作者在四省共发放调查问卷110份，收回问卷100份，但由于企业成本问题本身的私密性，有些企业对于遵从成本的数据填写不完整，为了模型回归的准确性，本书删去了数据不完整的样本，经过整理后的有效样本为56家企业数据。其中，山东企业16家，占28.6%；浙江企业21家，占37.5%；福建企业14家，占25%；四川企业5家，占8.9%。这些企业中，38家成立于2000年以前，占68%。关于企业规模，采用企业2008年固定资产金额，样本中1 000万元以上的出口企业有31家，占55%；关于企业的出口市场，38家出口到一级市场，占68%；企业主要出口产品为水产品、蔬菜及制品、罐头制品、茶叶等。46家企业中拥有自检能力，占全部企业的80%左右。

需要指出的是，实际调研中，考虑到各地区经济发展水平不一致，本书在借鉴以往研究基础上①，采用李克特量表（Likert Scale）度量企业遵从成本②，以便真实体现企业对成本的承受能力。"1"表示"没有额外成本"，"2"表示"有成本，但不显著"，"3"表示"成本较高"，"4"表示"成本很高"，"5"表示"成本非常高"，不同数值代表企业不同的承受力。另外，本书的自变量也大多为定性变量，为保持变量的统一性，将企业规模等实际变量也调整为定性变量，并给各个变量附上相应数值，各变量的取值及变量的描述性统计如表6-1。

表6-1　变量的取值及描述性统计

变量名称		取值和含义	样本数	百分比（%）
因变量		技术改造成本（C_1）	56	
		检测成本（C_2）	56	
		认证注册成本（C_3）	56	
自变量	成立年份（X_1）	1=2000年以后	18	32.14
		2=1990—1999年	30	53.57
		3=1990年以前	8	14.29
	企业规模（X_2）	1=100万～500万元	11	19.64
		2=500万～1 000万元	14	25.00
		4=1 000万～5 000万元	15	26.79
		5=5 000万～1亿元	7	12.50
		6=1亿元以上	9	16.07
	是否拥有自检能力（X_3）	1=是，拥有	46	82.14
		2=不，没有	10	17.86
	出口市场类别（X_4）	1=一级市场	38	67.86
		2=二级市场	10	17.86
		3=三级市场	8	14.29

资料来源：根据企业调查数据整理。

6.1.4　实证结果报告

在本书建立的模型中，自变量和因变量都为定性变量，较为特殊，因

① 刘霞，郑风田，罗红旗．企业遵从食品安全规制的成本研究——基于北京市食品企业采纳HACCP的实证分析［J］．经济体制改革，2008（6）：73-78.

② 李克特量表属评分加总式量表最常用的一种，比同样长度的量表具有更高的可信度。

此采用最优尺度方法进行数据模拟[①]。最优尺度分析一般分为三种分析方法：多元对应分析、分类变量的主成分分析以及非线性典型相关分析。其优点在于：①可以处理各种类型的变量，如对无序多分类变量、有序多分类变量和连续性变量同时进行分析；②可以同时分析多个分类变量之间的关系；③对多选题的分析提供支持[②]。本书采用最优尺度分析的第三种分析方法，即非线性典型相关分析方法，该方法能够分析两个或者多个变量集之间的关系，且允许变量为任何类型，这就很好地解决了本书自变量和因变量都为定性变量的问题。

作者运用SPSS软件，将全部自变量纳入最优尺度回归模型中，分别对技术改造成本、检验成本、注册认证成本进行了回归（其他成本由于内容涵盖不一，数据不完整，暂时取消）。需要说明的是，之所以未能对总的遵从成本进行回归，是因为调研中所涉及的企业数据是分类填写的，若将这些数据进行加总回归，难免产生偏误。从回归结果（表6－2）观察，所有变量都与预期的符号相符，当分别以“技术改造成本”、“检测成本”、“注册认证成本”为因变量时，“企业成立时间”、“企业规模”、“自检能力”、“出口市场类别”等自变量多数在统计上显著，三个方程调整后的R^2分别为0.686、0.880和0.577，且所有解释变量的容忍度[③]大于0.10，表明变量之间不存在多重共线性现象。需要指出的是，检验成本方程的R^2较高，主要是检验检测费用与企业的规模、检验的严厉程度高度相关。

表6－2　企业特征影响遵从成本回归结果

因变量 / 自变量	技术改造成本	检测成本	注册认证成本
成立年份	0.746***	－0.019	0.628***
	(0.083)	(0.055)	(0.099)
	[0.940]	[0.889]	[0.917]

① 最优尺度方法属于多元分析统计中的因子分析和对应分析大类，是多元统计分析中降维的一种统计方法。

② 罗应婷，杨钰娟.SPSS统计分析从基础到实践［M］.北京：电子工业出版社，2007.

③ 容忍度是指每个自变量作为因变量对其他自变量进行回归分析时得到的残差比例，大小用1减决定系数来表示。该指标越小，则说明该自变量被其余变量预测的越精确，共线性可能就越严重。

（续）

自变量＼因变量	技术改造成本	检测成本	注册认证成本
企业规模	−0.435***	0.098**	−0.288***
	(0.087)	(0.058)	(0.105)
	[0.862]	[0.789]	[0.827]
主要出口市场	−0.251***	−0.911***	−0.094
	(0.082)	(0.052)	(0.098)
	[0.976]	[0.988]	[0.961]
自检能力	−0.114	0.156***	0.062
	(0.086)	(0.055)	(0.101)
	[0.878]	[0.879]	[0.894]
调整后的 R^2	0.686	0.880	0.577

注：括号内为标准误，中括号为容忍度，*** 表示在 1%的显著性水平上显著，即 $P<0.01$；** 表示在 5%的显著性水平上显著，即 $P<0.05$；* 表示在 10%的显著性水平上显著，即 $P<0.1$。

回归的结果显示：

1. 企业成立年份与企业的技术改造成本、注册认证成本成正比

在“技术改造成本”的回归方程中，“企业成立年份”的系数为 0.746。这表明企业成立时间与企业的技术改造费用成正比。考察企业设备新旧程度问题通常使用设备新度系数，一般用设备固定资产净值与原值之比来表示。有研究显示，20 世纪 80 年代初，中国国营企业平均设备新度系数为 0.65，目前已降到 0.6 以下，甚至有些已降到 0.5 以下①。可见，企业成立时间越久，面临更严峻的设备老化问题，只有不断购买新设备或是改造旧设备才能克服老化问题，这就不可避免地增加了企业的技术改造成本。不可否认的是，21 世纪的国际农产品市场与 20 世纪 80—90 年代完全不同，这是因为农产品被纳入 WTO 多边规制范畴，传统的关税和非关税措施受到抑制，而以保护消费者食品安全、动植物健康安全和环境安全为由的 SPS 措施被各国广泛采用，农产品市场由价格竞争向质量安全竞争转变，加之中国于 2001 年加入世界贸易组织，SPS 措施对中国

① 鲁虹．对设备新度系数的讨论 [J]．广州大学学报（综合版），2001 (11)。

农产品出口的作用凸现。这些因素都造就了21世纪新成立的出口型企业，在成立之初就比较关注国外SPS措施情况，企业技术装备相对较好，因此，企业的技术更新或改造成本相对较少。

在“注册认证成本”的回归方程中，变量“企业成立时间”的系数为0.628。表明成立时间与注册认证成本成正比。即企业成立年份越久，花费的注册、认证成本越多。这是因为早期成立的企业，信息获取渠道不够完善，需要花费更多成本去了解相关认证信息，甚至在国外机构办理相关认证，并且一旦企业进入某个市场，必须持续紧盯这一市场的注册认证要求，随着时间的累积，注册认证费用就比新成立的企业要多。这也说明企业成立时间影响企业的遵从成本。

2. 企业规模与技术改造成本、注册认证成本成反比但与检测成本成正比

在“技术改造成本”的回归模型中，“企业规模”回归系数为—0.435。表明企业规模与企业技术改造成本成反比。这是因为规模大的企业都是行业的领头军，具有较强的经济实力和先进的生产技术，企业设备投资的起点高，故在遭遇SPS措施时，企业的技术改造成本相对较低。

在“检测成本”的回归中，“企业规模”的系数为0.098。说明企业越大，检测成本越高，这是因为大企业更加关注自己的声誉，其违约的机会成本较高。如国家质检总局规定，如果企业产品遭遇日本农林水产省的通报，欧盟的三大通报（即边境通报、进口商通报和市场通报）以及美国FDA的通报，将遭遇6～12月的整顿，期间不允许出口。为此，大规模企业更为关注国外SPS措施的变化，对其生产和出口的产品进行层层检验，所以导致产品的检测成本上升。调研中发现，大多数大中型企业对其产品至少进行四次检验，即原料采收前、原料进厂时、产品出运前的成品检测和产品出口时的法定检测。

在“注册认证成本”的回归中，“企业规模”的系数为—0.288。说明企业注册认证成本与企业规模成反比，即企业规模越小，企业的注册认证成本越大。以HACCP认证为例，有关部门对HACCP的认证成本按企业人数做了规定，这对于资金实力不强的小型企业来说是一笔不小的开支。有学者曾进行估算，一个中等企业单一现场单一产品的HACCP认证费用在3万元左右，且不包括审核员往返的路费、食宿费用、认证咨询费用以及其他各种额外开支①。以上研究发现，企业规模越大，企业产品的技术改造成本和注册认证成本越小，而检测成本则越大。

3. 越是发达国家市场遵从成本越高

在“技术改造成本”的回归中，“出口市场类别”变量的系数为－0.251。说明主要出口市场层次越高（数值代表为1），那么单位产品的技术改造费用也越高。一级市场均为发达国家，本身经济基础好，技术力量雄厚，对生产工艺要求严格，我国的SPS措施与其差距较大，因此，需要花费更多的技术改造费用才能满足该市场的要求。例如，为满足日本市场SPS措施要求，山东某企业不得不连年进行技术改造，2002年花费40万元购买国产气/液相色谱仪，2003年花费70万元购买进口液相色谱仪等设备，2004年花费50万元购买进口气相色谱仪等，2006年花费75万元进口气质联用仪GC－MS，2007年花费200万元购买液相质谱联仪LC－MSMS，并于2003年投资600万元建立1 600平方米的质量控制中心。而出口二级或三级市场企业的生产设备技术含量可能与中国相似，甚至低于中国国内市场，因此，出口市场主要为中低级市场的企业面临的技术改造成本相对较少。

在“检测成本”的回归中，“出口市场类别”的系数为－0.911。这表明，越是发达国家的市场，检测检验成本越高，而出口市场为落后国家的检验检测成本则较低。这是因为一级市场国家，如日本、美国和欧盟，检验程序复杂，手续繁多，费用高昂。中国蔬菜50%出口到日本市场，日本肯定列表制度，使得蔬菜的检测标准增加3～5倍（如番茄的残留标准从122个增加到300个，大葱由约82个增加到330个，大豆由87个增加到320个，胡萝卜由71个增加到318个，大蒜由66个增加到316个，蘑菇由70个增加到290个，松茸由80个到285个），若每个项目的检测费用按200元计算，则中国企业的遵从成本大幅攀升。发达国家市场对风险容忍度较低，需要专门仪器检验（如高精素的色相谱仪），则检测费用大幅提升。而二三级市场无论标准数，还是检测项目都相对较少，另外他们

① 刘霞，郑风田，罗红旗．企业遵从食品安全规制的成本研究——基于北京市食品企业采纳HACCP的实证分析［J］．经济体制改革，2008（6）：73－78.

对风险的容忍度相对较高，所以普通方法就可以满足，检测费用相对低廉。

在“注册认证成本”的回归中，“出口市场类别”的系数为－0.094。说明，越是发达国家市场，注册认证费用越高。如日本、美国、欧盟都规定出口企业必须提前申请注册，只有被认可的企业方可获得出口权利。以水产品为例，日本农林水产省决定在2005年之前，建立优良农产品认证制度，对在生产和销售过程中，能够正确进行身份认证的农副产品给予认证，并授予认证标志，只有获得认证标志，产品方可进入日本市场。美国规定中国水产品进入美国市场，必须首先通过国家检验检疫机构的评审，取得输美水产品HACCP验证证书，并经FDA备案后，才能进入美国市场。对于欧盟市场，企业不但要通过HACCP等过程认证，ISO9000和ISO14000系统认证，而且还要通过生产基地EUREPGAP认证以及零售商的BRC认证，这些都增加了企业的负担。而其他市场，尤其是三级市场，对于注册认证的要求相对较低，故中国企业的注册认证成本相对较低。

4. 拥有自检能力的企业检验检测成本较低

在“检测成本”的回归中，变量“自检能力”的系数为正，表明企业自身不具备检测能力，检测成本相对较高。相反，企业若拥有自检能力，检测成本则相对较低。这是因为企业购买了设备后，自有设备的检验费用自然低廉，小于官方机构的设定价格，且少了排队等候等环节，尤其是当产品季节性出口时。然而，没有自检能力的企业，不但单位产品的检验检测费用上升，而且企业在面临出口高峰时，由于排队等候时间较长，产品可能变质，违反贸易合同的概率增加，导致其他成本上升。不可否认的是，拥有自检能力也意味着一笔不小的技术改造成本，中小型企业一般难以满足资本要求。

6.1.5　结论及启示

本书基于中国农产品出口典型地区山东、福建、浙江、四川四省56家企业调研数据，采用最优尺度回归方法，对出口企业SPS措施遵从成本的影响因素进行了回归分析。研究发现，企业的个体特征影响着企业的遵从成本。企业成立时间越久，产品的技术改造成本和注册、认证成本越高；企业规模越大，技术改造成本、注册认证成本越低，而检验检测成本越高；主要出口市场越高端，企业的遵从成本越高；没有自检能力的企业较具有自检能力的企业，会产生更多的检测成本。

根据以上的研究结论，本书认为：①针对我国农产品出口中，中小型企业广泛存在的现状，应引导企业通过合并、联盟等形式进行适度的规模经营，不仅可以更好地抵御国外SPS措施的影响，也能减少遵从成本，特别是在注册认证成本和技术改造成本上形成规模经济效应。②拥有自检能力的企业遵从成本相对较小，这不仅有利于企业的发展，而且能缓解国家质检部门的工作压力，然而国家质检部门仍然要对拥有自检能力的企业实行适度监管，避免由于疏漏而对我国农产品出口带来的负面影响，重蹈三鹿等国家免检企业的覆辙。③出口一级市场的遵从成本明显高于其他市场，这一方面启示企业应在综合考虑遵从成本与遵从收益、遵从能力与遵从资源等因素的基础上重新定位目标市场。同时，企业也应经积极开拓新兴市场，避免由于市场单一化带来的风险。④我国政府和行业协会应采取多种措施为出口企业提供服务，如为企业提供及时准确的SPS信息，在国外SPS措施的评议中广泛吸收企业的意见，提供进口国市场SPS措施的培训，对企业的技术改造提供融资等，从而降低企业的遵从成本。

根据本书的研究结论，不同级别市场的SPS措施的遵从成本各异，下文对我国农产品出口三个级别市场的遵从成本进行分别研究。

6.2 一级市场的SPS措施与中国农产品遵从成本

一级市场包括日本、欧盟和美国三个主要市场，其SPS措施水平高、难度大，给中国农产品出口带来巨大的遵从成本。由于日本、欧盟和美国是中国农产品出口的主要市场，因此，下文对三个市场分别研究。

6.2.1 日本SPS措施与中国农产品遵从成本

6.2.1.1 中日农产品贸易现状

日本是我国农产品出口的第一大市场，因此有必要了解中日农产品贸易的现状。2010年我国农产品对日出口91.5亿美元，与2001年相比增加了60%，年均增长5.36%，慢于同期中国农产品出口额13.2%的平均增速。2006—2009年是中日农产品贸易的低潮期。2001年对日出口额占我国农产品出口总额的35.79%，2010年降到18.72%，下降了17个百分点。同时，我国是日本市场重要的供应者，是日本农产品进口的第二大来源国。在对日农产品贸易中，我国始终保持了出超地位，资料显示，2004—2010年，我国每年农产品的贸易顺差达71亿～85亿美元（表6-3）。

表6-3　2001—2010年中国对日农产品出口情况

单位：亿美元

年份	对日出口额	同比增长	出口总额	同比增长	日本占比	占中国出口地位	占日本进口地位	对日贸易顺差
2001	57.2	5.50%	159.8	2%	35.79%	1	—	—
2002	57.2	5%	180.2	13%	31.74%	1	—	—
2003	60.4	5%	212.4	17%	28.44%	1	—	—
2004	73.9	22%	230.9	8.50%	32.01%	1	2	71.01
2005	79.3	7%	271.8	17.70%	29.18%	1	2	75.74
2006	82.1	3.60%	310.3	14.10%	26.46%	1	2	78.05
2007	83.5	1.70%	366.2	18.0%	22.80%	1	2	79.58
2008	77.0	−7.80%	402.2	9.80%	19.14%	1	2	73.14
2009	76.9	−0.20%	392.1	−2.50%	19.61%	1	2	72.41
2010	91.5	19%	488.8	24.70%	18.72%	1	2	85.54

资料来源：根据商务部《对日出口风险评估报告》和《中国进出口月度统计报告》整理所得。

肉类、蔬菜和水产品是我国对日农产品出口的主要类别，这三类农产品占中国对日农产品出口的60%左右。谷物、乳制品类、食用水果类、咖啡和茶类的出口量相对较小。2006年以来，除水产品的份额略有上升外，蔬菜和肉类的份额都有些下降（如图6-1）。

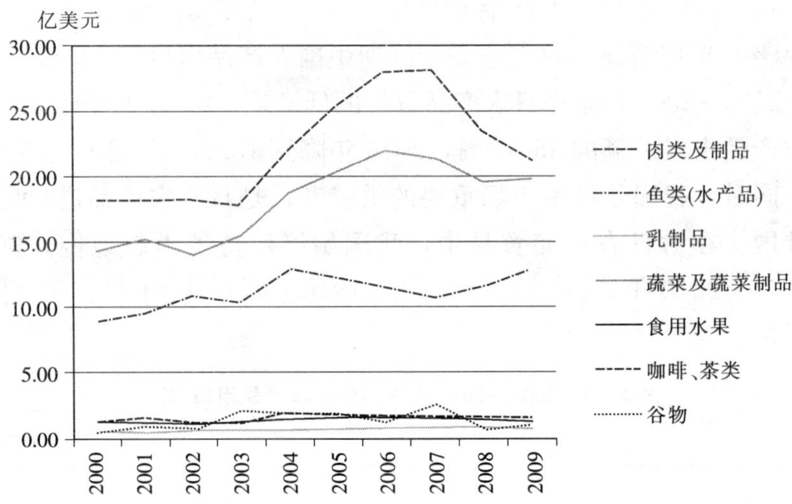

图6-1 2000—2009年中国对日出口主要产品变化情况

注：包括HS海关分类编码02章肉及食用杂碎；03章鱼、甲壳动物、软体动物及其他水生无脊椎动物；04章乳品、蛋类、天然蜂蜜、其他食用动物产品；07章食用蔬菜、根及块茎；08章食用水果及坚果，甜瓜或柑橘属水果的果皮；09章咖啡、茶、马黛茶及调味香料；10章谷物；16章肉、鱼、甲壳动物、软体动物及其他水生无脊椎动物的制品；20章蔬菜、水果、坚果或植物其他部分的制品。本书把02章和16章合并为肉类及肉类制品项，07章和20章合并为蔬菜及蔬菜制品项。其他简称代表相应的大类。

资料来源：2000—2010年中国贸易外经统计年鉴。

6.2.1.2 日本SPS措施对我国农产品出口遵从成本的影响

日本最重要的SPS措施就是2006年5月29日开始实施的肯定列表制度，实质是对农产品生产过程的农兽药残留进行控制和限制。这一制度的实施导致我国农产品在日本市场的份额大幅缩减，对日出口萎缩，其原因在于肯定列表制度对我国农产品造成巨大的遵从成本，产生了贸易限制和贸易禁止的效应。日本SPS措施对我国农产品出口遵从成本的影响主要体现在：

1. 中国农产品面临巨大的标准补差成本

日本肯定列表制度对于农业化学品的要求可以分为三个层次：①“豁免物质”，即确定在常规条件下其在食品中的残留对人体健康无害的农业化学品，没有任何残留限量要求（68种）。②最大残留限量标准，每5年进行一次修订。包括三类：不得检出的农业化学品（23种）；针对具体农业化学品和具体食品制定的暂定标准（暂定标准所涉及的农业化学品的种类最多，达到734种，所涉及的限量标准也达到51 392个（见表6－4），而且暂定标准中约5 000条是高于0.01毫克/千克的水平）；未制定暂定标准且仍然有效的现行标准（2 470个）。③“一律标准”，对于豁免清单之外且没有最大残留限量标准的农业化学品，制定0.01毫克/千克的一律标准[①]。高于大部分发达国家的一律标准[②]。

与日本肯定列表制度形成鲜明对比的是，我国的农产品限量标准不但标准少、标准旧，而且标准本身远远低于日本。如日本针对492种农业化学品制定了33 418项的限量标准，但我国却没有这样的标准；日本74种农业化学品的限量标准（247项）要严于我国[③]。这种农产品标准的巨大差异就造成中国农产品出口日本市场面临巨大的标准补差成本。日本肯定列表制度要求出口国提供产品符合标准的检验检疫证明。因此，我国要继续出口日本市场，必须进行大量的物力和人力投资，如国家对各出口检验检疫部门的设备投资，派送检验人员出国培训，对出口企业提供信息服务和日本肯定列表的实施培训等，这是补差成本的重要部分，有时当我国的技术水平无法达到日本的要求时，补差成本是无限大的，那就意味肯定列表对我国出口产品构成事实上的贸易禁止。

表6－4　日本肯定列表制度的组成部分及限量要求

措施	涉及农业化学品	限量标准要求	限量水平（毫克/千克）	限量标准数
豁免物质	68种	允许使用		
最大残留限量标准				
暂定标准	734种	51 392个		
			≤0.01	约5 000条
			0.01～0.1	约27 000条

① 国家质量监督检验检疫总局《日本“肯定列表制度知识问答”》。

② 美国的一律标准介于0.01～0.1毫克/千克之间，加拿大和新西兰的一律标准在0.1毫克/千克，都低于日本的一律标准。而只有德国和欧盟的一律标准与日本相同，均为0.01毫克/千克。

③ 王芬．“肯定列表制度”对我国农产品、食品出口贸易的影响分析［J］．生产力研究，2007（11）．

（续）

措施	涉及农业化学品	限量标准要求	限量水平（毫克/千克）	限量标准数
			0.1～1	约 12 000 条
			≥1	约 7 500 条
不得检出	23 种	166 个		
任何食品	15 种			
部分食品	8 种			
现行标准	63 种	2 470 个		
一律标准	一律不得超过 0.01 毫克/千克			

注：根据国家质量监督检验检疫总局《关于对日本"肯定列表制度"的研究报告》整理得来。

资料来源：国家质量检验检疫总局。

2. 检验项目增多造成我国农产品检验检疫成本攀升

日本肯定列表制度对农业化学品的高要求意味着对农产品检验检疫项目的成倍增加，如番茄的残留标准从 122 个增加到 300 个，大葱由约 82 个增加到 330 个，大豆由 87 个增加到 320 个，胡萝卜由 71 个增加到 318 个，大蒜由 66 个增加到 316 个，蘑菇由 70 个增加到 290 个，松茸由 80 个到 285 个（图 6-2）。"肯定列表制度"实施后，平均的检测项目由原来

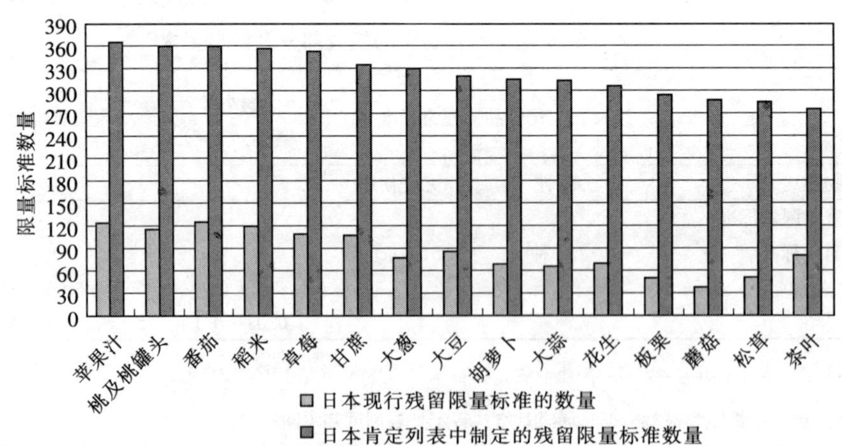

图 6-2 日本肯定列表制度对植物源产品检验标准数量分布图

资料来源：陈志刚等（2011）。

的200多项增加到400多项，若每项标准的检验费用为200元，每一货柜的产品仅检验费用就增加5万~6万元，农产品出口的竞争力大大减弱。同时，由于检验项目多，检验时间相应延长，通关时间增加，这无疑会增加农产品出口的成本，降低中国农产品的价格竞争力，导致中国农产品近年来对日本出口的下降。

表6-5　商务部统计的对日出口高风险产品及其出口情况

单位：吨、万美元

品名	2005年		2006年		2007年	
	金额	数量	金额	数量	金额	数量
大葱	4 562.4	71 412.5	5 494.6	72 494.2	3 377.8	48 179.4
茶叶	7 978.1	34 586.3	6 569.5	27 668.4	6 489.8	25 356.9
鳗鱼	50 276.2	35 944.6	49 654.2	38 873.7	44 112.2	37 196.7
香菇	9 849.5	29 247.6	111 601.1	24 215.7	9 218.4	17 286.9
肠衣	5 732.7	2 742.8	7 138.9	3 669.1	5 724.7	2 968.4
鸡肉制品	56 088.3	178 335.4	60 895.7	196 185.5	65 779.8	204 384.0
花生	2 650.0	29 517.1	3 045.0	32 188.4	2 436.9	22 914.6
蜂蜜	4 369.4	41 396.9	5 294.6	357 533.0	5 399.5	34 858.4
大米	5 350.1	98 966.3	5 637.2	79 917.6	5 424.3	74 412.8
虾	13 700.2	22 076.1	8 636.7	14 808.1	7 530.3	18 822.8
苹果汁	5 317.6	62 961.8	6 352.6	68 400.3	11 310.0	95 020.8
玉米	—	—	6 096.4	429 820.4	13 662.9	712 416.8

品名	2008年		2009年		2010年	
	金额	数量	金额	数量	金额	数量
大葱	2 866.2	32 980.2	3 319.2	32 021.7	5 135.8	49 937.6
茶叶	5 587.5	21 161.9	5 024.5	18 982.8	5 630.9	19 456.2
鳗鱼	21 129.8	16 338.1	28 542.7	22 174.7	41 793.8	23 370.5
香菇	6 711.6	10 157.1	8 238.3	10 310.0	11 292.3	11 705.3
肠衣	9 138.8	3 658.9	9 943.4	3 616.9	10 115.7	3 348.0
鸡肉制品	53 203.6	135 888.5	53 071.8	134 376.9	70 111.5	180 557.7
花生	1 878.1	11 955.6	1 512.3	11 677.8	2 455	14 916.3
蜂蜜	6 199.1	33 554.1	4 760.1	25 192.2	7 093.3	34 648.5
大米	2 551.6	32 934.3	7 869.8	82 672.9	4 785.5	47 206.6
虾	7 164.8	13 066.4	15 792.5	23 768.0	14 735.5	23 114.1
苹果汁	13 065.2	71 775.8	6 873.0	53 802.8	5 847.5	521 010.4
玉米	59.7	2 307.6	317.9	13 194.9	662.3	27 489.9

数据来源：商务部重点农产品出口报告。

商务部相关研究认为，从整体看肉类制品、蔬菜、水果及制品、水产品、食用菌、茶叶、谷物等大类产品均是面临风险较高的产品。在对具体产品进行风险评级后，报告认为11类产品[①]是风险较高的产品，随时有可能被列入重点检查清单，出口受阻风险较大[②]。本书将这些产品（除鲜松茸外）以及其他四类比较重要的对日出口产品6年来的对日出口情况进行了考察（表6-5）。考察结果显示，我国出口日本市场的12类重要农产品都不同程度地受到肯定列表制度的冲击，出口波动幅度较大。如日本是我国大葱出口的第一市场，自2006年以后，我国对日大葱出口量和出口金额均有较大幅度的下降。2006年对日出口量为7.2万吨，出口额为5 494.6万美元；2007年下降到4.8万吨和3 377.8万美元。直到2010年，我国对日大葱出口量恢复到5万吨左右，但是仍比2005、2006年减少了2万吨左右。茶叶的对日出口也出现了大幅度的下滑，由2005年的3.46万吨下降为2010年的不足2万吨，出口额也由2005年的7 978万美元减少到2010年的5 631万美元。日本是我国鳗鱼出口的最大市场，出口量由2007年的3.7万吨骤降为2008年的1.6万吨，下降了50%多。2010年我国鳗鱼出口同比增加2.48万吨，而日本市场仅增加1 196吨。鸡肉制品的对日出口量也在2008、2009年有较大的下滑。其他如香菇、花生整体的对日出口量下降了近一半左右。

3. 中国农产品面临巨大的机会成本

由于中国农产品标准与日本肯定列表制度巨大的差异，造成中国的出口企业很容易违反日本的食品安全要求而遭到拒绝。根据日本厚生劳动省的输入食品监视统计报告，在日本实施肯定列表制度的当年（2006年），我国农产品的违反数量为530件，比2005年激增159件。此后虽然有所下降，但是，中国每年违反情况占日本总违反数量的20%～30%，是违反数量最多的国家（表6-6）。日本的检验检疫制度有三种方式：命令检查、自主检查和监控检查。其中，命令检查对进口产品进行批批检查，且费用由企业自身来承担，这会直接增加企业的成本。2010年我国对日出

① 这11类产品分别是：大葱、茶叶、鳗鱼及制品、鲜松茸、鲜香菇、干香菇、肠衣、肌肉制品、花生（含制品）、蜂蜜、大米。

② 商务部，中国食品土畜进出口商会．对日出口农产品风险评估报告．

口违反数量为348件，占日本查出的总违反案例的22.8%，是当年违反数量最多的国家。其中，命令检查项83项，自主检查项55项，监控检查项210项。无论哪种检查方式，其对违反事件的处理基本上是封存或者退货。这对我国农产品出口来说，无疑是巨大的机会成本。

另外，近年来，中日之间爆发了一系列SPS贸易纠纷事件，如“毒死蜱事件”、“毒水饺”、“鳗鱼事件”，这些事件一定程度了影响了我国出口食品的国际形象，日本消费者甚至对中国生产的食品产生恐慌和不信任。一个SPS事件的发生会产生连锁反应，使得其他的产品也受到牵连。以对日鳗鱼出口为例，“毒饺子”事件后，日本消费者对中国食品敬而远之，使得鳗鱼出口受到极大的影响，对日鳗鱼出口下降了一半以上。

表6-6　实施肯定列表制度以来中国违反统计

通报时间	通报总数	中国违反数量	中国所占比例
2004	1 143	487	42.6%
2005	935	371	39.7%
2006	1 530	530	34.6%
2007	1 150	376	32.7%
2008	1 150	259	22.5%
2009	1 559	387	24.8%
2010	1 521	348	22.9%

资料来源：日本厚生劳动省。

6.2.2　欧盟SPS措施与中国农产品遵从成本

6.2.2.1　中欧农产品贸易现状分析

2010年我国对欧盟出口农产品总额为68.6亿美元[①]，比2001年的19.7亿美元增长了248%，年均递增14.8%，快于同期中国农产品

① 2001—2010年，欧盟共发生过两次东扩，第一次是在2004年5月1日，波兰、匈牙利、捷克、斯洛文尼亚、斯洛伐克、爱沙尼亚、拉脱维亚、立陶宛、塞浦路斯和马耳他10个国家正式加入欧盟，欧盟成员国从之前大的15个扩大至25个。2007年7月1日罗马尼亚和保加利亚加入欧盟，截至目前欧盟共有27个成员国。因此，本书所选取的数据包括三个部分：一是2001—2003年欧盟15国的数据；二是2004—2006年欧盟25国的数据；三是2007—2010年欧盟27国的数据。

13.2%的平均增速。欧盟是我国农产品出口的第二大市场，占据的份额从2001年的12.2%上升到2010年的14%（2008年曾高达16%），上升了不到2个百分点。2005—2010年中欧农产品贸易中，中国处于顺差地位，顺差基本呈递增趋势（除2009年），其中2008年达到最大值，为27.4亿美元（表6-7）。

表6-7 2001—2010年中国至欧盟的农产品出口数据与参照数据

单位：亿美元

年份	对欧出口额	同比增长	出口总额	同比增长	欧盟占比	对欧盟的顺差
2001	19.7	—	160.7	—	12.2	—
2002	17.7	−10.2	180.4	12.3	9.8	—
2003	23.1	30.6	214.3	18.8	10.8	—
2004	26.0	12.5	230.9	7.7	11.2	—
2005	34.6	33.5	271.8	17.7	12.7	14.6
2006	43.4	25.2	310.3	14.2	14.0	22.0
2007	54.8	26.3	366.2	18.0	15.0	26.7
2008	64.4	17.5	402.2	9.8	16.0	27.4
2009	57.6	−10.6	392.0	2.5	14.7	23.8
2010	68.6	19.1	488.8	24.7	14.0	19.8

资料来源：根据国家统计局网站（www.stats.gov.cn）.

中国出口至欧盟27国的农产品主要为水产品、蔬菜、可食用肉类产品、茶叶等。水产品是我国出口欧盟的第一大类农产品，约占农产品对欧盟出口的20～25%。蔬菜和可食用动物产品分列第二、第三位。茶叶也一直是我国出口欧盟的重要农产品之一。但近年来由于欧盟一再提高茶叶农药残留标准，致使我国对欧茶叶出口有所下降。

表6-8 2001—2010年我国农产品出口欧盟的主要品种

单位：百万美元

年份＼品种	01 动物	02 肉	03 水产品	04 蜂蜜	05 可食用动物产品	06 可食用植物产品	07 蔬菜	08 水果	09 茶叶	10 谷物
2001	7.5	40.4	497.3	36.4	232.9	22.0	238.0	57.6	75.8	8.9
2002	7.3	19.4	285.0	15.8	206.8	30.2	260.5	82.0	81.9	9.5

（续）

年份＼品种	01 动物	02 肉	03 水产品	04 蜂蜜	05 可食用动物产品	06 可食用植物产品	07 蔬菜	08 水果	09 茶叶	10 谷物
2003	8.0	8.8	471.3	4.5	222.7	43.6	277.9	142.8	104.5	29.4
2004	7.8	4.1	667.2	4.0	346.5	55.0	324.0	196.3	130.7	24.1
2005	7.1	7.3	979.0	9.5	439.4	60.7	390.1	221.2	141.3	9.3
2006	12.7	17.6	1337.5	15.6	485.3	72.1	507.7	265.4	160.8	11.4
2007	13.2	23.5	1533.3	19.1	521.6	83.5	616.4	378.6	207.7	20.8
2008	14.8	32.5	1673.1	48.5	730.8	80.0	692.4	484.3	266.9	26.7
2009	15.3	22.1	1620.0	64.0	672.4	71.0	537.3	354.2	262.0	14.0
2010	15.8	30.2	1800.0	91.0	663.0	68.2	669.7	393.2	334.2	15.3

资料来源：联合国统计署贸易数据库（http：//comtrade.un.org）.

注：表中数据采用HS分类法，其中2001年根据HS96、2002—2006年根据HS02、2007—2010年根据HS07而来；HS分类法中1～24为农产品及农副产品，本书选取01～10十种典型的品种进行分析。

6.2.2.2 欧盟SPS措施对中国农产品遵从成本的影响

欧盟是世界上SPS措施最严格的地区，中欧农产品贸易发生了一系列SPS贸易争端，涉及动物源性食品、橘子罐头、草莓等产品。据统计，我国企业在欧盟受技术贸易壁垒的比例高达40%，农畜和食品行业在欧盟的损失额为45.4亿美元。欧盟SPS措施的特点表现为：①标准变动快。欧盟几乎每2～3年就调整农产品的SPS措施，频繁的变动使得出口商不得不时刻保持警惕，稍有不慎就会淘汰出局。②标准执行难度大。欧盟很多农产品标准是以仪器的检测底线为准的，发展中国家很难执行。③对农产品TTA（Traceability，Transparent，Assurance System追溯、透明和质量安全保证）要求高，农产品必须具有可追溯性才能出口欧盟市场。关于认证方面，产品不但要通过产品认证、生产环境认证，还必须通过生产基地认证。只有满足相关认证的企业才能够出口欧盟。④农产品具有完善的通报系统，对进口农产品影响较大。欧盟SPS措施对我国农产品出口遵从成本的影响主要表现在：

1. 质量安全标准的频繁变动导致遵从成本迅猛增长

欧盟凭借其技术优势，不断调整农产品的 SPS 措施，平均 2～3 年就调整一次农产品标准，农产品标准的调整表现在标准数量的不断增多，标准严厉程度的不断加强，标准执行力度的不断加大。这种标准的频繁波动不仅导致中国农产品的技术改造费、检验检测费用不断攀升，而且导致出口企业难以适从，只好选择主动退出市场。这里以茶叶标准的变动为例。

欧盟原是中国茶叶的第一大市场，但是近年来，欧盟茶叶标准的频繁波动已经使中国茶叶几乎集体退出欧盟市场。1999—2006 年，欧盟对茶叶农残的项目修改 8 次，达到每年一次，而且检测的农药越来越多。2000 年 7 月 1 日欧盟对进口茶叶实施新的更为严格的农药残留检测标准，检测种类由 62 项增加到 134 项，几乎涵盖所有农药成分，而且绝大部分农药在茶叶中的 MRLs 标准都在 0.02～0.1 毫克/千克。个别农药残留限量指标比 2000 年以前提高了 200 倍，如三氯杀螨醇由原来的 20.0 毫克/千克提高到 0.1 毫克/千克。德国还单独制定了包括茶叶中 90 种农药的标准。与欧盟标准相比，德国的标准甚至更严格。欧盟对农残标准的执行力度加大，对输往欧盟的中国茶叶在欧洲入境港口进行抽样检查，凡超过农残限量标准的茶叶实行就地封存、销毁或退回到原产地国，并进入其食品快速预警机制。2002 年与 2000 相比，我国绿茶出口欧盟下降了 50%。2003 年欧盟又提高了茶叶的标准，农残新标准从 134 种又增加到 193 项，比 2001 年 7 月 25 日颁布的标准增加了 59 项，其中参照德国标准 55 项。在 193 项标准中，有 181 项采用仪器最小检出量（LOD）作为标准，占总量的 93.8%。这个标准基本上摒弃了世界卫生组织（WHO）主张的风险性分析原则，而完全根据仪器的检出灵敏度作为 MRLs 标准，实行“零风险”。2003 年德国的茶叶中 MRLs 新标准包括 146 种农药和有关化合物。其中 133 种采用仪器最小检出量作为 MRLs 标准，占总数的 89.7%。在欧盟的新标准下，2002 年我国出口欧盟的茶叶为 5.85 万吨，而 2004 年的出口量降低为 3.77 万吨。2004 年 1 月 1 日起，欧盟正式禁止含有化学活性物质的 320 种农药在境内销售，其中涉及我国正在生产、使用及销售的农药有 62 个品种；2005 年 8 月 1 日欧盟启动并在 2006 年 8 月 1 日正式实施的进口茶叶农残最大限量新标准。新标准将原先的 193 种农残标准增加到210项。欧盟将对210项以外的农残项目采用“默认标准”，其限量值为0.01毫克/千克；在欧盟的标准中，硫丹在茶叶中的残留限量从30毫克/千克调整为0.01毫克/千克，相当于“检测标准严格了3 000倍”。2005年8—10月，广东省茶叶对欧盟出口仅为53.4吨，同比下降91.2%。其中10月份对欧盟出口仅为15吨，同比下降95.5%。欧盟于2008年1月28日又发布了新的食品中农药残留标准（EC149/2008），其中有茶叶中的新MRL（Maximal Residual Limited，最大残留限量，下同）残留标准，共设计设定了886项限量标准，按照此标准，我国目前能够达到仪器检测标准出口到欧盟的茶叶非常少了。

这种苛刻而又频繁波动的农产品标准，使得中国农产品面临无限巨大的遵从成本，如国家不得不大量投资设备建设，购置更为精确的检验设备。当以仪器检验底线为标准时，宏观上我国尚缺乏遵从这些标准的资源，出口农产品只好集体退出。检验检测方法的更新是SPS措施严格化的又一表现。例如，欧盟对茶叶的检测方法从汤茶法改变为干茶法，使得检测精度成10倍的提高，出口产品根本无法满足，即遵从成本高到无法承担，只能选择退出。

表6-9 2001—2008年我国茶叶出口遭受欧盟SPS措施情况（农药残留）

时　间	设限的具体情况
2001年7月1日	对进口茶叶农药残留限量的新标准达到134项
2001年底	个别农药残留量指标比以前提高了200倍
2002年	对我国肠衣、茶叶等至少5类农产品提出了技术性措施
2002年2月	农药残留的检验种类增加到62种，最大残留量标准低了10～100倍
2003年初	颁布新一批320种农药清单，其中与我国出口茶叶密切相关的有10种
2003年	对进口茶叶农药残留限量的新标准达到193项
2005年8月1日	对硫丹在茶叶中的残留限量从30毫克/千克调整为0.01毫克/千克
2006年1月1日	实施新农残检测标准和新食品安全法，禁止含有320种农药残留的农产品在欧盟境内销售，其中多种与我国出口茶叶密切相关
2007年3月7日	欧盟茶叶委员会（ETC）发布第九期茶叶农药残留操作性规范信息，对2007/12/EC指令进行大量更新，增加了啶虫脒等10个农残项目，至此欧盟及德国新农药残留项目共计227项，其中207标准为目前仪器最低检测底线，占91.2%

（续）

时　间	设限的具体情况
2008年7月29日	实施农药残留标准（EC149/2008），有关茶叶的MRL标准出现变化：有关茶叶的5种农药MRL标准加严；新增一些与茶叶生产关系密切的MRL标准，新增170种农药，如西玛津是一种除草剂，在我国茶叶生产中应用很普遍；新标准中硫元素和铜元素的MRL分别为5毫克/千克和40毫克/千克，而石硫合剂和铜杀菌剂在我国广为应用

资料来源：中国农业信息网、中国茶叶流通协会网站、人民网。

2. TTA要求导致的成本上升限制我国农产品对外出口扩张

欧盟是世界上对农产品TTA最为关注的地区。欧盟要求，所有在市场上销售的农产品必须具有可追溯性，否则不能销售。欧盟对食品和农产品生产企业有严格的注册要求，只有注册被认可的企业，才能获得出口欧盟的资格。另外，欧盟对产品的认证也提出了较为复杂的要求，产品要通过与质量有关的ISO9000系列认证，生产环境通过环境系列ISO14000认证，生产加工过程通过HACCP认证，同时，还必须通过生产基地有关的私营标准认证。如出口企业必须通过EurepGAP、BRC、QC等认证，其出口的果品蔬菜方可顺利在欧洲超市销售，这些复杂的TTA要求，不仅增加了企业的出口难度，使得农产品自动选择退出，而且大大增加了农产品出口的遵从成本。尤其是EurepGAP标准对生产环境的要求相当高，生产企业想要满足欧盟市场SPS要求时，需要先承担一定的成本来改善所处的生产环境。就算是大规模的出口商，遵从SPS标准也会产生明显的成本增加，短期潜在收益的减少也会阻碍生产商遵从国际市场上的SPS标准。由此可见，目前中国农产品生产环境不容乐观，遵从更严格的食品安全标准将导致更高的遵从成本，在一定程度上限制我国农产品对外出口扩张。

3. 农产品的快速预警系统对产品扣留导致的机会成本上升

欧盟食品和饲料的快速预警系统（RASFF）是欧盟成员国之间对存在潜在威胁的食品和饲料信息的交换系统。进入快速预警系统对农产品有三个方面的影响：一是这些农产品被拒绝后要么运回本国，要么就地销毁，这对中国农产品都是一笔纯粹的损失；二是通报拒绝后续影响极大，会影响进口商和消费者的行为，进而减少对中国农产品的进口；三是通报拒绝数字的增加会进一步刺激欧盟加强对中国农产品的检验力度，形成一种恶性循环。欧盟对中国农产品的通报分为三个层面的，一是边境通报，二是市场通报，三是进口商通报，这三个层次的通报都进入欧盟快速通报系统。资料显示，欧盟对中国农产品的通报从2003年的102批次增加到2010年的431批次，增加幅度高达322.5%。

笔者对2010年1—12月欧盟对我国出口食品的通报扣留情况考察发现（表6-10），2010年欧盟对我国出口食品的通报、扣留主要涉及花生、水产品、米面类、餐具及调味品，被扣留原因主要包括未经批准使用添加剂和色素、未经批准使用化学物质或超标、农药残留物超标、感染病菌、标签问题等，此外也存在有关食品保存和可追溯性的例子。从表中还可以看出，被通报食品种类中被扣留批次最多的是餐具，为149批次，占到了全年被扣留总批次的34.6%，而其扣留原因为在餐具中检测出铬、甲醛、初级芳香胺、镍单项迁移超标或总迁移超标。其次是花生，扣留批次为77，占总扣留批次的17.9%，被扣留原因主要是被检测出含有黄曲霉毒素以及不适当的卫生证书。

表6-10　2010年欧盟通报中国食品情况

产品种类	扣留批次	所占比例%	扣　留　原　因
花生	77	17.9	含有黄曲霉毒素、不适当的卫生证书
水产品	45	10.4	标签信息不完整、含有未批准食品添加剂、感官特征改变
米面类	55	12.8	为未经批准的转基因食品、未经批准使用色素、铝含量过高
餐具	149	34.6	铬、甲醛、初级芳香胺、镍迁移超标
蔬菜	9	2.1	标签错误、滋生昆虫超标、恶劣的保存状态
水果	10	2.3	农药残留物超标、滋生昆虫
肉制品	4	0.9	包装损坏、检查出含有单核增生性李斯特菌
糖果	24	5.6	霉菌感染、含有不知名毒素
茶叶	10	2.3	未经批准辐照、检出死虫
蜂蜜	4	0.9	检查出含有未经批准使用的物质林肯霉素
调味品	19	4.4	含有扑灭宁、未经批准的曲美、E214-对羟基苯甲酸乙酯
饮料	7	1.6	非法贸易
小吃	12	2.8	检出黄曲霉毒素、健康证明不合
其他	6	1.4	含有啶虫脒、缺少标签、未经批准辐照

资料来源：中国技术性贸易措施网（http：//www.tbt-sps.gov.cn）.

另外，生产企业信息的获取成本也在提高。关于国外市场新技术标准等相关信息的来源主要是国外零售商、认证机构和私营咨询机构。当然，政府部门和公共机构通常也提供这些方面的信息。但是，我国目前信息系统还不发达，出口生产企业地域分布广而散，这就意味着相关的市场信息和技术要求在厂商之间无法得到及时有效的交流。同时，政府、行业及区域之间也缺乏有效的信息交流渠道。此外，我国无论是政府部门还是企业，对国外 SPS 措施的理解还存在语言上的障碍，有时也会因为语言造成理解的偏差，导致较高的信息成本。因此，企业和行业如果想及时获取国际市场动态、检验技术、法规等信息，以便更主动更有准备地应对目标市场各种新标准和新要求，顺利出口，则需要花费一定的成本，这种成本的发生势必给我国农产品出口带来挑战。

综上所述，遵从成本对我国农产品出口的消极影响主要源于遵从成本抵消了我国出口农产品的传统竞争优势，即降低了我国农产品的低价格优势，从而阻碍出口，使农产品出口份额和出口种类均受到负面影响。此外，欧盟成员国之间的区域性差异以及新成员的加入也将进一步限制中国农产品在欧盟市场上的开拓，中国将花费很长时间来适应全部的 SPS 条件。在这个转接过程中，中国农产品出口的潜力和前景将随着目的国的不同而发生改变。

然而，从长期来看，欧盟市场日趋严格的 SPS 标准导致的生产企业遵从成本的增加有可能给出口国带来好处。首先，作为利益最大化的追求者，在遵从成本发生和增加的情况下，生产企业将试图降低遵从成本，途径包括升级现有技术和设备、完善信息机制等。有理由相信，出口企业的这些行为将在一定程度上带动以内销为主的生产企业，长期提高国内销售产品的质量安全水平，提高消费者福利。其次，欧盟市场严格的 SPS 标准很可能给我国带来新的市场机遇。经过一段时间的调整和改进之后，我国农产品出口企业如果能够达到较高水平的 SPS 要求，便可以成功规避欧盟市场的 SPS 措施，呈现出口竞争优势，从而与竞争者产品区别开来，成功保持甚至拓展我国农产品在欧盟的市场。

6.2.3　美国SPS措施与中国农产品遵从成本

6.2.3.1　中美农产品贸易现状分析

美国是世界农业强国，也是中国最重要的贸易伙伴国之一，中美之间的农产品贸易一直保持快速增长。入世以来，中国农产品对美出口额由2001年12.18亿美元上升到2010年的57.81亿美元，增长了375%，年均递增18.9%。高于中国农产品同期13.2%的增长速度，相应的，美国市场占中国农产品出口的份额也由2001年的7.62%增加到2010年的11.83%，上升了4个百分点（见表6-11）。目前，美国已是中国第三大农产品出口市场。2004年以来，中国农产品对美贸易逆差增长了一倍多，从53.7亿美元增加到123.3亿美元。

表6-11　2001—2010年中国对美国农产品出口情况表

单位：亿美元

年份	对美出口额	同比（%）	农产品出口总额	同比（%）	美国占比（%）	中国农产品逆差
2001	12.18	—	159.75	—	7.62	—
2002	16.27	33.6	180.2	12.8	9.03	—
2003	20.52	26.1	212.4	17.9	9.66	—
2004	23.18	13.0	230.9	8.7	10.31	−53.72
2005	28.39	22.5	286.5	2.4	9.91	−38.8
2006	37.76	33.0	319.9	11.7	11.80	−38.13
2007	43.83	16.1	409.7	28.1	10.70	−47.42
2008	51.17	16.7	402.2	9.8	12.72	−92.8
2009	47.00	−8.2	392.1	−2.5	11.99	−92.96
2010	57.81	23	488.8	24.7	11.83	−123.31

资料来源：中国商务部农产品出口月度统计报告.

中国出口美国的农产品主要有水海产品及其制品、水果蔬菜坚果及其制品、动物及动物产品等。考察中国出口美国的农产品结构可以发现：①水海产品及其制品，水果、蔬菜坚果及其制品、动物及动物制品的出口额占了中国出口美国农产品总额的75%以上（表6-12）。②水海产品及其制品的出口份额最大。2009对美出口达20.18亿美元，而同期中国出口美国的农产品总额为47亿美元，水海产品占到43%。③水果、蔬菜坚果及其制品的出口增长较快。从2001年的2.35亿美元增长到2009年的13.42亿美元，增长了近5倍。④动物及动物产品相对较少，且处于递减状态，主要以禽肉、兔肉和肠衣为主。

表6-12 2001—2009年中国对美主要农产品出口情况

单位：亿美元

年份	水海产品及其制品	份额（%）	水果、蔬菜坚果及其制品	份额（%）	动物及动物产品	份额（%）
2001	5.56	45.64	2.35	19.29	1.58	12.97
2002	8.01	49.23	3.13	19.24	1.94	11.92
2003	9.91	48.29	4.87	23.73	1.10	5.36
2004	9.52	41.07	6.39	27.57	2.65	11.43
2005	12.86	45.30	7.18	25.29	2.63	9.26
2006	17.56	46.50	9.63	25.50	2.35	6.22
2007	17.36	39.61	14.20	32.40	2.76	6.30
2008	20.05	39.18	16.39	32.03	2.74	5.35
2009	20.18	42.94	13.42	28.55	2.11	4.49

注：表中产品种类根据国际通用的HS编码，其中水海产品及其制品包括HS编码03（鱼及其他水生动物）和16（肉及其他水生无脊椎动物的制品），水果蔬菜坚果及其制品包括HS编码07（食用蔬菜、根及茎块），08（食用水果及坚果）和20（蔬菜、水果、坚果），动物及动物产品包括HS编码01（活动物），02（肉及食用杂碎）和05（其他动物产品）。

资料来源：2001—2010年中国贸易外经统计年鉴.

中国向美国出口的大宗农产品主要有苹果汁、大蒜、蘑菇罐头、茶叶、墨鱼及鱿鱼等（见表6-13）。美国是中国苹果汁、蘑菇罐头等产品的第一大出口市场，自2008年以来苹果汁出口美国的份额已经占到中国农产品总出口额的近一半，2010年出口美国的苹果汁高达39.14万吨，同比增长5%，出口美国的蘑菇罐头为4.79万吨，同比下降3.8%。美国是我国大蒜的第二大出口市场，近年来其对美出口份额有所下降，但出口金额仍然在不断上升。

表 6-13　2005—2010 年中国对美重点、大宗农产品出口情况

单位：亿美元

年份	苹果汁	份额（%）	大蒜	份额（%）	蘑菇罐头	份额（%）	茶叶	份额（%）
2005	1.67	36.46	0.88	12.59	0.40	13.02	0.29	5.99
2006	1.92	32.27	1.59	15.54	0.43	10.12	0.35	6.40
2007	4.47	36.05	1.57	14.52	0.86	12.91	0.39	6.43
2008	5.53	48.98	0.99	12.69	0.94	13.95	0.45	6.60
2009	3.19	48.63	1.15	9.35	0.61	16.40	0.40	5.67
2010	3.71	49.47	2.31	8.65	0.68	14.32	0.56	7.14

注：份额指金额占全球市场份额。

资料来源：商务部重点农产品出口报告.

6.2.3.2　美国 SPS 措施对中国农产品遵从成本的影响分析

美国是世界上 SPS 最严厉的市场之一，是世界上扣留中国农产品最多的国家，2006、2007 年的扣留数均在 360 批次以上。同时，美国又是中国农产品的第三大出口市场，其严格的 SPS 措施对于中国农产品的出口形成较大障碍，而为了顺利进入美国市场，中国出口企业必须遵从美国的 SPS 措施。中国农产品的遵从成本主要体现在以下两个方面：

1. 因产品扣留导致的机会成本上升

美国是世界上扣留制度最严的国家，也是扣留中国农产品最多的国家。其严格的扣留制度造成中国农产品的机会成本大大上升。2004 年 FDA 共扣留中国农产品 844 批次，2010 年为 877 批次，最高的 2009 年达到 1058 批次。2002 年以来，FDA 平均每年扣留中国农产品在 700 批次以上。2010 年美国 FDA 扣留中国农产品的主要原因是安全卫生不达标。主要体现在产品腐败、含有腐烂物质以及含有不安全食品添加剂等。安全卫生方面一直是中国农产品受阻的主要原因，2010 年有 650 批次中国农产品出口由于此原因被扣留，占全部扣留的 74%（表 6-15）。其他的原因还有标签问题、未按规定注册批准等。

FDA 对产品的扣留会产生两种效应：效仿效应和扩散效应。效仿效应主要体现在当美国 FDA 对中国产品扣留将引发其他重要贸易伙伴国也采取类似措施；扩散效应主要体现在美国 FDA 对中国某一企业的某类产品进行扣留，那么这一企业的其他产品被检查的可能性加大，同时，其他企业的同类产品被检查的可能性同样加大。这样，美国 FDA 的扣留对中国农产品出口贸易的影响将会扩大，即增加了中国农产品出口的机会成本。2007 年 6 月 28 日，美国 FDA 正式对外宣布：加大对来自中国的养殖鲶鱼、鳡鱼、虾、鲮鱼、鳗鱼五类产品进行进口控制，FDA 将开始在边境扣留此类产品，并在证明中国出口的养殖水生动物中不含美国禁用的残留药物之后，方可放行这些进口货物。美国禁令颁布后，欧盟也采取了措施。广州海关数据表明：2007 年 7 月，广东对美出口虾类产品同比下降 24.2%，占当月广东虾类产品出口总量的 28.6%，同时广东对欧盟出口的虾类产品也只有 122 吨，与 2006 年同期相比急降 61%[①]。

表 6-14　2010 年美国 FDA 扣留中国农产品情况

类　别	扣留批次	主　要　原　因
水海产品及其制品	231	含有不安全食品添加剂、腐烂物质、沙门氏菌、李斯特菌、李斯特杆菌，检出硝基呋喃，未注明每种成分信息，产品腐败或含有不洁物掺假，含有不安全的新兽药掺假，包装上没有标明制造商、包装商和经销商名称和地址
水果及其制品	78	含有不安全食品添加剂、有害的糖精、不安全的色素添加剂、腐烂物质、有毒物质
蔬菜及其制品	60	产品腐败或含有不洁物，含杀虫剂、不安全的食品添加剂、沙门氏菌，厂商未提供加工过程信息、加工过程不合标准，产品在不卫生条件下生产、加工和包装，标签不合格
面包、饼干和糕点	58	含有三聚氰胺，检出硝基呋喃，没有英文说明、没有标明含有色素，产品标签上的信息不够显而易见和易懂，未注明每种成分信息
面条和米粉	44	产品腐败或含有不洁物掺假，标签不合格
糖果	34	含有铅、不安全色素、不安全食品添加剂，标签不合格
食用菌	31	含有腐烂物质、产品腐败或含有不洁物、厂商未提供加工过程信息
辣椒	31	含有腐烂物质、杀虫剂，产品腐败或含有不洁物，包装上没有标明制造商、包装商和经销商名称和地址
豆类及其制品	27	产品腐败或含有不洁物掺假、销售商没有按照规定注册

① 对虾出口解禁初现曙光　当前形势深度分析．南方都市报，2007-10-12.

（续）

类　　别	扣留批次	主　要　原　因
干果和可食用种子	20	含有腐烂物质、生产企业未注册为低酸或酸化食品生产企业、含有黄曲霉毒素、标签不正确
调味品	19	含有不安全食品添加剂，生产、加工、包装的卫生条件极差，制造商没有注册是低酸罐装食品或酸化食品生产商，标签不合格
枣	19	含有腐烂物质，商标未标明商品含有亚硫酸盐
饮料	17	营养标签不正确，生产企业未注册为低酸或酸化食品生产企业，没有使用说明，标签上的食品健康声明不符合标准
枸杞	17	含有杀虫剂、不安全的食品添加剂、有毒物质
茶叶	8	含有腐烂物质、沙门氏菌，没有使用说明
蜂蜜	2	包装上没有标明制造商、包装商和经销商名称和地址

资料来源：中国技术性贸易措施网（http：//www.tbt-sps.gov.cn）.

表6-15　2010年美国FDA扣留中国农产品原因统计

扣　留　原　因	批次
安全卫生	650
产品腐败或含有不洁物	125
含有腐烂物质	115
含有不安全食品添加剂	112
含杀虫剂、有毒物质	98
含不安全药物	95
含有沙门氏菌、李斯特菌等有害物质	53
含有三聚氰胺	39
生产、加工、包装的卫生条件差，可能对身体健康有害	13
标签	218
营养信息	72
成分信息	57
标签不正确	46
包装上信息不完整	28
英文说明	15
使用说明	4

（续）

扣　留　原　因	批次
注册批准	61
生产商没有按规定提供有关生产加工的资料	33
生产企业未注册成为低酸或酸化食品生产企业	25
销售商没有按规定注册	3

资料来源：中国技术性贸易措施网（http：//www.tbt-sps.gov.cn）.

2. 标准差异导致的高额补差成本

我国农产品质量安全的标准普遍低于国际标准，这就意味着即使遵从国际标准，对我国出口农产品而言，也面临一笔标准差异导致的补差成本。美国作为世界上科技、经济最发达的国家，SPS 措施及食品安全卫生标准都高于国际水平，这对中国农产品而言，意味着在标准补差成本之外，又面临着满足美国高标准的超高补差成本。这些成本包括：①立法部门应该投入更多的人力物力制定对应的安全卫生标准，缩小与国际标准的差距，逐步与国际接轨；②出入境检验检疫部门应该建立实验室检测、购置先进检验设备、寻求先进检验方法及提高检测能力，更大程度上减少出口产品受阻；③监管部门也要加大监管力度，如出口产品质量追溯体系、安全预警体系等，确保中国农产品符合美国标准。

美国是世界上对产品标准要求最为严厉的国家，中国出口农产品遭受 FDA 扣留的原因除了安全卫生之外，主要还因为标签和注册批准问题。美国对食品标签要求最为严格，不仅对标签的内容、形式、字体、线条等作了细致具体的规定，而且对于强化食品还必须有营养标签，要求至少标明 14 种营养成分。FDA 对于进口食品还要求有英文商标。这对于美国商人来说，都是一笔不菲的开支，更何况是中国这样的发展中国家。2009 年 1 月 15 日，美国农业部颁布《强制性原产地标签》法规并于同年 3 月 16 日正式实施，该法规要求相关食品必须加贴原产地标签。另外，美国法规规定低酸性或酸化食品出口到美国前必须向 FDA 申请办理注册登记。美国的法规之多，而对于任何一个法规的忽视都会使出口产品面临被扣留的危险。这些对中国农产品出口来说，无疑是一笔巨大的标准补差成本。对中国农产品构成贸易限制，甚至贸易禁止。

6.2.4　一级市场SPS措施对企业遵从成本的影响

SPS措施的遵从成本包括宏观遵从成本和微观遵从成本。宏观遵从成本主要是政府的支出，如政府为符合国外对动植物健康和安全的需要，建立无病区并通过OIE认证，政府部门增加检验和检疫设施，政府建立和改善地区性检疫中心条件，政府改进法规和标准等，由于这些费用对农产品进出口的影响存在着度量的难度。因此，前文更趋向于宏观层面的遵从成本，本节主要集中于企业层面的遵从成本研究。企业的微观遵从成本主要包括技术改造费、设备费、自检费用、检验检疫费、基地建设费、认证费等。

1. SPS导致企业的技术改造费大幅上升

技术改造费是指企业在生产、检验环节为使国内检疫检测技术达到发达国家标准所作的技术改造或努力，包括为达到进口国的卫生检疫标准而必须添置新的检疫设备的费用、对检验检疫实验室的投资建设，设备使用的培训费用、组织专家进行研究国外的检验技术等科研资金等。

海通食品集团股份有限公司是一家以果蔬加工为主业的农产品加工企业，创建于1985年，1989年取得出口经营权，2000年设立股份有限公司。产品主要销往日本、美国等国家。2004年之前用于实验室改造和检测设备改造的费用为20万美元，2005年为6万美元，2006年日本的肯定列表实施，为此，企业的改造费用为40万美元，2007年企业的改造费为14万美元。除了实验室外，企业每年都要拿出经费进行培训和技术交流，2005—2007年的支出为3.4万美元。海通企业为了增加自检自控的能力，还投资200万元改造实验室，100万元改善实验室设施，2002年至今，公司先后投资600万元改造检验设备。2002至今，检测成本共计投入达到1 600万元，这样大规模的投资，即使对于海通集团这样的大公司而言，也是不小的负担。

表6-16　海通集团SPS措施的遵从成本

单位：万美元

具体时间＼产品	技术改造费		检测费		认证/注册费		其他新增费用	
	实验室改造和检测设备	培训和技术交流	自行检测	检验检疫	认证	注册	库存	检测延期
2004年及以前	20	2	12	1	3	0.5	180*	1
2005年12月	6	1	2	0.5	1	0.5	50	2
2006年12月	40	1.2	14	2	4.5	0	20	3
2007年12月	14	1.2	5	1	10	0	20	4

* 2004年前的180万美元为企业投资冷库建设费用。

表6-17　2002—2007年青岛福生食品有限公司遵从成本及其构成

单位：万元

项目＼时间	2002年	2003年	2004年	2005年	2006年	2007年
检测费	10	15	25	35	40	45
技术改造费（添置设备费用）	40 国产气/液相色谱仪	70 进口液相色谱仪等	50 进口气相色谱仪等	10 检测设备	75 进口气质联用仪 GC-MS	200 液相质谱联仪 LC-MSMS
其他	3	600*	2	6	6	6
注册认证	—	—	5	—	5	5
累计	53	685	82	51	126	256

* 2003年新建1 600平方米质控中心投入600万元。

资料来源：青岛福生食品有限公司。

诸城外贸是我国著名的禽肉出口企业，产品主要出口欧盟和日本市场，2002年，企业的技术改造费753万元，2005年则攀升为900多万元。诸城外贸为使禽肉顺利出口日本，专门投资800万元建立检测中心，专职员工30多名，每年的固定运转费用为500万元。北极品水产公司是我国水产品出口25强企业，是浙江省龙头企业，公司90%的产品出口欧盟市场，仅2007年技术改造费就达200万元人民币。青岛福生集团是一家出口蔬菜的国家龙头企业，主要出口日本市场，为了有效应对SPS措施，从2002年起投资600万元建立质控中心。根据市场需求每年投入一定数额资金，配置了安捷伦6890型气相色谱仪、1100型液相色谱仪、气—质联用仪（GC-MS）、液—质联用仪等设备，进一步开展了农兽药残留、重金属、多种微生物、添加剂等200多项检测。配置了经过检验检疫部门培训合格的检验人员15人，按照ISO/IEC17025要求建立了实验室质量管理体系，通过了中国合格评定国家认可委员会的实验室认可。2002年至今累计投入1 253万元。

表6-18　诸城外贸肉鸡遵从国外标准的遵从成本变动

单位：万元

年份 \ 遵从成本	技术改造费	检测费	认证/注册费
2002	753	512	15
2003	713	534	14
2004	705	556	19
2005	913	634	18
2006	934	689	14
2007	912	612	16

资料来源：诸城外贸。

2. SPS导致企业的检测检验费用不断攀升

检测检验费用是指为达到国外SPS标准的要求，企业不得不通过自检和权威机构的检验控制产品的品质，以确保达标。

根据日本"肯定列表制度"，每种食品、农产品涉及的残留限量标准平均为200项，有的甚至超过400项。如鳗鱼的检验标准从25种增加到112种，茶叶从89种增加到276种，猪肉从25种增加到425种，大米从129种增加到579种。蔬菜的检测项目有200多种，这么多的检测项目大大增加了企业的检测成本，降低了利润水平。山东鲁星集团的检验费用每批至少增加1 000元，而每年的检测费用达100万人民币，占到企业全部成本的1%左右。农产品的利润本来就比较低，高昂的检验成本无疑使企业难以应付。日照昌华公司因为不断增加的检验成本使企业在2007—

2008 年度出口下降 50%以上。山东一品公司是一家专业出口大蒜的公司，在日本市场曾经占到 1/8 的市场份额，2002 年日本突然增加大蒜检测项目，而且要求大蒜产品批批检验，而日本检验部门的检验容量又是确定的，致使部分产品烂掉，损失很大。因此，企业 2004 年起不得不退出日本市场，转而寻求其他国家市场，目前则主要在印尼市场。日本的肯定列表制度使金乡县宏昌果菜有限责任公司的检验费用提高了 400%，出口大幅下降。2008 年以来，特别是 2 月份日本发生“毒饺子”事件以来，烟台市对日食品出口企业检测费用增加了 2 000 万元以上，对日出口订单减少约 3 000 万美元，停工停产企业 40 家，企业库存积压的数量达 3.6 万吨，造成经济损失 9 900 多万元。

在“肯定列表制度”基础上，2007 年日本进一步强化农产品进口检查，检查件数和平均每次检查的农药项目分别比上年增加 1 000 件和 50 项，达到 79 000 件和 500 项。而于 2007 年 4 月 1 日起实施的“2007 年进口食品监视指导计划”，对中国 34 种产品实施 42 项命令检查措施①。2008 年“毒饺子”事件发生后，国内商检部门对于出口农产品要求批批检验，检测项目之多，检测时间之长，检测成本之大，使部分企业不堪重负而被动退出市场。以福建安溪八马茶叶有限公司为例，为了肯定列表制度后增加的检测项目以及日本对中国乌龙茶的强制三唑磷命令检查，公司着重加大对农残的检测力度，从原料采收前、原料进厂再到产品出运前的成品检测和法定检测实施四道检测，检测成本成倍增加。近三年检测费用大幅上升，其中 2006 年增加 50 万人民币，2007 年增加 130 万人民币，至 2008 年上半年增加近 300 万元人民币。

诸城外贸每年的检测费用在均在 500 万元以上，2006 年达到近 700 万元，海通集团 2004 年度的检测费用约为 50 万元，2005 年升至 250 万元，2006 年又升至 350 万元，2007 年更是达到 450 万元。近三年的检验费用累计达到 1 000 多万元。2002 年，青岛福生集团的年检验费用为 10 万元，2007 年上涨为 45 万元，上涨了 3.5 倍。福建八马集团近三年检测费用大幅上升，其中 2006 年因为肯定列表的实施增加 50 万元，2007 年

① “肯定列表制度”影响福建对日农产品出口 [N]. 中国国门时报，2007-07-23.

由于肯定列表制度和三唑磷的强制检验增加了130万元，2008年由于毒饺子事件后国内商检和日本都加强了检验，所以检验成本也是激增。2005年至今企业累计增加检验成本近300万元人民币。

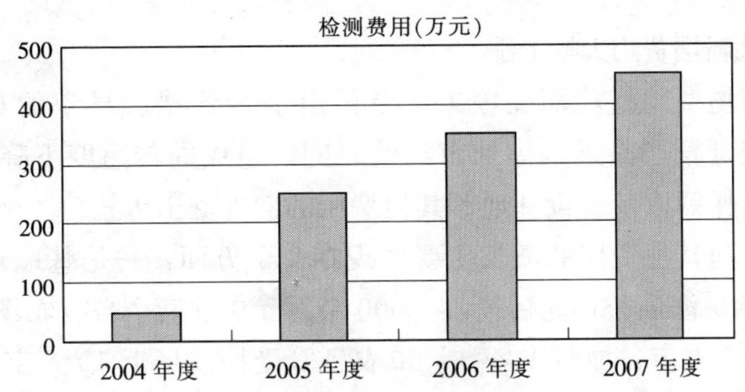

图6-3　海通集团2004—2007年检测费用统计

注：年度以本年7月到次年6月计。

资料来源：海通集团提供。

3. 认证注册费用上涨较快

为了达到一类市场要求，企业不得不通过各种技术认证，包括国内认证和国外认证，包括产品认证、过程认证和基地认证。国际机构有关食品安全的认证主要有三个，IS9000系列强调的是产品的质量，是一个终端认证；而HACCP强调的是产品的生产过程的流程，是预防和控制的过程，是食品法典委员会向全球企业推荐的认证，在欧美食品生产企业都必须通过此认证，目前我国在出口企业中强制推行HACCP认证；ISO14000强调的是产区的生产环境，如土壤、水质、重金属等指标。除此之外还有数量众多的私营企业认证，如欧盟的EUROGAP认证，英国零售商BRC认证，清真食品的KOSHER认证等。

海通集团通过了ISO9001、ISO22000、美国烘烤技术研究所的AIB认证、英国零售商BRC认证、中国合格评定国家认可委员会CNAS认证、质量安全QS认证、犹太KOSHER认证、SYSCO和有机食品等认可认证，自营原料基地通过了GAP认证，2007年认证费用达10万美元。青岛福生通过了美国的HACCP认证、英国零售商BRC认证、海洋管理理事会MSC认证和英国道德贸易组织的ETI认证，每年的认证费用为15万元。诸城外贸每年的认证费用在14万～19万元，尽管认证的费用从绝对量上并不高，但是这些都在削减企业的利润，而且除此外还要经历检测和检验。

4. 其他新增费用大幅上涨

其他新增费用指前面几项未涉及但由于SPS措施导致的其他费用，如由于检疫延长产品进入国外市场的时间，造成周转速度下降引起的库存、运输及保鲜以及建设基地等其他费用的额外支出等。

海通公司其他费用的增长主要体现在4个方面：一是基地建设费用。2001年开始，海通公司先后投入1 000余万元成立两个自有农场，目前自有农场5 000多亩，加盟农场、订单农场等受控农场近10万亩。从2003年开始对加盟农场实施每年每100亩3 000元的农业补贴，到2007年底累计补贴近600万元。我国商检实施基地备案制度后，每三年一次进行土壤、水的检测，至今费用约25万元；2006年起公司开展农药统一配送，并以农药价格10%～30%予以补贴，2005—2007年累计补贴100余万元；开展基地巡视制度，成立田间巡视小组，对作物栽培实施全过程监控，累计投入费用150余万元；定期组织农技培训，开展培训班、异地考察、出国调研等，累计投入80万元左右。到目前，基地建设和管理共计投入近2 000万元。二是库存费用大大增加。为了保证客户对蔬菜质量安全的要求，公司建立了蔬菜的冷链系统，这给企业带来了额外的费用，同时也增加了管理成本。海通公司从2002年开始，相继投入2 000余万元建造了2万吨冷库，同时年均管理成本上升300余万元，冷库建设和管理累计投入4 500余万元。三是业务成本大幅增加。国外客户为保证检验的顺利过关，对出口企业的检验频度提升、相关管理及产品要求增加等都无形中给企业带来了压力。据统计，年均业务成本上升50万元，累计增加成本200万元左右。四是自肯定列表制度实施后，商检报验检测力度大幅提升，给企业增加检测费用的同时，还由于检测延期造成冷藏、汇率损失、利息及其他管理等费用严重增加，2006年7月至2008年6月共计增加300余万元。五是SPS措施及其通关环节的复杂化使企业的通关时间变长，而报验检测延期导致产品出口量滞后，海通集团由每天正常生产2.7个柜缩减到每天生产2个柜，使得正常贸易出口缩减四分之一，每月减少20个货柜（每月正常生产80个柜计算），每柜可以产生利润约2.5万元，直接影响利润约600万元/年。

6.3　二级市场的SPS措施与中国农产品遵从成本

二级市场主要为中等收入国家，以中国的主要贸易伙伴来分，主要为韩国、中国香港、澳门、新加坡等，这些国家和地区收入较高，科技水平相对发达，SPS的标准一般为国际标准。中国农产品出口如果能够遵循国际标准，则SPS措施的影响相对较小。韩国是一个典型的二级（类）市场，也是一个主要的农产品进口市场。本节主要选取韩国作为二级市场的代表，围绕中国与韩国贸易展开。

6.3.1　中韩农产品贸易现状

中国农产品向韩国的出口从2001年的15.63亿美元增加到2010年的34.53亿美元，增长了1.2倍，年均递增9.2%，慢于同期中国农产品出口13.2%的平均增速。同期，中国从韩国进口的农产品从2001年的1.13亿美元增长到4.18亿美元，增长了2.7倍，年均递增15.6%。2001—2010年，中国的贸易顺差从14.49亿美元增长到30.35亿美元。中韩彼此是对方较为重要的贸易伙伴，2001—2010年，中国农产品出口韩国占中国农产品总出口的比重在10%左右，而韩国从中国的进口占其农产品总进口额的17%～24%（表6-19）。

表6-19　2001—2010年中韩农产品贸易现状

单位：亿美元

年份	对韩出口	韩国进口	占中国出口	占韩国进口	顺差
2001	15.63	83.71	0.10	0.19	14.49
2002	19.75	94.65	0.11	0.21	18.60
2003	25.01	102.42	0.12	0.24	23.55
2004	20.85	114.19	0.09	0.18	18.90

（续）

年份	对韩出口	韩国进口	占中国出口	占韩国进口	顺差
2005	28.07	120.99	0.10	0.23	25.61
2006	28.32	136.10	0.09	0.21	26.04
2007	35.27	163.60	0.10	0.22	32.27
2008	30.93	200.84	0.08	0.15	27.65
2009	27.68	165.02	0.07	0.17	24.57
2010	34.53	—	0.07	—	30.35

资料来源：商务部《农产品进出口月度统计报告》及UNCOMTRADE。

表6-20列出了2001—2010年中国对韩国农产品出口中排名前六的农产品类别。从表中数据可以看出，中国对韩农产品出口主要集中于水产品（HS03）、食用蔬菜（HS07）、谷物（HS10）、饲料类（HS12、HS23）、肉类制品（HS16）、蔬菜制品（HS20）。其中，水产品最高时占到农产品对韩出口总额的40.7%，此后逐年有所下降但仍然保持在23%以上，2010年又有所恢复，达到31.9%，位列对韩农产品出口第一位。谷物也是对韩出口的重要农产品，2003年曾占到对韩农产品出口的近40%，但是随后有较大幅度的波动，2006年下降为13.4%，2007年又恢复到23.8%。食用蔬菜类出口占对韩农产品出口的比重相对平稳增长，由2001年的6.11%增加到2010年的15.8%，其地位基本保持在前四。而肉类制品的比重则处于波动之中，从2003年的2.89%到2007年最高时的9.92%，再到2010年的7.04%。肉类制品的比重始终没有超过10%。饲料类（HS12、HS23）也保持了平稳的增长趋势，其中HS12由2001年的7.01%增加到2009年最高时的12.7%。以上六类产品，2002年、2003年曾占到对韩农产品出口的85.1%，到2010年已经下降到77.4%，下降了8个百分点。

表6-20　中国对韩出口的主要农产品结构

单位：%

年份	2001	2002	2003	2004	2005	2006	2007	2008	2009	2010
HS编码	03	10	10	03	10	03	10	03	03	03
比重	37.8	34.8	39.8	40.7	28.1	30.7	23.8	25.4	29.5	31.9

（续）

年份	2001	2002	2003	2004	2005	2006	2007	2008	2009	2010
HS编码	10	03	03	10	03	10	03	12	12	07
比重	23.9	32.0	27.6	12.4	28	13.4	23.5	12.7	11.0	15.8
HS编码	12	12	07	07	16	16	16	16	07	20
比重	7.01	6.34	6.33	9.39	8.36	10.9	9.92	10.9	10.4	8.47
HS编码	07	07	12	16	07	07	07	23	23	12
比重	6.11	5.27	5.67	6.73	7.71	9.4	8.01	10.1	9.53	7.22
HS编码	23	23	16	12	12	20	20	07	20	16
比重	4.57	3.87	2.89	6.03	5.47	7.12	7.61	9.14	7.76	7.04
HS编码	21	20	20	20	20	12	12	20	16	23
比重	3.02	2.79	2.83	4.74	5.09	6.43	7.02	8.78	7.32	6.92
合计占比	82.4	85.1	85.1	80.1	82.8	78.1	80	77.2	75.6	77.4

注：HS01—HS24分别表示：(01) 活动物；(02) 肉及食用杂碎；(03) 鱼、甲壳动物、软体动物及其他水生无脊椎动物；(04) 乳品；蛋品；天然蜂蜜；其他食用动物产品；(05) 其他动物产品；(06) 活树及其他活植物；鳞茎、根及类似品；插花及装饰用簇叶；(07) 食用蔬菜、根及块茎；(08) 食用水果及坚果；甜瓜或柑橘属水果的果皮；(09) 咖啡、茶、马黛茶及调味香料；(10) 谷物；(11) 制粉工业产品；麦芽；淀粉；菊粉；面筋；(12) 含油子仁及果实；杂项子仁及果实；工业用或者药用植物；稻草、秸秆及饲料；(13) 虫胶；树胶、树脂及其他植物液、汁；(14) 编结用植物材料；其他植物产品；(15) 动、植物油、脂及其分解产品；精制的食用油脂；动、植物蜡；(16) 肉、鱼、甲壳动物、软体动物及其他水生无脊椎动物的制品；(17) 糖及糖品；(18) 可可及可可制品；(19) 谷物、粮食粉、淀粉或乳的制品；糕饼点心；(20) 蔬菜、水果、坚果或植物其他部分的制品；(21) 杂项食品；(22) 饮料、酒及醋；(23) 食品工业的残渣及废料；配制的动物饲料；(24) 烟草及烟草代用品的制品。

资料来源：根据UNCOMTRADE数据计算得出。

6.3.2　二级市场SPS措施对中国农产品遵从成本的影响

中国香港、澳门属于独立行政区，基本不生产农产品，几乎全部依赖进口，其主要遵循国际标准。由于和我国大陆地区的特殊关系，所以对大陆农产品基本不设置过高的障碍，因此，这里的遵从成本就是国际标准的遵从成本。新加坡是比较规范的国家，其进口量相对较小，因此，其SPS措施也不是特别突出，这里只剩下韩国了。韩国的SPS措施却有着另外的特点，这里重点介绍。

韩国的 SPS 措施比较完善，其 SPS 措施具有下列特点：①其措施甚至比发达国家还要严格。韩国为减轻进口农产品对国内生产的冲击，几乎把所有农产品都置于各种质量安全和检疫法规的保护之下，制定了比西方发达国家更严格繁杂的农产品 SPS 措施。其主要措施包括转基因加工食品标识制度，水果蔬菜花卉病虫害检疫制度，口蹄疫及疯牛病疫区产品紧急进口限制制度，家禽肉检疫制度，水产品安全检疫制度，177 种进口产品原产地强制标识制度，农药和有害物质成分标准规定等。而且还对农水产品等进口实施通关强制申报制度。允许进口的主要是韩国不产或不会对韩国形成冲击的产品，但对这些进口产品也必须经过病虫害危险性评价审查，到原产地进行实情调查并验证检疫其安全性，然后就两国检疫协定进行协商三个阶段，最后才能决定是否进口。②韩国的 SPS 措施实施上缺乏透明度。例如，韩国在制定或修改与农产品贸易有关的法律、法规及实施细则时，经常不按照 WTO 相关要求及时通报，有时甚至在法律法规修改完毕并付诸实施后才通报其他 WTO 成员（表 6－21 显示，韩国 SPS 措施的通报数据并不大，2007 年达到最多 56 件，2001—2010 年平均通报数在 36 件左右，是 2001 年之前的近 3 倍）。此外，韩国相关部门在具体执行农产品和水产品技术法规时往往另行制定涉及进口产品检验检疫的内部方针（即“指针”），但这些指针却很少对外公布。韩国官员在执行法律和规章制度方面也拥有较大的随意性，使得企业对法规的实施常常感到捉摸不定，面临很大的不确定因素。

表 6－21　韩国 SPS 措施通报情况

单位：件

时间	1995	1996	1997	1998	1999	2000	2001	2002
通报数	21	12	4	18	11	12	32	25
时间	2003	2004	2005	2006	2007	2008	2009	2010
通报数	33	33	25	32	56	48	54	28

资料来源：中国 WTO/TBT－SPS 通报资讯网（http：//www. tbt-sps. gov. cn）。

1. 韩国对中国农产品的针对性导致遵从成本上升

韩国负责对其进口产品进行检疫检验的机构是韩国食品药物管理局和

韩国农林部国立兽医科学检疫院，两个部门均对食品类进口产品进行检疫检验。表6－22数据显示，2009年韩国突然增加对中国出口食品的检验力度，平均每月都有40～50批次的出口产品遭到拒绝，全年更是达到609批次，高于2008和2010年的总和。这种针对性检查在查出产品质量安全问题时，通过媒体进行大肆宣传，造成其他国家对中国农产品的连锁反应，对中国农产品带来较大的遵从成本和机会成本。

表6－22　2008—2010年韩国拒绝我国食品的情况

年＼月	1月	2月	3月	4月	5月	6月	7月	8月	9月	10月	11月	12月	总计
2008	24	11	20	21	17	16	30	20	14	21	31	27	262
2009	48	45	48	52	53	69	44	54	48	61	44	43	609
2010	17	13	8	10	10	11	13	10	10	20	13	26	161

资料来源：根据国家质检总局，中国WTO/TBT－SPS通报资讯网整理而得（http：//www.tbt-sps.gov.cn）。

2. 程序性要求大大增加了农产品出口的难度和成本

韩国对农产品的进口实施通关强制申报制度，要求凡进口食品、食品添加剂、食品器械、食品罐头和包装材料在进入韩国海关之前都必须将样品送交有关方面检验，整个过程在10天之内，对某些食品还需在实验室检验其杀虫剂的含量。动植物及其产品必须经过培养检疫，时间通常为1周之内。要求凡进口植物（含容器及包装）及明令禁止的品种，必须及时向国立植物检验机构申报并接受检查；进口的植物必须附带由出口国政府签发的、标明经验查没有携带有关病害虫的检查证明书或复印件（与原件一致的、有签发机构或检察官直接签名、盖章），否则不得进口。韩国于2004年6月1日起实施新的进境货物木质包装检疫，要求每件木材包装的两面，施加可以证明消毒处理标识。农作物生产国如存在韩国没有的病虫害，在韩国实行实地认可和双边达成检疫协定前，韩方均禁止进口该国的农产品。对进口畜产品，韩国实施进口检疫认可制度，即出口国提出申请并交相应的动物疫病资料，由韩方有关机构进行评估认可。国际兽疫局（OIE）成员的生产国必须接受韩国的实地检疫调查，达成双边检疫协定后，其产品可对韩国出口。一般情况下，农产品的进口必须接受好几个机构的海关检查，在通关环节和检验标准上，中国输韩农产品往往也深受其害。韩国的检验方式主要包括感官检验、抽检和全检三种，一般对美国、巴西、泰国等主要进口来源地的产品实施感官检验，而对中国进口农产品一律实施全检。据中国出口企业反映，韩国对中国出口农产品的检验项目达到100多项，并且片面提高检验标准。货物到岸后甚至临时增加韩国强制性检验和合同检验之外的检验项目，提高检验标准，并对未能达标的产品征收附加关税。

在国际贸易中，出口企业常常面临资金周转问题，而这一强制申报制度无疑大大增加了企业的难度和成本。同时，申报存在着巨大的不确定性，企业往往望而却步，达到了限制贸易的作用。

3. 苛刻的检疫标准常常使一些农产品难以进入

韩国原则上禁止从国外进口新鲜水果。外国新鲜水果如要进入韩国市场，该国政府必须首先向韩国农林部下属国立植物检疫所提出申请、提交本国病害虫的目录，并进行协商。该所对出口国主要病虫害发生情况进行信息搜集，经综合分析研究，对病虫害危险性作出评价；然后到该水果产地进行实地调查与病害虫评估，验证检疫的安全性。如确认没有发现韩国禁止的病虫害，或有关病虫害经熏蒸或消毒后可以消灭，则在韩国植检官员对产地进行现场监督的情况下，可有条件同意进口。上述过程时间往往较长，一般需要4～5年，这实际上是通过苛刻的检验措施阻止从国外进口新鲜水果。又如韩国国家植物检疫局宣布，从2010年2月23日起，以中国属于香蕉穿孔线虫疫区为名，对中国广东、广西、海南三省（自治区）出口的生姜、马铃薯等各类植物实行禁运。

4. 农药残留的控制范围和标准提升增加了成本

韩国重点监控食品残留。根据《依据食品公典》对202种农药规定了残留许可标准，对肉类、乳制品、鸡蛋、水产品检测抗生素、激素、杀虫剂、金属残留等77项检测标准，要求在这些产品的不同组织中不得超过其规定的最高残留量。如加工紫菜中的铅的最大残留量（MRL）为5毫克/千克，人参饮料中镉的最大残留量为0.1毫克/千克等[①]。蔬菜农药残

① 蓝庆新．韩国农业技术性贸易措施体系分析［J］．世界农业，2007（8）．

留的指标，最高时高达200多项，对鳗鱼等水产品，常常加强重金属的检测。

本项目所调查的100家企业很少有专门出口韩国市场的，即使在山东的调查中也是如此，大部分流向日本市场。在与企业家的座谈中，普遍反映韩国农产品市场高度不透明，规则的随意性很强，而且韩国商人的信用较差，因此，企业大多不愿与韩国商人贸易。目前我国主要向韩国出口大米、鸡肉制品、水竹笋、豆粕、小麦、羽毛羽绒、中药材等。

6.4　三级市场的SPS措施与中国农产品遵从成本

三级市场包括俄罗斯、印尼、菲律宾、中东、非洲等国家和地区。这些国家和地区收入水平相对较低，对进口农产品的要求一般以国际标准或者低于国际标准。这些国家和地区的SPS措施导致的遵从成本主要体现在以下方面：

6.4.1　SPS措施的特殊要求导致的相关费用

山东一品农产公司在出口中遇到由于国内外检疫的不对接致使企业无法出口的问题。2008年印度尼西亚针对球茎类蔬菜实行新的SPS措施。这一措施要求所有出口到印尼的大蒜必须经过溴甲烷熏蒸，同时要在质检证上做指定内容的附加声明，如“本地区不存在此病虫害，或存在此病虫害但已经过熏蒸处理”的证明。由于这一措施的实施过程似乎缺少两国有关部门的程序化沟通，我国进出口检验检疫局拒绝在单证上附加任何声明，导致出口出现停顿；同时，印尼的这一措施也有其不合理性。第一，由于我国对印度尼西亚出口大蒜的数量巨大（据统计，2008年1—4月，山东省出口大蒜19 637万美元，同比下降20.4%。其中，出口印度尼西亚3 274万美元，增长78.6%），熏蒸的可操作性很低。就一品而言，每年向印尼出口大蒜40万吨，集中在7—8月，如果严格按照熏蒸要求，则缺乏场地、设施，而且进度要减少2/3。第二，如果大蒜熏蒸12小时，则可能导致腐烂，品质不能保证。从表6－23显示，即使出口三类市场，山东一品的技术改造费也达到年均近200万元。

表 6-23　山东一品近年来大蒜等项目的遵从成本

单位：万元

具体时间	技术改造费	检测费	认证/注册费	其他新增费用
2004年及以前			1	
2005年	300	1.5	2	
2006年	20	2	3	
2007年	260	4	3.5	1

资料来源：山东一品农产品集团。

6.4.2　市场不透明导致的遵从成本较高

检疫程序的不透明既增加企业的违约概率，又增加了企业的出口成本，尤其是当出口市场为发展中国家时，检疫程序就会更大程度地影响企业的出口。近年来，由于发达国家市场上SPS措施的不断提高，导致很多出口企业将出口市场转移至发展中国家，在四川省的农产品出口企业，百分之六七十都将主要市场定位在发展中国家，在发达国家提高标准的同时，发展中国家也加强了SPS措施对本国市场的保护，尤其在执行实施中更加不透明。

国豪种业有限公司是一家出口种子的大型企业，其出口额约占我国总出口12%的份额。其主要市场是印尼、越南。对国豪公司发起SPS措施的主要国家是印尼。印尼规定，杂交水稻要出口到印尼的市场上，除了在出口国进行检验检疫外，还要由印尼的检测机构进行专门的检验。然而，就在该企业2007年备好货完成国内的一切检验后，印尼方面却迟迟不派检测人员，导致该公司出口的产品积压了三个月。之后，企业专门前往印尼，与当地进口商及检疫部门进行疏通和协调，花费了大量的人力和财力，印尼方才派来检测人员进行检测。

6.4.3　检验检疫要求导致的遵从成本

浙江华发有限公司主要出口茶叶到非洲、日本等国家。非洲国家的标准相比日本和欧盟，遵从的难度要小的多，但是为了满足进口国的要求，企业也不得不提供相关的检验证书，目前，非洲地区每批货的标准检测费为600元（检测铅、六六六、滴滴涕、氰戊菊酯等4项内容），办理卫生证为800元（检测铅、氯菊酯、滴滴涕、溴氰菊酯、杀螟硫磷、顺式氰戊菊酯、氯氰菊酯乙酰、甲胺磷、六六六、氯氟氰菊酯等10项）。表6-25为华发茶叶有限公司的遵从成本，发现企业近年在技术改造上的支出较多，波动性较大。

表6-24　华发茶叶2002—2007年产品出口遵从成本的构成

单位：万元

具体时间	技术改造费		检测费		认证/注册费		其他新增费用
	设备设施	技术	查验费	报检费	认证费	注册费	查验费
2002	50	10	25	15	2	0.5	
2003	50	10	30	20	2	0.5	
2004	1000	100	40	25	2	0.5	
2005	500	20	35	30	2	0.5	
2006	100	20	35	30	6	0.5	
2007	50	20	39	33	11	0.5	40
2008	200	20	25	22	5	0.5	15

注：有些数据财务没有单独核算，是粗略的估计数据。2008年数据为2008年1—8月。

资料来源：华发公司。

6.5　中国农产品遵从成本攀升的原因探析

为了探析我国农产品出口企业遵从成本攀升的原因，本项目主要采用因素分析法，主要从环境、制度和TTA三个层面展开。

6.5.1　农产品贸易环境的变化导致中国企业遵从成本不断上升

1. 农产品贸易的国际环境发生变化

首先，农产品贸易被纳入WTO管辖范畴。经过8年艰难谈判的乌拉圭回合将农产品纳入谈判范围，这就意味着农产品要像工业品一样削减关税，非关税措施进行关税化改革，同时WTO允许成员为了保护消费者食品安全、动植物健康和环境安全采用技术性的法规和标准，但是这些法规和标准必须以科学为依据。只要存在科学依据，其标准可以高于国际标准，这样，SPS 成为农产品市场唯一合法的非关税措施。SPS 是以技术水平和经济实力为基础的政府干预行为，安全标准水平不但代表了一国的经济和科技实力，更代表了一种贸易竞争力，在某种情况下甚至会形成市场和贸易中的垄断力量。国际农产品市场形成一道潜规则：谁拥有高标准，谁就控制了整个农产品市场，使得其他国家或地区的农产品必须遵照其标准来生产，这就促使发达国家和地区不断提升质量安全标准。SPS 协议也强化了发达国家对世界农产品贸易的控制地位，提升了外来农产品进入本地的门槛，进而削减了发展中国家传统农产品的出口优势。

其次，国际经济交往的频繁增进了病毒国际传播的概率。随着物流和国际贸易的发展，加速了病毒的国际传播，病毒可能与新的环境重新组合，出现更为怪异的病毒，这些都给全球的防控系统提出新的挑战。对于原有病毒，各国可能还有应对之策，有可供使用的药物，而对于新出现的病毒，则无法启动快速预防体系。如 2003 年中国出现的 SARS 病毒就是从动物传播到人体，2009 年出现的甲型 N1HI 病毒，最初是在猪身上发作，后转变为在人体发作，而且传染速度极快。美国出现的一例疯牛病是从加拿大进口的牛身上发现的，而这一病例给美国的牛肉贸易造成的损失是难以估计的。历史上马耳他就因为进口动物导致整个畜牧业体系毁灭的案例。正因为存在着巨大的风险，各国对食品和动植物产品的进口才格外敏感，发达国家在其科技水平和经济实力支持下，不断设置严格的措施和门槛，导致其 SPS 措施的通报数不断上升，而且发达国家经济实力强，对病毒敏感，要求的检测方法先进，SPS 措施执行力度强。

最后，国际范围的食品安全危机事件使得严格的 SPS 措施受到消费者的支持。近十几年来，食品危机事件频繁发生，如英国的"疯牛病"、"口蹄疫"事件，法国的三文鱼被原油污染事件、冻猪舌被李斯特杆菌污染事件，比利时肉鸡被二恶英污染事件、鹅肝酱被李斯特菌污染事件，以及氯霉素、雌激素甲孕酮、除草醚、硝基呋喃等污染事件。2004 年春亚洲部分国家和美国等爆发禽流感。这些事件发生在一国，但是由于食品生产和消费的国际化，迅速传播到世界各国，引起国际社会和政府部门的高度关注。食品安全危机事件也给相关国家的经济、社会和畜牧业发展带来极其重大的损失。巨大的经济损失和强大的社会政治压力，迫使各国政府采取更为严厉的SPS措施，完善安全控制系统，保障动植物安全，重塑消费者对食品安全的信心。随着国民收入水平的提高和对自身健康越来越关注，消费者对食品的质量安全要求越来越高。在很多国家，特别是发达国家，消费者愿意为安全食品支付更高价格。

2. 中国国内农产品的生产环境有待改善

首先，中国农产品生产的经济环境是以小农经济为主导的。我国有两亿多个农户，我国农产品的80%是由5人以下的小型组织生产和提供的，如此微型的经济组织带来下列几个结果。第一，依靠政府部门对两亿市场主体的交易活动进行监管，除成本高昂外，有效性是难以保证的。第二，同样的道理，政府监管不了，指望没有约束力的行业协会更无法“自我管理”众多小农。第三，“公司＋农户”也许对提高农产品安全有效，但也存在致命的缺陷：一是不能覆盖所有的农户，绝大多数农户还是自产自销，所以，保障农产品安全的作用有限；二是“公司＋农户”使农户处于弱势地位，农户只能获得种植养殖环节微利，不能全面分享农业和农村经济增长的好处，久而久之会导致利益共盟解体或者农户的破产；三是“公司＋农户”发展到一定的水平，会导致公司对农产品价格的垄断。第四，众多小农组织的生产者意味着冲击市场，导致价格下跌，国外启动特保措施或者反倾销措施，或者颁布新的SPS措施限制。第五，小农经济的产业意味着缺乏品牌建设的动力，产品是同质的，价格低，利润薄，而且易于被挤出市场。因此，中国农产品的生产需要在组织领域的创新，提高组织化程度和规模化程度，这样才能保持农产品的国际竞争力。

其次，我国农产品的生态环境也急剧恶化。过去几十年，为了解决我国食品的数量安全供给，在农产品的生产中，大量使用农药化肥来提高产量，对我国农产品生产环境的破坏很大。一是农药品种结构不合理。主要表现在“三个70%”。目前我国生产的农药品种有200多种，在各类农药产量中，以杀虫剂为主体，占总产量的70%；在我国杀虫剂中，有机磷酸酯类杀虫剂产量要占70%，而在有机磷杀虫剂中，少数几个高毒品种产量又占70%。由于农兽药生产、销售和使用管理部门分割，监控脱节，造成违禁药品滥用。二是肥料结构不合理。主要反映在：随着化肥用量的大幅度增加，有机肥占肥料施用量的比例却大幅下降，其中氮素比例已由70 年代的 70%左右下降到 30%左右。三是农业的生产环境日益恶化。农村有些地方，往往以牺牲环境为代价来发展乡镇企业和农业经济。乡镇工业的“三废”排放已成为农业的严重污染源，影响到经济作物的安全性和质量。据有关调查，浙江省受到污染的耕地面积为 33.33 万公顷，约占全省耕地的 20%以上①。从农产品质量看，由于农业投入品的使用不合理、农产品的收获不科学、农业生产环境遭污染、农产品标准体系和质量安全监管体系不完善等，导致农产品质量难以保证，社会对农产品消费的安全感不强，农产品有毒有害物质超标、食用后引发人畜中毒的事件时有发生。

另外，目前，农业有害生物的防治，片面地依赖于化学农药，过去传统的农业防治技术难以推广，生物防治技术的研究和应用滞后。面对千家万户，目前基层农技推广队伍，无论在素质和数量上都不适应生产发展的需要。

在以上因素的作用下，国际市场对农产品的 SPS 措施越来越高，对农产品质量安全的要求越来越高。而我国农产品生产的环境因素导致我国农产品质量安全危机事件频繁爆发，三聚氰胺奶粉、瘦肉精猪肉、毒大米、吊白块面粉、泔水油等食品安全危机事件涵盖了食品生产的所有领域，给消费者健康带来巨大损害。我国农产品的质量安全水平低于国际标准，中国农产品出口即使按照二级市场的要求遵从国际标准，也会面临由于一致性原则导致的刚性补差成本。但是目前，我国农产品的主要市场在日本、美国和欧盟等发达国家，即一级市场，这些市场的 SPS 措施又高于国际标准，这就意味着中国农产品除刚性补差成本外，还面临着超额遵从成本。

6.5.2 中国农产品制度内的因素导致出口企业遵从成本的攀升

6.5.2.1 监管制度的乏力导致农产品“劣币驱逐良币”

长期以来，我国对农产品实行多头分段管理。如农产品养殖环节属于农业部的职权范围，出口由国家质检部门管辖，流通和上市属于商务部的

---

① 数据来源于浙江省农业厅报告。

职责，食用卫生又属于卫生部的职权范围，农产品生产的环境属于环保部门的职权，农产品的国内检验在质量技术监督部门（在中央三检合一，而地方则一分为二甚至更多）的职权，国家于2010年又成立了国务院食品安全委员会，目前的7大部委依然不能保证农产品的质量安全。主要问题在于：①各部门只对自己的领域负责，制定相关政策和标准，部门之间缺乏协调，导致相关法规标准的先天不足或者执行上的难度。如质检部门要求企业禁止使用的农兽药，农业部可能正在大力推广使用。国家虽然设立了食品药品管理局，但其无法协调比自己级别高的部门利益。到省一级，相应的厅局都是对自己的直接上级负责，对于横向部门根本不予理会，相互难以协调。目前对农产品的检验检疫管理体制，在地方一级，内检和外检是分开的，因而不能发挥检验检疫、质量监控的整体功能，而且同一种农产品或食品国内国外两个市场的标准又不一致。②多部门管理，降低了管理的效率，淡化了管理的职责。当有利益可图时，各部门争先恐后，当面临责任时，各部门又互相踢球，相互不买账，这一点在地方表现得尤为明显。③发生农产品质量安全危机，对于监管部门没有执行问责制，使监管的责任没有落到实处。④农产品质量安全管理的惩处力度不够，违约的机会成本较低。目前，我国《食品安全法》也对生产、销售不安全食品制定了一定的惩处力度，然而在执行中由于“人情债”往往大事化小，小事化了，除非国务院亲自干预。这些都导致农产品质量安全监管乏力，农产品生产和销售的“劣币驱逐良币”现象。⑤农产品的多部门管理导致监管队伍的庞大，农产品生产和销售中的“雁过拔毛”现象，减少了农产品的利润水平。以上都导致一种现象，即严格按照我国食品安全标准生产的企业，利润微乎其微，而通过非法手段生产的企业则获取利润，逐渐的，市场上将充斥着不安全食品。

国外在这一方面的经验值得我们学习。美国食品安全的管理机构主要有三个：一是卫生与公共服务部下属的食品与药品管理局（FDA），二是农业部（USDA），三是环境保护署（EPA）。韩国、德国、加拿大等国的食品安全管理均属于农业部管辖。集中和相对集中的管理便于分清职责，提高效率。我国目前应加强部门之间的协作和沟通，尤其在制定相关国家标准时，必须由一部门牵头，成立由政府官员、利益主体（加工商、农场主、行业协会）及专家组成的工作组或委员会，拟定农产品的质量及安全要求，确定一系列可行的技术指标。在地方，也应由政府领导直接抓农产品质量安全，各个部委的地方分支统一协调，共同提高我国的农产品质量安全水平。在未来，我国的食品安全管理体制必须进行相关改革，由单一部门或者两个部门共同管理，改变目前诸多部门参与的弊病。

表 6-25　我国农产品的管理部门与管理范围

部门	产地环境	生产资料		动物饲养	产品加工	产品流通	消费	进出口
		杀虫剂化肥种子	饲料					
农业部	√	√	√	√		√		
卫生部							√	
国家质量检验、监督、检疫总局		√	√		√		√	√
食品药品管理局		√	√	√	√	√	√	√
商务部		√	√					
工商管理局		√	√			√		
国家环保局	√			√	√	√		
国务院食品安全委员会（2010.2 成立）	√	√	√	√	√	√	√	√

资料来源：中华人民共和国国务院．国务院关于进一步加强食品安全工作的决定．2004 年 9 月 1 日；中华人民共和国食品安全法．2009 年 2 月 28 日．

6.5.2.2　我国的农产品标准与国外存在较大差异

我国出口农产品因农药残留问题在进口国一再被通报或扣留等，主要存在的问题有 3 个，一是标准缺失，二是内外双重标准，三是标准执行极不到位。

1. 农产品标准缺失严重

2010 年，农业部农药检定所宋稳成博士的调查发现，中国食品农残标准仅为 807 项，国际食品法典委员会有 3 338 项，欧盟有 14.5 万项，美国有 1 万项，日本有 5 万项[①]。在未来 3 年里我国计划将农残标准从目前

① 贺军．食品安全问题推进政府改革［J］．社会科学报，2011-05-12.

的807项提高到7 000项，探索建立由国家标准、临时标准、豁免物质名单和一律限量标准等组成的农药残留限量框架，基本形成具有中国特色的农残标准体系①。

本书以蔬菜为例进行进一步阐述。我国蔬菜标准缺失主要表现在以下问题：

(1) 我国蔬菜农药残留标准涉及限量指标少。这里以2005年数据作为比较。我国蔬菜有关的强制性国家农药残留标准34项，涉及农药残留指标58项，农药52种。其中，GB18406－1－2001涉及农药残留指标46项，农药41种，该标准有28项农药残留指标，涉及26种农药。自2001年以来，农业部又陆续颁布无公害食品行业标准33项，但涉及的农药残留指标没有超出国家无公害蔬菜标准的范围。相比而言，国际食品法典委员会（CAC）蔬菜农药残留标准有827项指标，涉及146种农药；欧盟的蔬菜农药残留标准有583项指标，涉及76种农药；美国蔬菜的残留标准802项，涉及165种农药。我国蔬菜农药残留指标和指标涉及的农药都比较少，残留指标分别是CAC的7.0%，欧盟的9.9%；涉及的农药种类分别是CAC的35.6%，是欧盟的68.4%，是美国的31.5%。可见，我国蔬菜农药残留标准与国际组织和发达国家相比不仅农药种类少，农药残留指标更少。其次表现为具体蔬菜品种涉及的农药残留指标较少，比如，我国番茄农药残留标准只涉及农药44种，44项指标，而CAC番茄农药残留指标为60项，日本的番茄农药残留指标为53项（肯定列表之前），欧盟的番茄农药残留指标为68项，美国的番茄农药残留指标为48项，可见，国外番茄农药残留指标都比我国的多。我国蔬菜农药残留标准涉及指标较少，这是导致我国蔬菜质量安全标准体系水平低和易遭受国外SPS措施的主要原因。

(2) 我国蔬菜农药残留指标太笼统，百菜一标的现象严重。据统计，我国对六六六，滴滴涕等33种农药在所有蔬菜种类都制定了相同的限量指标，占我国蔬菜农药残留标准涉及农药的53.5%。只有联苯菊酯一种农药针对番茄、顺式氯氰菊酯一种农药针对黄瓜制定了限量指标，其他

① 危朝安．第一届国家农药残留标准委员会成立大会，2010年4月．

17 种农药分别对叶菜、果类、根茎类、鳞茎类、白菜类、甘蓝类等蔬菜制定了相同的限量指标。由于我国蔬菜种类多、地域分布广、环境差别大，施用方法多种多样，因此，我国的蔬菜农药残留标准是不科学的，更不符合当前国际蔬菜市场对质量安全标准的需求。CAC 把蔬菜分成 73 类别，分别制定限量指标，甚至对一种蔬菜的不同食用部分也制定了不同的限量指标，如分别对莴苣头、莴苣叶、莴苣根和莴苣分别制定了限量指标[①]。

(3) 我国缺少植物生长调节剂和除草剂残留指标。据统计，CAC 除草剂残留指标为 4 顶，欧盟为 9 项，美国为 30 项，日本为 18 项；CAC 和欧盟植物生长调节剂残留指标都为 4 项，美国为 11 项，日本为 6 项。在我国蔬菜农药残留标准中，只有 2，4－D 一种除草剂的残留指标，没有植物生长调节剂的残留标准。

(4) 我国农药残留标准与发达国家差别大。我国番茄农药残留标准涉及的农药中，与欧盟都有限量要求的农药 19 种，占我国番茄农药残留指标的 43.1%，只占欧盟的 27.9%；我国与美国有限量要求的农药为 15 种，占我国番茄农药残留指标的 34.1%，只占美国的 31.2%；我国与日本有限量要求的农药为 12 种，占我国番茄农药残留指标的 27.3%，只占日本的 22.6%。

(5) 我国蔬菜标准缺少贸易的因素。发达国家在制定农药残留标准时，从贸易角度考虑的因素比较多，比如，在欧盟、日本番茄农药残留标准中凡是与 CAC 相同的农药品种，多数农药的限量要求比 CAC 的还严格，极少数与 CAC 一致，凡与美国相同的农药品种，限量要求也比美国的严。这是因为欧盟、日本是蔬菜进口国，试图保护本国蔬菜产业。而在美国番茄农药残留限量指标中凡与 CAC 相同的农药品种，其限量指标一部分比 CAC 要求的宽，一部分与 CAC 的一致。因为美国是蔬菜出口强国，指标宽是为了促进其蔬菜出口。我国在蔬菜农药残留指标制定时，单纯从生产和安全的角度考虑的比较多，几乎没有考虑贸易方面的因素，比如，在我国蔬菜农药残留标准中，有马拉硫磷、氧化乐果、对硫磷、甲胺

① 路凯等．我国蔬菜农药残留标准对出口的影响［J］．现代预防医学，2005（4）．

磷、甲拌磷、久效磷、涕灭威八种农药对所有种类蔬菜要求不得检出，这比欧盟、日本等发达国家要求的还严，这对我国蔬菜出口显然是不利的。再如，番茄农药残留指标与 CAC 相比，有 21 种农药我国和 CAC 都有限量要求，其中，指标相同的 12 项，比 CAC 要求严的 7 项；我国是蔬菜出口国，限量指标与 CAC 一致是对的，但是，7 项指标比 CAC 的要求还严格，这显然增加了我国蔬菜出口的成本，相对削弱了我国蔬菜的国际竞争力。

2. 农产品双重标准

目前，我国对出口农产品和国内销售农产品采取了两套标准。对国内销售和进口农产品一般采用国家标准，而对出口农产品采用更高的标准，尤其是针对发达国家的出口。如我国制定了出口农产品的追溯规则，出口农产品的认证体系，所有出口农产品的生产企业必须通过 HACCP 认证，而对国内企业则没有这样的要求。造成的问题是，农产品生产企业只能是供应链的一段，它无法控制上游企业，如果上游企业按照国家标准生产，而出口企业采购这样的原料，生产的产品可能不符合国外的 SPS 措施，而且，如果农产品的生产环境被污染，生产的产品可能也不符合国外 SPS 措施，而这些是出口企业不能控制的因素，导致企业的遵从成本上升。

3. 标准执行不到位

我国农产品标准的贯彻并不到位，有标不依，有法不依的现象普遍存在。标准执行不到位有以下原因：①在我国制定了农产品标准，大多为框架性的，缺乏细化要求和执行程序。比如，我国农产品药物残留指标多数缺乏相应的检测方法或抽样方法，导致标准根本无法执行，制定标准部门和执行部门分属不同部委，都在完成自己分内的事情。制标部门要按照国家要求制定相应的标准，满足标准数量的要求，却未能与执行部门协调。导致标准发布后，执行部门发现根本没有检测方法或者实施方法，在实践中不具有执行度。②我国的农产品标准往往制定后在很短的时间内就要求强制执行，事实上，企业、检验部门都未能做好前期准备，比如检验部门要更换检验检测设备，培训人员，企业要改变生产方法等都需要一定的适应和过渡期。国家标准往往不给他们留这个过渡期，导致多数企业不能按时执行，标准的执行力度下降。③违反标准的惩处力度不够。执行与不执行的差异不大，导致多数企业铤而走险。④标准的宣传力度不够。很多法规、标准都是在出现问题后，才去追究。因此，法规和标准如何进村入户，家喻户晓，使饲养者、加工者严格按照法规和质量标准组织生产，仍是执行这一系统最大的薄弱环节[①]。

我国农产品生产制度因素对企业遵从成本的影响表现在：①我国与国外在农产品生产标准的差异，导致在低标准生产制度下的我国出口企业为完成国外 SPS 措施的要求，必须进行规模较大的技术改造投资，对产品进行相关检验检测，在国外进行注册和对生产的产品和生产过程进行认证，这些都增加了企业的遵从成本，导致我国农产品生产企业遵从成本攀升。②由于国家对农产品质量安全监控的乏力，导致农产品生产过程危机四伏，出口企业的交易成本远远高于国外同类企业，这也是企业额外的遵从成本。如即使出口企业无错，也可能由于其他上游企业或者环境因素导致企业的产品不能满足国外 SPS 要求，企业必须承担其他人的错误而导致的遵从成本。③由于我国农产品的整体声誉问题，当一家企业出现问题时，所有出口企业面临更为严格的检验检测，为此，企业不得不对产品进行层层检验，检验成本大幅攀升。

6.5.3 我国农产品 TTA 竞争力弱导致遵从成本的上升

TTA 即 Traceability，Transparence，and Assurance system，即追溯、信息透明和质量安全保证系统。是指通过信息的正确识别、传递和管理使得消费者和食品生产的后手能够获知食品生产的信息并能够追溯食品生产过程中上一阶段的能力，也能使有关部门在危机事件发生时迅速找到源头，从而豁免其他无辜企业，减少损失。TTA 于 1997 年首先诞生在欧盟的牛肉产业。2002 年以来，欧盟和日本先后将追溯体系纳入食品安全政策范畴；2003 年英国建立基于互联网的家畜跟踪系统；美国食品药物管理局（FDA）于 2004 年颁布《食品安全追踪条例》；我国也早在 2003、2004 年颁布了出口水产品和肉类产品的追溯规程。目前追溯体系已逐渐从最初单一的牛肉产品向其他禽畜产品、蔬菜和粮食等食品过渡。追溯手

① 董银果，徐恩波．中德猪肉安全控制系统比较研究［J］．农业经济问题，2005（2）．

段呈现多样化，追溯技术也日益先进，这些都在影响和改变着农产品和食品国际贸易格局。

TTA 竞争力在一定程度上反映了一个国家在改善质量安全方面所做的努力和投入，本书用它来阐述一国在 SPS 方面的竞争力。TTA 由三大块组成，即追溯体系、透明体系和质量安全保障体系。以下以猪肉为例阐述，在追溯体系中，完全追溯制度是指从市场猪肉产品能寻找到最初的基因线和饲料成分，从而为猪肉安全提供切实的制度保障，目前还没有国家能做到完全追溯。生产者追溯是指从产品能够追寻到生产企业或农场，而不能到饲料和基因链；加工者追溯是指从产品提供的信息可以追溯到加工企业，但不能到生产农场，更不能到基因链；分销者追溯是指凭产品包装上的信息仅能追溯到批发或零售商，而不能到加工者；国家追溯是指仅能追溯到国家层面，而不能到具体的出口商或销售商。

透明是指信息的畅通无阻，如生产者透明指消费者能够了解生产者生产或饲养生猪过程的信息，包括饲养地点、饮食状况、成长时间等信息；加工者透明是指消费者能够知晓加工者在操作过程中使用原料、佐料、温度等除商业秘密之外的信息，但无从知道生猪饲养的信息；分销商透明是指消费者获得了分销过程的存储温度、时间等信息，但无法获得加工厂的信息；国家透明是指消费者仅能获得是由哪个国家生产和制作的。

表 6-26　追溯体系的种类及定义

分　类	定　义
完全追溯体系	从零售阶段可追溯到包括农场阶段动物或牲畜的遗传基因、饲养品及生产系统等
农场追溯体系	对单一产品所属农场的可识别，但不能追溯原始生产成分
加工商追溯体系	对单一产品加工商的可识别，但不能追溯到生产商
零售商追溯体系	对单一产品零售商的可识别，但不能追溯到加工商
国家源追溯体系	对单一产品来源国的可识别，但不能追溯到零售商或加工商

资料来源：Liddell、Bailey（2001）及作者理解。

质量安全保证系统包括两个方面，即质量保证和安全保证。其差别在于前者在于改善产品质量，包括口味、合格率等，而后者在于保障产品的安全性能，如病原菌为负、农兽药残留在标准之下等，以保障消费者不会产生食品中毒。一般而言，ISO9000 系统是一个质量保障体系，而 HACCP 则侧重于预防，重点在于病原菌，因此，ISO9000 可以看做质量保障体系，而 HACCP 则作为安全保障体系。农场保障是指农场通过了质量保障体系或者安全保障体系；加工者保障是指加工厂通过了质量或者安全体系的认证；同理，分销商保障和零售商保障也意味着分销商和零售商通过了质量保证体系或者安全保障体系。

本书借用学者 Liddel 和 Baily 构建的 TTA 模型。他们的模型采用赋分制。如果一国达到某一条即获得一分，按照得分高低排序即得到一国在 TTA 方面的竞争力。这一系统的满分为 17 分。

本书以猪肉产品为特例，便于国际比较，从而发现中国 TTA 的水平所在。通过研究发现，欧洲国家在 TTA 方面比较领先，这可能源于几次大的食品安全危机事件爆发在欧洲，使得政府、企业和消费者都具有推动这一系统运作的内在的动力。目前丹麦在猪肉的 TTA 方面处于领先地位，在追溯系统中，除了不能进行完全追溯外，其他四个层面均已普及，透明体系得分 4 分，即满分，质量和安全保障体系得分 8 分也是满分，总分为 16 分。离满分仅有一步之遥。英国在追溯体系得分 4 分，也是欠缺完全追溯；在透明体系中得分 3 分，缺少国家层面的透明系统，也就是说全国的信息网络还没有建立起来，透明还是生产者为提高竞争力所作的努力，不是国家的强制要求；在质量安全保障系统的得分为 8 分，总分为 15 分，名列第二。澳大利亚—新西兰在追溯体系中得分 4 分，和英国与丹麦相同，在透明体系中得分 3 分，即在全国范围尚未强制要求信息透明，国际透明未能满足；在保障体系中，农场的质量安全保障未能满足，得分 6 分，总分 13 分，排列第三。加拿大在追溯体系得分 2 分，达到了分销商追溯和国家源追溯；在透明体系中国家建立的数据库提供猪肉的相关信息，但生产和加工者的透明即私人部门的透明尚有欠缺；在保障体系得分 6 分，即对于农场没有保障体系的强制要求。美国在追溯体系中，做到了国家源追溯和分销商追溯，得分 2 分；在透明体系中做到了生产者透明和分销商透明；在质量安全保障体系中，更强调安全保障，除了农场未强制通过安全保障体系外，其他三个层面均已达到，但在质量保障方面尚无强制要求。中国在追溯体系的得分为 2 分，即一旦发生猪肉安全危机，可以追溯到国家层面和零售商，但不能到更远层次；在透明系统中，仅能做到分销商的信息透明；在质量安全保障体系中，仅能通过分销商保障，得分2分，总积分为5分（参见表6-27）。

表6-27 世界主要猪肉出口国实行TTA状况比较

项目	英国	丹麦	加拿大	美国	巴西	澳一新	中国
追溯性							
完全追溯							
生产者追溯	X	X				X	
加工者追溯	X	X				X	
分销者追溯	X	X	X	X	X	X	X
国家源追溯	X	X	X	X	X	X	X
透明性							
生产者透明	X	X					
加工者透明	X	X		X		X	
分销商透明	X	X	X	X		X	X
国家透明		X	X		X	X	
食品安全保证							
农场保证	X	X					
加工商保证	X	X	X	X		X	
分销商保证	X	X	X	X	X	X	X
零售商保证	X	X	X	X	X	X	
质量保证体系							
农场保证	X	X					
加工者保证	X	X	X			X	
分销商保证	X	X	X		X	X	X
零售商保证	X	X	X		X	X	

注：表中巴西和中国的数据是根据作者自己的理解编制的.

资料来源：Sterling Liddell and Dee Von Bailey，Market Opportunities and Threats to U. S Pork Industry Posed by Traceability Systems. Department of Economics，Utah State University.

可见，在TTA方面，欧盟和澳新比较领先，尤其是丹麦是世界猪肉质量安全保证最为完善的国家，还设有专门的沙门氏菌控制计划。美国和加拿大虽然在 TTA 上并不领先，但却有严格的 HACCP 控制体系。从 TTA 和 HACCP 上看，发展中国家和发达国家还有相当的距离，中国的 TTA 积分只有 5 分，在 TTA 上任重而道远。因此，HACCP 质量安全控制系统以及严格的 TTA 保障体系，正是欧盟、美国、加拿大等出口大国长期以来控制猪肉国际贸易市场的核心竞争力，也是他们的优势所在。

在 TTA 方面的落后意味着当我国的农产品出口企业为满足国外 SPS 要求时，比国外的同类企业相比，必须付出额外的遵从成本。目前我国的农产品出口市场对 TTA 都有一定要求，出口企业必须对生产供应链进行改革，构建信息系统，对产品进行认证，这些无疑都提高了企业的遵从成本。因此，我国在 TTA 竞争力方面的弱势也是我国出口企业遵从成本攀升的原因之一。

第七章

中国农产品应对 SPS 措施的策略

针对国外不断提升的农产品质量安全标准，中国农产品何去何从，这是本章要解决的问题。Hirschman（1969）认为对新出现的非关税措施有三种策略，即退出市场、发言权和忠诚度。退出策略是指转移市场。发言权是指到 WTO 或相关部门申诉。忠诚度则指追踪（遵从）新的产品或过程标准。本章顺着这一思路，将中国农产品应对 SPS 措施的策略设计为“退出”、“申诉”和“遵从”，并探讨三种策略的应用条件、实施中的关键问题以及政府、中介组织和企业的具体措施。

7.1 中国农产品 SPS 策略选择的影响因素

对于中国农产品而言，选择何种策略是受一系列因素影响的。这些因素主要包括：SPS 措施的歧视性、申诉渠道的畅通和公平、遵从资源和遵从能力、遵从成本和遵从收益等。

7.1.1 SPS 措施是否构成贸易壁垒

无歧视性是 WTO 的首要原则，如果成员国的 SPS 措施违背了无歧视原则，则构成贸易壁垒。SPS 协议要求成员国在设立 SPS 措施时，对外国企业和本国企业同等待遇，对 WTO 的其他成员国也实施平等对待。然而，这种美好的愿望在实践中却常常被有意无意地篡改，其原因主要基于以下几点：①各国都出于保护本国民族产业的目的。农产品市场一直是发达国家和发展中国家都想争夺的“宝地”。然而，乌拉圭回合后，农产品被纳入WTO规制的范畴，传统贸易壁垒的使用受到限制，SPS措施成为各国政府保护本国企业、产业的最重要手段，这是WTO允许成员合法使用的措施。于是，政府往往从民族主义出发，设计SPS政策时，往往对本国企业存在着一定程度的优惠和倾斜，如对本国大量生产并出口的产品设立较为宽松的标准，而对本国大量进口的产品设立较为严格的标准，有时对同一种产品设立内外有别的标准。②对于贸易伙伴的SPS措施做到无歧视在现实中也有难度，这是因为各国往往根据自己的贸易需要、贸易关系等采取略有差异化的策略，有时往往针对某个贸易伙伴生产的产品频频设置新的、高的SPS措施，而对于特别重要的贸易伙伴的产品，往往是不针对其设立SPS措施，且在SPS措施实施中也不重点检查。③发展中国家更易于遭受歧视性待遇。这是因为，如果发展中国家遭遇歧视待遇，他们要去挑战别国的措施，必须提供相关证明材料，加之其过程漫长，要求的技术水平高，费用较高，这就阻止了发展中国家挑战的动力。

歧视性在现实中主要采用擦边球的形式：①对国内外的相近产品采取不同的标准。目前各国对相同产品采用不同标准是显而易见的歧视性，目前这种歧视性较为少见，毕竟这是WTO不允许采用的行为。在贸易现实中，各国往往对相近产品采用不同标准，如欧盟虾仁的氯霉素标准为0.3ppb，也就是说10亿分之0.3的残留，但对成员国荷兰出口的牛肉却采用10ppb的标准；又如日方对99%从中国进口的冷冻菠菜的“毒死蜱”残留限量标准，为0.01ppm（这一标准比最具世界公认权威性的国际食品法典委员会的标准还要严格5倍。欧盟菠菜“毒死蜱”的限量为0.05ppm，美国蔬菜中“毒死蜱”最严限量也是0.05ppm[①]），相比而言，日本对本国大量生产的萝卜的毒死蜱标准则为3ppm，油菜的毒死蜱标准为2ppm、白菜和洋白菜的标准为1ppm，番茄是0.5ppm，分别是菠菜标准的300倍、200倍、100倍和50倍。②国内外虽采用同一标准，但在本国内却很少检测，日本官方实施肯定列表制度则是对国内产品松、对进口产品严。举例来说，日方对进口食品抽查比例平均为10%，有些甚至为

① 中国网．中国菠菜出口日本风波追踪——“标准”还是“壁垒”[EB/OL]，(2004-08-25)[2006-12-03]．

50%（监控检查）、100%（命令检查），而在东京对国内食品的抽查比例还不足 1%。对不同时间进口的相同商品，则规定每次必须检验，而对日本国内同类产品只需一次性检验即可①。而且在同样检查出问题的时候，国内外产品的待遇也完全不同，对于进口产品，大肆渲染，以影响消费者的购买意向和选择，而对于国内产品，则是大事化小，小事化了。③对不同进口商采取不同的待遇，即在国家之间构成某种程度的歧视。日本的肯定列表制度在某种程度上是对中国农产品的一种歧视。据国家质检总局研究发现，在肯定列表制度下，中国农产品的违约概率大大提高（表 7－1）。又如对所有进口商虽采用同一标准，但抽检比例不同，日本对中国出口的农产品抽检比例远远高于从欧美国家的产品。

表 7－1　肯定列表制度对中国农产品贸易的影响

出口地	根据以前标准的违规件数	根据肯定列表违规件数	出口地	根据以前标准的违规件数	根据肯定列表违规件数
中国	7	40	中国台湾	2	22
泰国	3	26	美国	5	7
韩国	0	6	荷兰	0	5
加纳	0	3	哥伦比亚	0	3
印度尼西亚	1	2	墨西哥	0	2
意大利	0	1	埃及	0	1
危地马拉	0	1	智利	0	1
土耳其	0	1	菲律宾	2	1
法国	0	1	南非	0	1
意大利	1	0	新西兰	1	0

资料来源：国家质检总局网站．

歧视只是构成 SPS 壁垒的一个要件，评判 SPS 措施是否构成壁垒的另一个主要条件是科学依据，这里的科学依据一是国际标准，二是科学的风险评估，三是科学理论的支持。科学依据的表现主要是国外的有些 SPS 标准并没有经过科学的风险评估，其措施的科学性值得怀疑，如美国的氟

① 杨文静．农产品出口突破技术贸易壁垒的思考［J］．科技创业月刊，2006（12）．

喹诺酮标准，人只有每天食用 260 磅鱼片才会有危害，因此这些苛刻的标准分明就是一种 SPS 壁垒。欧盟的针对氯霉素的 0.03ppb 的标准，据专家分析，常人只有食用 400 吨虾仁才会有危害，也就是说每年（若以 70 岁为平均寿命）食用 5 714 千克，即每天食用 15.6 千克虾仁的人才会导致风险，另外日本的肯定列表制度中的“一律标准”也都没有经过科学的风险评估。

7.1.2 成员“申诉”的渠道是否畅通和公平

前文已述，当一国的 SPS 措施违背了 SPS 协议的基本原则，对其他成员的农产品贸易带来一定困难和影响时或对双边或多变贸易带来摩擦时，受影响的成员可以向相关部门提起申诉，以期解决贸易争端。

根据 WTO 相关规定，成员的 SPS 争议可以通过以下五种途径解决：

1. 双边磋商

双边磋商是指成员就 SPS 措施实施中共同关注的焦点问题展开探讨，协商解决出现的分歧和矛盾。当争议双方发生矛盾时，可以通过磋商解决，很多摩擦在未上诉到 WTO 之前就已经通过磋商成功解决。上诉到 WTO 的案例，根据《谅解》的规定，争端当事人进行双边磋商是世界贸易组织争端解决的第一步，也是必经的一步。一成员向另一成员提出磋商请求后，被要求方应该在接到请求的 10 天内做出答复，如同意，则磋商在 30 天内开始。在紧急情况下，如货物容易变质，则磋商应该发出邀请的 10 天内开始。

两国间的贸易依存度越大，贸易关系越密切，国家间的利益就越容易发生冲突，产生贸易争端的可能性就越大。如中美间、中日间的贸易争端。但“你中有我，我中有你”的局面，又使得实施贸易报复、关闭彼此间的市场导致两败俱伤，故一般争端的解决是相互妥协，最终各自让步。从对大国间贸易争端的解决上看，当事国一般都是先从维护两国经贸合作大局出发，协商解决有关问题，以磋商为主，在磋商不成的情况下再诉诸其他手段，如实施报复性的惩罚措施，或提交世贸组织的争端仲裁机制来解决。

磋商方式的优点是，程序简单，费用低廉，但不具有法律约束力。磋商结果往往取决于彼此对对方的重视程度，要求弱势的一方一定程度的妥协。

2. SPS委员会主席调停

SPS委员会是根据《SPS协定》第12条而设立的负责协调管理《SPS协定》实施工作的机构。该委员会为各成员提供经常性磋商的场所，并履行第12条所赋予的职权，特别是协调和监督实施食品法典委员会（CAC）、国际兽医局（OIE）及国际植物保护公约（IPPC）制定的有关国际标准、指南和建议的情况。该委员会的日常工作由WTO总部农业和商品处的5位专职人员负责。

SPS委员会主席调停是指主席本人以独立身份对当事人之间的矛盾的一种调节，一般而言是由SPS委员会主席根据双边的争端议题以及SPS协定的相关规定提出一个折中方案，如果双方表示同意，则调停即告达成。这种矛盾解决方式也不具有法律约束力。其优点是简单、费用低廉。

3. SPS委员会的具体贸易关注（STC）

SPS的具体贸易关注是指那些对成员贸易有重要影响的SPS措施由某成员提议后被SPS委员会列入例会（每年举行3次）讨论议程，成员的压力迫使设立国重新审核其措施，但不具有法律约束力。成员要向委员会提供书面材料，在委员会每年召开会议时提前进入会议的日程，形成委员会的特别贸易关注，通过在委员会会议上讨论，对该国形成压力。

1995—2010年，成员共提出贸易关注312项。其中食品安全89项（占28.5%），动物卫生124项（占39.7%），植物卫生79项（25.3%），其他20项（占6.4%）。发达成员提出约60%，发展中成员提出约40%；针对发达成员的59%，针对发展中成员的41%。在全部关注中，有62项针对欧盟、35项针对美国、24项针对日本，17项针对中国（7项来自美国，6项来自欧盟，墨西哥2项，巴西和阿根廷各1项）。特别贸易关注的优点是成本相对较低，程序也较为简单，但是往往没有约束力，从中国提出的25例特别关注也可以发现。目前只有3例解决，其余均未有结果。

4. OIE和IPPC争端解决机制

OIE（国际兽医局）和IPPC（国际植物保护公约）是SPS协定规定的关于动物健康和植物健康的国际标准制定机构，OIE和IPPC争端解决机制仅在技术上进行评估，没有律师参与，因此成本较低，但实施困难，对当事人缺乏约束力。

5. WTO 争端解决机制

WTO 争端解决机制具有约束力，是成员解决贸易争端的主要诉讼平台。其运作程序为，若成员双边磋商 60 天内无果，可要求成立专家组。专家组在 6 个月内搜集证据，14 个月内签发专家组意见，如果成员均反对专家组意见，可请求上诉机构提出终裁意见。WTO 采取“反向一致”原则，即专家组报告自动生效，除非所有当事人都反对。WTO 争端解决机制要求成员在“合理的时间期限”修改其措施，并审查其执行情况，并且授权“报复”或“赔偿”。

WTO 争端解决机制的优点是具有法律约束力，但程序相对复杂，而且持续时间较长，费用也比较昂贵。SPS 措施的五种申诉渠道比较见表 7 -2。

表 7－2　SPS 措施申诉的渠道及其特点比较

策　略	含　义	优　点	缺　点
双边/多边磋商	成员国就 SPS 争议本着友好协商的目的展开	简单、费用低廉	不具有法律约束力，取决于双方的市场力量。时间可能很长
SPS 委员会主席调停	SPS 委员会主席以独立第三方的身份	程序简单，费用低廉	不具有法律约束力
SPS 特别贸易关注	通过 SPS 委员会每年 3 次会议给成员国施加压力	简单	不具备法律约束力
OIE/IPPC 争端解决机制	OIE 和 IPPC 从技术领域进行评估后得出科学结论	依据科学事实	实施困难
WTO 争端解决机制	专家组和上诉机构的仲裁判决	具有约束力	费用高，程序复杂

资料来源：根据作者的理解。

总体而言，SPS 措施的申诉机制还比较畅通，但是也面临着一些问题：一是申诉机制的评判依据是 SPS 协议，但 SPS 协议本身还存在缺陷和一些模糊规定，就使得最终结果也难以真正公平。二是目前 SPS 协议对于挑战方还是应诉方来提供科学依据规定还不明确，很多时候趋于挑战方，这就意味着发展中国家既没有挑战发达国家标准的技术能力，也没有搜集相关证据的专门人才，这就使得很多发达国家贸易措施更有壁垒化的倾向。三是发展中国家还没有能力制约发达国家SPS措施的壁垒化趋势。发展中国家的影响力和技术水平都限制了他们挑战发达国家的SPS壁垒。目前国际贸易中最为常见的是一个发达国家挑战另一个发达国家的SPS壁垒或者发达国家挑战发展中国家的某些不透明条款。而发展中国家独立挑战发达国家SPS措施且成功的案例还未能看到。四是WTO争端解决机制虽然规定了解决争端的时间，但是在实际运作中通常需要较长时间，如美国、加拿大、阿根廷等诉欧盟转基因案就经过了5年时间才尘埃落定。

7.1.3　农产品的遵从资源和遵从能力

遵从资源包括动植物无病区的认可、农产品的检测设备、检测人员、信息网络等物质、人力和数据资源；遵从能力则是一国是否具有满足国外法规标准条件，比如科研人员能否采用某种病毒残留分析方法，分析的结果能够获得国外的认证，也包括提供国外认可的认证。遵从资源和能力更多的是宏观层面的，即政府的资源和能力。如一国配备了先进的检测仪器和设备，具有高水平的检测人员，国内的检测结果能够获得进口国的认可，国内的供应链系统与国外比较相似，则国内企业遵从的难度要小得多。相反，如果国外要求的标准，国内无法检测，国内的检测结果国外不予认可，国内的供应链系统与国内完全不同，则遵从就非常困难。若一国尚未获得OIE认证，而进口国却把此作为前提条件，这对于出口国来说就是禁止贸易的迹象，即不具备遵从的资源和能力。

近年来，发达国家设置的SPS措施更加严格，壁垒化趋势明显，主要表现在：①不断颁布新的技术法规，更新越来越频繁，并向着制度化、体系化、系统化、全面化方向发展，国际食品进出口贸易形势日渐严峻，使一些发展中国家无所适从，这就导致遵从资源短缺，遵从能力欠缺；②不断增加农产品的检测项目，提高检测标准，很多标准是以仪器的检测底线为标准，大大高于国际标准，完全不是建立在风险分析基础上，如欧盟的有关茶叶标准和日本的一律标准，使发展中国家无法提供；③实施严格的质量认证制度（如UL、CE、HACCP、ISO9000、ISO14000等认证），规定没有经过指定机构认可的产品，不准进入市场销售，若发展中国家的认证不予认可即不具备遵从资源和能力，则企业必须获得国外认证，导致遵从成本很大；④所留的过渡期相对较短，使得国家在宏观上无法适应，导致遵从能力欠缺；⑤有些标准以本国语言通知，使有些发展中国家因为语言困难而无法及时获知，这也对遵从资源和能力造成影响，以至于遵从成本较高。

7.1.4 企业的遵从成本和收益

成本收益法是经济学的基本分析方法，其理论基础是任何政策在带来收益的同时必然产生一定成本。对于作为理性经济人的企业来说，要不要遵从该政策，取决于成本收益均衡。当边际成本小于等于边际收益时，可选择遵从，边际成本大于边际收益时应放弃，企业通过成本收益的核算确定目标市场。

企业的遵从收益是指产品的溢价。或者说，市场上由于新政策的实施，可能导致部分供应者退出，而留在市场的供应者则因为需求未变的情况下，供给的减少而导致价格上升。企业遵从的成本主要受下列因素影响：①企业的规模。一般而言，大企业往往具有遵从国外高标准的规模经济效应，而小企业则没有这一优势，国外的众多研究已经证实这一点。如美国引进HACCP的成本研究表明，就单个企业而言，成本增加是显著的，但相对而言，整个行业的遵从成本则不算大。实施HACCP所需人力资本呈现出规模经济，因此，HACCP的强制推行有益于联盟大公司。大量投资和实施HACCP所需技术也是规模经济的，对联盟大公司也是有利的。而增加控制技术和加强HACCP的培训则令单个小公司望而却步。因此，HACCP的强制推行可能对小公司造成负担，HACCP的应用有可能激励整个产业在生产过程中纵向合作以控制食品安全[①]。②企业的技术能力。如果企业具有较强技术能力和水平，已经达到国外的技术要求，则其

① United States General Accounting Office. Trade Barriers and Other Factors Limit Federal Programs' Potential to Increase Exports. United States General Accounting Office.

遵从成本就低，若企业与国外要求的技术水平的差异越大，其遵从的成本越高；③市场份额。若企业在国外市场具有较大的市场份额，则遵从成本相对较低，这是因为企业获得类似于大国的贸易条件改善收益。④国外标准的变动频率。如果国外标准变动幅度大，频率高，则企业的遵从成本较高。⑤一个国家的宏观遵从资源和能力也决定企业的遵从成本大小。国家遵从能力强，则企业的遵从成本低，如国家具有国外承认的检测认证体系且在企业本地，则企业的成本较低，否则企业必须获得国外认证或者去异地检测。同时，国家宏观遵从资源的密集程度也影响遵从成本，如果国家的遵从资源相对稀缺，则企业必须排队等待，成本也较高。⑥企业所在行业的发达程度也决定企业的遵从成本，这主要是遵从有一个外部规模经济的效应。⑦企业所在行业和国家的整体 SPS 水平也影响企业的机会成本。前文所述，SPS 具有传递效应，若一国或行业中的其他企业有违约行为，往往是该国和该行业的其他无辜企业受累，导致遵从成本上升。如国外若在中国某一产品中检验出病原菌或农药残留，往往会加强检验力度，或者要求所有该产品实施强制检验。例如毒水饺事件使中国所有对日出口企业受到影响。

综上所述，SPS 的应对受许多因素的影响，如果进口国的 SPS 是歧视性的贸易壁垒，则可以按 WTO 争端解决机制申诉，若申诉的渠道不通畅和不具有公平性，则只能选择退出该市场，实施市场转移措施。如果进口国的 SPS 不是贸易壁垒，不具有歧视性，则有三种结果：第一种，出口国不具备遵从的资源和能力，则大部分企业只能选择退出市场；第二种，出口国具备遵从的资源和能力，对于一个企业来说，遵从的收益大于等于遵从的成本，则选择遵从；第三种，国家具有遵从的资源和能力，但对于某些企业来说，遵从的收益小于遵从的成本，则只能选择退出，实施市场转移策略（表 7-3）。对于政府而言，主要有两种策略，即当 SPS 具有歧视性时，到 WTO 争端解决机制申诉，如果国外的 SPS 属于正当的贸易措施，则只能设法降低遵从的成本，实施遵从策略。对于中介组织而言，主要在实施申诉和遵从时发挥其功能和作用；对于单个企业而言，有三种选择，即退出、申诉和遵从，但主要是遵从。以下几节分别阐述三种应对方略以及政府、中介组织和企业的具体对策。

表 7-3　影响农产品 SPS 策略选择的因素

影响因素	判断标准	退出	申诉	遵从
SPS 壁垒	是	△	△	
	否			△
申述渠道和公平性	是		△	
	否	△		△
遵从资源和能力	是			△
	否	△		
遵从收益与遵从成本	大于			△
	小于	△		

7.2　中国农产品应对 SPS 措施的“退出”策略

退出策略是指由于进口国 SPS 措施的严格化，导致某出口国不得不退出原有出口市场，将出口产品转移到别的国家或地区市场或者干脆退回到国内市场。

7.2.1　“退出”策略的应用条件

在以下条件下，中国农产品可以选择退出策略：①如果进口国的 SPS 构成贸易壁垒，则可以去 WTO 争端解决机制申诉，但若申诉的渠道不畅通和不具有公平性，或者由于申诉的周期较长，或者缺乏申诉的条件，如无法搜集相关证据、缺乏法律人才等，则只能选择退出该市场，实施市场转移措施。此种情况下，我国政府和行业协会应积极介入，通过谈判和寻求国际帮助，为企业提供良好的国际贸易环境。②进口国的 SPS 措施不构成壁垒，不具有歧视性，而出口国由于经济技术条件不具备遵从的资源和能力，无法满足进口国的要求，只能选择退出。也就是说进口国的条件对于出口国来说构成制度性的障碍，迫使企业被动退出，这种退出往往是出口国企业的集体退出。这种情况下，我国政府应积极扩充遵从资源，培养人才，提高遵从国外 SPS 的能力。③进口国的 SPS 措施不构成壁垒，且出口国具有遵从的资源和能力，而单个出口商不具备遵从的能力或者其遵从的成本远远大于收益，主动选择退出。退出策略的选择，与企业的市场策略密切相关，若是企业对该进口国市场依赖性不大，则对企业影响较小，但若该进口国是企业的主要市场，则退出的成本相对较高。退出后若再进入则难乎其难。因此，必须谨慎使用退出策略。

7.2.2 各利益主体在“退出”策略时应采取的措施

从利益相关方角度分析，出口国相关利益方包括政府、企业、行业协会等，企业往往是SPS措施的直接受损方，其损失主要包括对某一市场的产品出口下降或失去该市场，以及为应对SPS而进行的工艺原料等的改进而造成的成本上升，竞争力下降；政府是间接受损方，如果应对不当或陷入SPS的泥潭，会影响其贸易、投资、就业和整体国民经济的发展甚至国家的安全；中介机构受连带的影响，其损失要少于对企业的短期影响以及对国家的长期、深远影响。虽然在应对国外SPS措施中，三个相关利益方都要参与，并扮演不同的角色，但政府的损失最大。

1. 政府在应对SPS中的功能、作用及“退出”时的措施

政府在应对SPS的功能主要有：①领导组织功能。在对外贸易中，面对形形色色的SPS措施或壁垒，政府应整合各方面的资源和优势，建立及时、有序、有效的应对秩序和工作机制，采取有效措施，突破或跨越出口面临的SPS贸易壁垒，维护国家的经济安全和企业利益。政府可以为企业培育、营造应对SPS措施的国内环境，诸如技术法规环境、标准环境、合格评定体系、环保体系、建立SPS措施预警机制等，这些都是企业靠自身力量难以达到的。政府的这些工作不仅是出口贸易企业打破技术性贸易壁垒的现实需要，也是长远的、带有根本性的应对策略。②引导推动功能。应对SPS措施等技术性贸易壁垒，关键和根本在于提高中国农产品和食品的科技含量，在于提高产品的质量和竞争力。这就需要广大企业不断提高质量意识，加强“内功”建设，以过硬的产品质量来迎接出口贸易中的SPS措施。作为政府，在这方面只能通过制定政策、完善法规、宏观调控等措施，来引导推动企业提高产品质量。因此，从这个角度讲，在应对SPS措施等技术性贸易壁垒问题上，政府承担了幕后指挥策划、掌控全局的引导推动功能。③对外协调功能。突破SPS措施等技术性贸易壁垒，很多情况下，仅仅依靠企业自身（包括行业协会等）的力量远远不够的，必须充分利用国家的力量，发挥国家的作用，协助企业打破国外的技术性贸易壁垒。首先，即使出口企业享有WTO规定的各种权利，可以运用相关规则去解决贸易壁垒问题，但是在纠纷解决过程中，双方的实力还影响着解决的效果，甚至起着决定性作用。比如，在经济强国面前，即使是WTO授权经济总量很小的一成员方实施报复性措施，往往也苍白无力，无济于事。其次，SPS措施不仅涉及诸多技术问题，而且涉及行政管理、法律法规等问题，技术性、政策性很强，一般出口企业往往不甚了解，难以提出有针对性的对策。第三，政府的沟通、促进作用有助于帮助企业早日解决贸易摩擦。第四，政府可以依法启动贸易调查程序，可以视情况对SPS措施的实施国采取制裁措施。在这些方面，政府又承担着对外协调的功能。

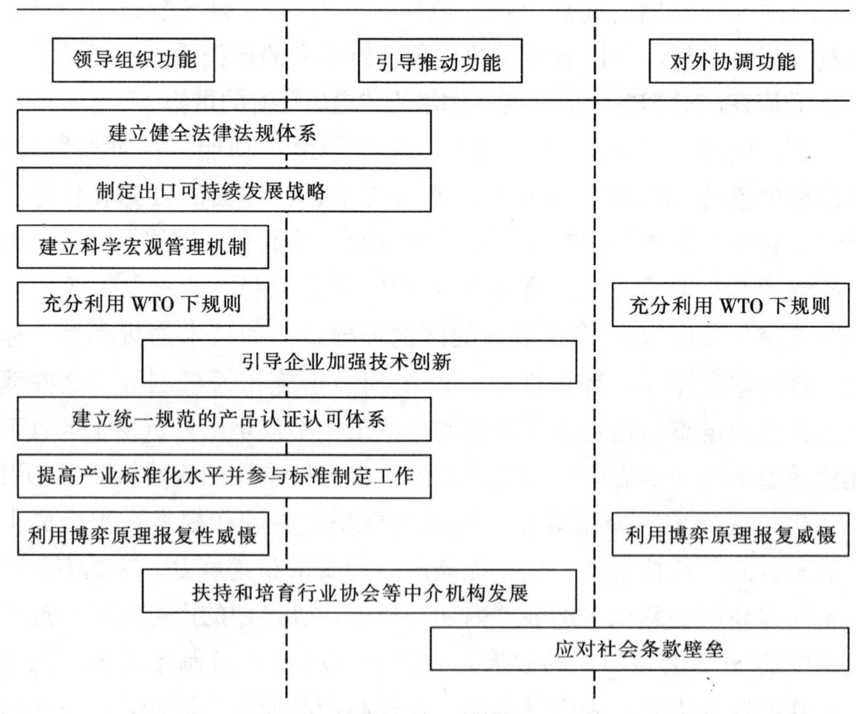

图7-1　政府应对SPS的功能及作用的关系图

在以上功能的基础上，政府的作用主要有十条，其关系如图 7－1 所示。在图中分别列出政府在应对 SPS 措施的三大功能和政府的十项作用。

事实上，政府并不希望本国出口的农产品退出一些重要的农产品市场。一是，这些市场一旦退出，再想进入非常之难，甚至是不可能的。二是，一旦退出一些重要市场，如一级市场，也说明中国农产品的品质是二、三流的，根本无法进入国际主流市场。三是，盯住发达国家的 SPS 措施，并以应对为契机，提高中国的农产品质量安全水平是政府不希望退出的又一个理由。

当确实需要退出时，政府主要采取以下措施：①积极发挥对外协调作用。利用一切国际交流机会或者利用其国际地位，向 WTO 反映 SPS 协议本身的缺陷，或者 SPS 争议处理机制存在的问题及改革方案。同时，要与进口国积极斡旋，减少我国企业遭遇歧视性待遇。从技术的角度分析，SPS 往往以高科技含量的技术标准为基础，很多技术标准甚至具有不确定性且涉及面很广。单个企业受自身水平及视野的局限，没有能力，也很难从全局的角度就新标准是否符合技术发展轨迹作出正确的判断。②积极发挥政府引导推动功能。从理论依据的角度，在不完全竞争的市场条件下，政府可以通过干预，改变企业的战略性行为，使国际贸易朝着有利于本国企业获取最大利润的方向发展。一个比较成熟的市场经济不仅预示着“看不见的手”能够发挥作用，“看得见的手”——政府干预也应发挥作用。从发达国家的实践上看，政府在维护公平竞争环境方面的角色和职能十分明确。无论美国的国际贸易委员会（ITC），还是欧洲的欧盟委员会，都扮演着保护本国和本地区企业免受外国企业不公平竞争、维护本国企业公平竞争环境的主体角色。基于此，我国政府一是要做好宏观层面的能力建设，如官方检验检测设备的更新，人员的培训，相关国家层面认证的获得等；二是积极帮助企业开拓国际市场，包括资助企业从事市场开发，参加国际博览会等活动，以便帮助企业能顺利实施市场转移。

2. 中介组织在 SPS 措施中的功能定位及“退出时”的措施

根据国外成熟中介组织发展的经验，中介组织在应对 SPS 中的功能和作用主要有以下几点：①标准制定作用。国外的农产品协会往往根据市场和行业发展的需要，制定自己的标准，在会员中强制或者非强制执行。

这个标准大多高于国家标准，甚至是国家标准的前身，很多甚至荣升为国际标准。②协调功能。协调企业和政府之间的关系，充当桥梁与纽带。一方面，积极收集企业的意见和建议，聘请有关专家，判断国外的标准是否具有可执行性，是否构成壁垒，并为政府提供素材以便去 WTO 申诉国外的壁垒；另一方面，要将国外交涉的情况及时反映给企业，以便为企业提供新的素材和应变材料。③谈判功能。行业协会应代表本行业企业处理国际争端。当国外的 SPS 措施具有歧视性时，企业首先将这一信息反映给行业协会，行业协会再将企业的呼声反映给政府权威部门，并且和政府部门一起商议应对之策。④宣传功能。通过中介组织的宣传，改善我国食品出口企业的国际形象。很多的食品质量危机很大程度上来自于西方媒体的夸大其词，舆论对出口企业产生了很大影响。因此，协会作为一个民间组织，应组织力量到国外宣传我国食品的情况，让国外的消费者真正了解我国农产品的真实状况。据报道，2002 年欧盟对来自中国等国家的水产品封关，越南水产协会则利用巴黎部长会议的机会前往进行“小喇叭”宣传，结果越南的水产品比我国提前半年解禁。⑤服务功能。行业协会应该向本协会企业成员提供专业化和系统化服务。新奇士橙种植者协会是美国加利福尼亚和亚里桑那州 6 500 个果农、61 个包装公司组成的自发联合体，有 100 多年历史，是一个民间非盈利组织，主要负责向会员提供全球市场推广和科技改良等产业化服务。对内它们为果农提供各种技术服务，对外它们代表果农向全球市场推广产品。协会的代表常年奔赴世界各地，将各地的价格及时反馈给协会，从而制定统一价格，避免恶性竞争。而果农地里的每一棵果树的成熟期，都被输入协会的电脑，从而使产量均匀地分布在各个时期，以避免市场波动较大，果贱伤农。新奇士橙成品率可达到 90%以上，协会成员用全套流水线全自动选果，分成 88、72、100 只几种包装，绝无误差。协会在每个包装厂有十几位质量检测人员，每箱橙都打上包装厂标记，一旦发现问题，可迅速追查，使质量得到有力的保证。

在应用“退出”策略时，行业协会主要应做好以下几点：一是信息服务，为会员第一时间提供最新的国外法规标准以及可能的影响；为会员提供市场开拓的信息服务。当前中国畜产品出口企业多为中小企业，他们国外客户渠道少，不熟悉国际市场尤其是新市场行情，迫切需要政府商务部门、进出口商会帮助他们获得相关信息，如不同国别的市场容量、消费水平与习惯、价格走势；主要进口国有关畜产品的标准，药残限量法规及其动态变化；检疫综合信息；主要进口国技术性贸易壁垒的最新动态等。二是技术培训服务。给会员企业提供国际市场上对农产品的需求信息以及相关进口条件，满足这些条件所需的技术水平，提供农产品出口销售的可能营销渠道等。

3. "退出"策略时企业应采取的措施

企业退出策略是指当企业缺乏遵从国外SPS的资源、能力或者企业的遵从成本与收益不匹配时，企业自觉调整市场方案，或者开拓新的市场，或者将外销产品转为内销。我国农产品为减少日本、欧盟和美国市场不断提升的SPS措施，逐渐将市场向二级和三级市场转移。在应用退出策略时，企业应做好以下工作：

第一，做好市场调研工作。对于企业而言，要做好市场转移工作，必须对新市场进行调研，了解其国家的相关规定，对SPS方面的要求，该国与中国是否有往来，中国检验检疫能否提供该国需要的证明材料，该国消费者的其他需求，该国商人的习惯、信誉等。这些信息可以通过商会或者我国的驻外使馆了解，也可以委托专门的咨询机构了解。

第二，谨慎跨出第一步。转移市场对于企业而言也是不得已的选择，毕竟新市场和旧市场的适应具有一定的时滞，短期内对企业有一定的影响，但是企业遵循"鸡蛋不放在同一篮子"的思想，一方面要谨慎为之，另一方面也要大胆尝试。比如诸城外贸积极实施市场多元化战略，形成不同产品不同市场、同一产品多个市场的多元化销售格局。肉鸡系列不单纯依靠日本市场，还拓宽了新加坡、马来西亚、文莱、中东、东欧、俄罗斯等国家和地区的市场；同时，在全国主要大中城市建立200多个销售网点，并适时抓住麦德龙、沃尔玛等世界级知名超市进军中国市场和肯德基、麦当劳等知名快餐店在中国发展的有利时机，积极为其开发产品，在国内市场开辟了新的国际销售渠道。近年来，在欧盟和日本茶叶市场壁垒不断增高的情况下，我国茶叶企业大多实施市场转移策略，开发第三国市场或国内市场。摩洛哥已经成为我国茶叶的第一大出口市场。目前，中国茶叶在摩洛哥全国茶叶市场的份额约为95%，主要茶叶品种为绿茶，来自江浙沪地区。

在国际大局势下，八马茶业也调整了公司的单一日本市场的策略，开发了泰国市场。尽管目前这两个市场在公司的总出口中的份额还比较小，仅占20%，但是未来的潜力是比较大的。目前公司还计划开拓俄罗斯、欧洲、美国和东南亚等茶叶市场。在开发国际市场的同时，八马茶业还积极开发国内市场。早在1996年，当沃尔玛在深圳洪湖开设第一家连锁店时，“八马”在众多竞争者中脱颖而出，通过了严格审核，成为沃尔玛在国内第一家在其购物广场内开设专柜的茶叶企业。迄今，公司已在沃尔玛、麦德龙、天虹、华润万家、吉之岛等大型卖场开设专柜150多间，成为5家世界500强企业的供货商。另外，两年来，公司还在国内新开设300多家连锁店，大大提升企业综合盈利能力。

山东一品公司大蒜、生姜制品和花生制品的外销比重达99.7%。2003年以前，大蒜主要出口日本市场，曾经达到日本所有进口大蒜及其制品市场份额的10%，在日本不断提高标准和肯定列表制度实施之际，经过计算，发现其成本将至少增加8个百分点，而且日本的“一律标准”随意性太强，于是公司遵循“鸡蛋不放在同一篮子里”规避风险方法，果断实行多元化市场战略，目前其市场已经形成了东南亚、欧洲、美洲、澳洲、非洲全面开花的格局。

7.3 中国农产品应对SPS措施的“申诉”策略

“申诉”是指当成员国的SPS措施违背了WTO/SPS协议的条款，中国通过与SPS措施实施国磋商，通过其他国际机构的力量迫使SPS措施实施国修改其SPS措施中不符合SPS协定条款的部分，以便中国农产品顺利出口。

7.3.1 中国申诉SPS的状况

以上提到的五种SPS措施申诉渠道中，磋商、特别贸易关注和WTO争端解决机制是三种最为常用的方法，也是成员申诉SPS措施的最主要途径。

1. 中国与 SPS 特别贸易关注

在宏观层面上，国家质检总局、商务部、农业部、卫生部都与 SPS 措施和协定相关。其中质检总局涉及 SPS 的职能主要有：负责出入境动植物检验检疫；负责进出口食品安全的检验监管及国内食品生产加工环节的安全监管；按规定承担 SPS 协定的实施、通报咨询和国内协调；牵头全国技术性贸易措施部际联席会议。商务部世贸司主要负责有关 WTO 协定的执行及协调问题；有关对国外 SPS 措施的通报和评议工作也是由世贸司负责的，另外我国有关向 WTO 争端解决机制的诉讼也是商务部负责的；农业部主要负责我国动植物疫病的预防工作，无疫病区建设，负责与国际机构 OIE 和国际植物保护公约（IPPC）的有关工作；而卫生部主要负责与国际机构 CAC 的工作，参与国际食品安全标准的制定工作。

目前我国的 WTO/SPS 特别贸易关注是由质检总局的国际合作司进行的。从世界贸易组织网上资料发现，2001 年至 2011 年 6 月，中国共提出 25 项特别贸易关注，其中 11 项针对美国的 SPS 措施，针对欧盟和日本 SPS 措施的各 5 项，针对其他国家 4 项。此外，中国还支持了别国的 14 项特别关注，其中 7 项是针对欧盟，3 项针对日本，其他国家 4 项（详见表 7－4）。

表 7－4　中国提起的特别贸易关注（STC）一览表

编号	内容	提起者	支持者	针对者	时间	主题词
85	虾和对虾产品的进口限制；修订通用爱尔兰共和军的虾和对虾产品	中国泰国	欧盟，印度尼西亚，马来西亚，菲律宾，斯里兰卡，越南	澳大利亚	01/03/2001	动物健康；等价性；风险评估；充分的科学证据
119	对中国水果进口的通报	中国		菲律宾	01/03/2002	病虫害状态；植物健康
148	食品卫生法的修订	中国	韩国	日本	01/11/2002	食品安全；动物健康
153	对中国盆栽植物的进口限制	中国	欧盟	美国	01/11/2002	植物健康
169	欧共体最大残留限制法规	阿根廷，中国	玻利维亚，巴西，智利，中国，哥伦比亚，古巴，洪都拉斯，墨西哥，巴拉圭，乌拉圭	欧盟	01/06/2003	食品安全；动物健康；国际标准/一致性；风险评估

（续）

编号	内容	提起者	支持者	针对者	时间	主题词
178	食品和食品添加剂标准和规格的修订	中国		日本	01/10/2003	食品安全；动物健康；国际标准/一致性
191	食品添加剂的最大残留	中国		欧盟	01/06/2004	食品安全；动物健康；国际标准/统一
198	婴幼儿食品中黄曲霉素和Ocratoxin A的规定	中国		欧盟	01/10/2004	食品安全；动物健康；国际标准/统一
201	食品添加剂的标准和规格	中国		日本	01/10/2004	食品安全；动物健康
203	关于牛体组织的规定及现有记录中的要求	阿根廷，中国		美国	01/10/2004	动物健康；等效性；食品安全；人类健康；害虫/疾病状态；透明度；人畜共患病
207	指令对农药残留容忍和茶叶检验方法	中国	印度	欧盟	01/03/2005	控制，检验和批准程序；食品安全；人体健康；国际标准/统一
212	农药、兽药和饲料添加剂最大残留限量，肯定列表制度	中国，美国	澳大利亚，中国，新西兰，菲律宾，美国	日本	01/03/2005	食品安全；人体健康；国际标准/统一
216	鸭梨的进口规定	中国	欧盟	美国	01/03/2005	植物健康；不必要延误
221	食品和食品添加剂的安全保险和质量标准的提高	中国		日本	01/03/2005	动物健康；食品安全；充分的科学证据
222	暂停进口热加工秸秆和饲草饲料	中国		日本	01/06/2005	动物健康；害虫/疾病状态；区划
241	木质圣诞树的进口规定	中国		美国	01/06/2006	动物健康；区域保护
256	对中国熟制禽肉的进口限制	中国		欧盟	18/10/2007	动物健康；食品安全；人畜共患病
257	对中国熟制禽肉的进口限制	中国		美国	18/10/2007	控制，检验和批准程序；食品安全
269	对苹果的限制	中国		美国	24/06/2008	植物健康；区划；风险评估；不必要的延误

（续）

编号	内容	提起者	支持者	针对者	时间	主题词
271	对感染亚洲舞毒蛾地区船舶和货物的标准草案	中国	印度尼西，日本，韩国	加拿大，美国，墨西哥	08/10/2008	控制，检验和批准程序；国际标准/统一；外来入侵物种；害虫/疾病状态；植物健康；科学证据；保护领土

注：以上关注中，只有221，257分别于01/04/2008和25/10/2010解决，256于08/10/2008部分解决外，其余均未报告结果。

资料来源：WTO官网，http：//spsims. wto. org/web/pages/search/stc/Search. aspx.

2. 中国与WTO争端解决机制

目前，中国只向WTO争端解决机制提起了一起诉讼案例，即2009年4月状告美国采取了禽肉进口限制措施，违背了WTO/SPS协议。目前，还没有资料显示这一案例的结果。这一案例是否违背WTO/SPS协议也还是未知数。

向WTO争端解决机制申诉的第一步为磋商，挑战者可要求被关注一方提供其措施的科学依据，如果对方提供的依据不能满足挑战者，则后者开始负有举证责任并正式提请专家组。荷尔蒙牛肉案中专家组确认首先应该由申诉方提供初步证据，证明被诉方违反了SPS协议的规定，只有经专家组确认初步证据成立后，举证责任才会转由被诉方承担。

阻碍中国向WTO诉讼的因素是：诉讼的时间相对较长，而且提起诉讼必须有科学依据，甚至必须有风险分析报告，同时，诉讼还需要律师，这些方面中国都比较欠缺，因此，中国目前急需做好两方面工作：一是积极开展风险分析，为申诉和应对SPS提供有力的科研和技术支持；第二是法律人才的培养。随着我国对外贸易的开展，对外交流中的矛盾和争端不可避免，长期以来，我国缺乏既懂国际贸易规则又有良好外语交际能力的法律专家，不得不放弃很多争端的诉讼权利，这样又刺激了国外对我国进行歧视待遇，因此，法律人才的培养有助于我国维护在国际贸易中的平等权利，对于那些不公平待遇进行有力的反驳。

7.3.2 各利益主体在“申诉”策略中应采取的措施

1. 政府在申诉策略中应采取措施

政府在申诉中的主要功能：一是外联，即联系并联合一切与我国有相同贸易利益的外部力量，形成对进口国的压力。这要求我国质检总局的国际合作司与商务部的世贸司积极合作，联合与我国有共同利益的一切国家，特别是具有国际影响力的国家，在 SPS 委员会开会前夕将有关关注事项或者申诉事项告知有关利益共同方，以便壮大自己的同盟军，对进口国形成震慑力，促使其纠正 SPS 措施中不符合规定的部分；二是证据搜集，即聘请技术专家、法律专家和 WTO 专家对行业协会和企业提交的请求进行论证。这要求，在我国申诉前，我国的质检总局和国家计量学院以及相关研究机构要提供证据。

政府在申诉中应采取的措施包括：

(1) 为行业协会和企业提供充足的信息。我国贸易申诉的信息来源主要有四个途径：WTO 成员的通报；对贸易伙伴 SPS 动态的了解；出口企业的反映；SPS 措施的调查。贸易关注的形成主要是通过分析相关措施对出口的影响；分析相关措施符合 SPS 协定的情况；了解其他 WTO 成员的关注和立场；通过恰当的途径提出贸易关注。

(2) 通过双边和多边机制解决我国的贸易申诉。无论是具体贸易关注还是 WTO 争端解决机制，其解决途径有双边机制和多边机制。双边机制包括双边定期技术会谈机制、双边商贸联委会框架内的 SPS 机制、双边质检高层磋商合作机制和自由贸易协定框架内 SPS 合作机制。多边机制包括 WTO/SPS 委员会例会、WTO 争端解决机制；国际标准制定组织争端解决机制。

(3) 提供强有力的技术支持。技术性是 SPS 协定的显著特点，因此要赢得贸易关注的成功，必须具备以下条件：第一，强有力的技术支撑是赢得贸易关注的必要条件，也就是说中国要提出某项贸易关注，必须有科学的风险评估作为依据；第二，使用相关国际标准、指南和建议，也就是要将成员所采取的 SPS 措施与有关的国际标准相比较，指出其不符之处。

(4) 积极培养我国的国际人才。目前，我国在国际贸易法律人才方面比较欠缺，使用 WTO 语言在 WTO 表达贸易关注，即要求指出成员违反了 SPS 协议的哪一条规定。这方面的法律人才还比较少。可见，能力建设是有效解决贸易关注的根本出路，主要包括实施 SPS 协定的能力建设，参加国际谈判和会议的专业队伍建设①。

2. 行业协会在申诉中的定位及采取措施

协会在申诉中的主要功能：一是内联，即积极联系国内企业的意见，在进行分析论证的基础上提交给政府，为政府层面的交涉提供依据；二是对外宣传，行业协会利用其民间组织的性质与国外同行积极接触，以便由国外的同业协会向其本国政府施压。

（1）建立与企业双向沟通的信息渠道。行业协会或者其他称谓的中介组织作为企业的代表，必须建立与企业畅通的信息流，这种信息流表现为快捷便利的网络系统。当国外新的 SPS 措施在评议阶段，协会要组织企业进行函评，将企业的评议结果反映给政府权威部门，以便反馈给国外政府。同时，协会对于企业意见的重视程度在一定程度上影响企业对协会的信任程度。

（2）比较国外 SPS 措施与世界贸易规则寻找法律依据。当国外某些 SPS 措施对中国产品构成歧视或者缺乏科学依据对我国企业造成遵从困难时，协会接到企业的反馈意见后，必须首先寻找有关法律依据。其法律依据就是该措施是否违反 WTO 的相关规定，是否构成壁垒，如果发现其违背了 WTO 规则，则必须向政府反映，评估对本行业的影响程度，为政府准备申诉材料，向政府推荐行业内的技术专家，向有关技术专家和法律专家咨询，对国外的 SPS 措施进行评议，提出申诉意见，指出国外 SPS 措施违反 SPS 协议的违背内容，以及这种违背对本行业的损害程度等。

（3）在积极寻找证据的基础上通过谈判解决争端。行业协会一方面积极为政府正式提出申诉准备资料和依据，另一方面通过民间的交涉，以最低成本解决贸易争端。2002 年 2 月，占全国鸡肉出口总量 80%的国内 134 家肉鸡加工出口企业成立了中国土畜食品进出口商会禽肉分会，这个协会在随后妥善解决韩国、日本暂停进口中国禽肉问题中发挥了重要作用。

① 张宝峰．中国质检与 SPS 贸易关注．中国农产品应对 SPS 措施会议，杭州，2008.12.

2002 年 6 月 4 日，韩国从发自中国上海一鸭厂的禽肉产品中检测出禽流感病毒，随即对中国禽肉进口封关。6 月 7 日，日本政府据此也宣布暂停从中国进口禽肉制品。6 月 8 日，协会迅速在北京召开理事会商讨对策，并以协会名义分别向韩国、日本驻华使馆提出抗议，并通过有关方面向欧盟打好招呼，待调查后及时与欧盟联系，以避免欧盟封关。同时，又以协会名义向国务院递交报告，并向国家有关部委领导作了汇报。在协会及中国政府的积极交涉下，2002 年 8 月初，日本、韩国相继宣布对中国鸡肉恢复开关。

（4）积极开展公关外交，宣传中国产品质量安全。在国外对中国农产品采取歧视措施时，行业协会以民间组织的形式在国外开展宣传，澄清国外消费者对中国产品的误解和媒体对中国产品的夸大歪曲宣传，争取贸易中的公平待遇，通过影响消费者的行为进而影响政府的策略。

3. 企业在申诉时应采取的措施

企业在申诉中主要功能：一是提供线索，即企业必须把自己在外贸中遇到的不公平待遇快速反映给政府和行业协会；二是同行结盟，一个企业的力量是有限的，但是联盟就能形成合力，能用一个有效的声音说话，反馈的意见也能受到行业协会和政府部门的重视。

总之，由于 SPS 协议是针对政府的，因此，SPS 的申诉也是政府出面进行的。首先，企业发现国外 SPS 措施的不合理之处，反映给行业组织和政府，行业组织和政府聘请专家分析和评估国外的措施，若发现确有违背 SPS 协议之处，则由政府向 WTO 争端解决机制提起诉讼。在这个过程中，行业协会和政府应积极争取相同利益的国家参加联合诉讼或者成为支持者。起诉方必须明确对方违背了 SPS 协议，要求对方出示科学依据，若对方的依据不能信服，则起诉方必须提供科学的风险分析结果来支持他的诉讼。当然诉讼的第一步仍然是双边或多边磋商，双边磋商能否成功取决于双方在对方贸易中的地位和对另一方的重要性。如果双方势均力敌，往往容易达成协议，如果实力相差较大，则难以成功。从 WTO 成功解决的 9 例 SPS 争议案来看，发达国家还有许多未经证明的 SPS 壁垒，这就需要我国和其他发展中成员积极应对挑战。难题在于我国可能还缺乏挑战发达国家标准的技术能力，也没有搜集相关证据的专门人才，这就使得申诉存在一定的困难。

7.4 中国农产品应对SPS措施的“遵从”策略

遵从的选择条件是：①SPS不构成壁垒且出口国具备遵从的资源和能力，遵从的收益大于等于遵从的成本，则选择遵从；②SPS不构成贸易壁垒，尽管出口国暂时还欠缺相关遵从的资源，但又无力改变外界的政治、经济和文化环境时，积极主动遵从是最好的选择。遵从策略分为政府遵从和企业遵从两种。

近年来，发达国家设置的SPS措施更加严格，主要表现在：①不断颁布新的技术法规，更新越来越频繁，并向着制度化、体系化、系统化、全面化方向发展，导致我国遵从资源短缺，遵从能力欠缺或者导致高昂的遵从成本。②不断增加农产品的检测项目，提高检测标准，很多标准是以仪器的检测底线为标准，大大高于国际标准，完全不是建立在风险分析基础上。如欧盟的有关茶叶标准和日本的一律标准，也给我国带来了巨大的遵从困难，很多企业退出了市场。③实施严格的质量认证制度（如UL、CE、HACCP、ISO9000、ISO14000等认证），规定没有经过指定机构认可的产品，不准进入市场销售，若我国的认证不予认可即不具备遵从资源和能力，则企业必须获得国外认证，导致遵从成本加大。④所留的过渡期相对较短，使得国家在宏观上无法适应，导致遵从能力欠缺。⑤有些标准以本国语言通知，这也对遵从资源和能力造成影响，导致遵从成本较高。

7.4.1 “遵从”SPS措施时政府采取的措施

政府遵从是指政府设法满足进口国的SPS要求，进行国家系统的改革，购置仪器设备，建立数据系统，争取国际间的相互认可，培养人才等。以下措施有助于国家层面的遵从：①积极参与国际标准的制定。首先，发展中国家必须做好数据的收集工作，建立数据库，进行相关风险评估。如果在风险评估中存在困难，可以向国际组织寻求援助。其次，任何国际标准的通过都会在成员反复讨论和至少2/3同意的基础上产生的，因此，我国必须积极参与国际组织的会议，积极行使自己的表决权。②积极寻求国际援助。所谓积极，就是我国必须反映自己的心声，向提供援助的国际组织和发达国家提出申请，通过可行性评估后获得援助，如果不提出申请，得到援助的可能性则微乎其微。③积极进行标准的双边或多边认可。当我国的标准能达到相同的保护效力并得到贸易伙伴的认可后，则贸易的进行大为便利。④积极采纳国际标准。国际标准是我国证明 SPS 措施正当化最简单和最经济的方法。采纳国际标准有两种，即等同采纳和等效采纳。在等效采纳下，并不要求标准完全相同，只要是按照国际标准的原则制定，标准可适当有高有低。

除以上提到的遵从策略外，政府还应采取下列措施：

1. SPS 评议中实施政府、中介组织、企业和科研人员四体联动策略

SPS 协议的透明度原则要求，成员国在通知新颁布的措施或者对原有措施的修改通知时，必须留出至少 60 天的评议期，以供其他成员了解和评估该措施是否有执行难度，这项评议制度有利于将 SPS 对农产品贸易的负面影响遏制在法规出台之前，也有利于出口国及早准备，积极应对。发达国家应以 WTO 官方语言通报，即英语、法语、西班牙语。发展中国家至少应以 WTO 官方语言通报其摘要。目前，中国的 WTO/SPS 通报机构设在商务部，WTO/SPS 通报咨询点设在国家质检总局，由国家质检总局的 SPS 通报咨询中心负责 SPS 通报材料的收集，由包括卫生部、农业部、食品药品监督管理局、林业局等多个部门合作对 SPS 通报进行评议，中国疾病预防控制中心营养与食品安全所是 SPS 通报评议的技术支持机构。SPS 通报评议的程序为：首先，由参加评议的专家提前熟悉 SPS 通报内容；接着，组织召开评议会议；然后，专家根据通报的内容，按照 SPS 协议的主要原则，逐条提出问题、反对意见及其理由；最后，以书面的形式，将评议意见上报国家[①]。目前的评议中，最大的问题是企业参与较少，笔者在调研中，企业普遍反映，没有参与过评议，常常不得不独自翻译国外的相关规定，因此国外的措施往往给企业带来巨大的损失，只有企业损失了，有些企业才获知国外有了新规定。

针对此种状态，应学习美国等发达国家等经验，做好以下几点：①由

① 问题、挑战与应对课题组．中国农产品出口应对 SPS 措施［R］．内部报告，2008.12.

政府设立一个统一、权威的类似于美国“联邦纪事”那样的SPS措施官方公报，使得相关政府机构、中介组织、农产品出口企业及相关个人掌握相关信息[①]。②任何机构、企业、个人根据获得的信息，对国外的SPS措施的各个方面和不同视角提出通讯评议意见，做到真正的群众路线。这其中实际参与的企业至少应占到同行的20%左右。因为，无论何种贸易措施，实施和最终受影响的都是企业。③通讯评估意见交给由律师、标准专家、科学家、国别专家和WTO政策专家联合组成的审定小组，做到技术和政策层面的有机结合[②]。④对于语言上的问题，尤其是第三世界国家的通报，我们可以参照美国等国家的英语翻译，再通过翻译公司翻译成中文。⑤若评议时间太短，无法按期完成，可向通报国申请延期，美国在这方面非常成功，美国经常要求通报方延长时间，50%情况下获得批准。

2. 完善我国农产品的法规体系建设，尽量与SPS协定接轨

一是要认真学习发达国家的经验，尤其是美国的经验。制定和更新标准时从贸易角度出发，在遵从WTO/SPS协议的前提下，促进本国优势农产品的出口和限制本国农产品的进口。

二是要采用国际及国外先进标准。国际及国外先进农产品农药残留标准是国际食品法典委员会（CAC）和发达国家在长期的WTO贸易规则框架下形成的，是国际农产品贸易市场本身的产物，符合国际农产品贸易市场对农产品质量安全的需求。采用国际及国外先进的农药残留标准是有效克服国外SPS措施的有效途径，也是提高我国农产品农药残留标准水平，健全我国安全质量标准体系的捷径。如根据风险评估的理论，采用我国蔬菜生产和贸易中急需的农药残留限量标准，把采用国际与国外先进蔬菜农药残留标准与提高我国蔬菜技术性贸易措施水平结合起来，以采用CAC的农药残留指标为主，以发达国家的为辅，积极推进和提高我国蔬菜农药残留标准的国际采标率。

三是要细化我国农药的残留标准，同一农药针对不同农产品甚至同一

① 赵艳霞．美国的SPS政策协调机制、技术法规的通报评议工作以及对中国的启示．商务部世贸司网站：http：//sms. mofcom. gov. cn/.

② Rosenne Freese. The United States Experience implementing the WTO/SPS agreement. 实施WTO/SPS协定研讨会论文，杭州，2008. 12.

农产品的不同部分制定不同标准（如日本的毒死蜱标准），使之能尽快与国际和国外标准接轨，减少因此给贸易带来的损失。

四是要制定相关除草剂和植物生长剂指标。除草剂国外用量非常大，我国蔬菜田用量也不断增加，增加我国蔬菜除草剂限量指标，对提高我国贸易技术措施水平，限制国外农产品的进入有非常大的意义。

五是要学习日本等国的经验，将有关标准法制化，做到依法办事，法律面前，人人平等，彻底改变我国长期以来有法不依的现象，重塑法律的尊严。

六是加强有关农药毒性和指标的风险性评价。农药毒性评价是制定农药残留限量标准的基础工作，没有科学可靠的农药毒性评价数据资料做技术支撑，就无法制定农药残留限量标准。我国蔬菜农药残留标准落后，其根本原因就是农药残留基础研究落后，加强农药毒性评估工作，加大农药残留基础研究是提高我国蔬菜以及整个农产品农药残留标准水平的当务之急，更是提高我国蔬菜及农产品农药残留标准水平的长远之计。

3. 分清政府部门职责，提高监管效率

国际上对于农产品的监管目前有三种模式：一是英国模式，即由单一部门涉及农产品的质量安全监管，主要由农业部承担，欧洲大部分国家采用这一模式；二是美国模式，即多机构监管食品质量安全；三是加拿大模式，即综合食品安全监管。与国外相比，我国有特殊的国情。①我国是小农经济，国外是大农户。由于大农户数量相对集中，政府的监管效率也比较高，而分散的小农户就使得监管要面对无数的小群体，加之我国中介组织不发达，政府监管的任务重；②我国农业的份额虽然有大幅度的下降，目前仍占我国 GDP 总值的约 20%，农业的就业人口仍占总就业人口的约 30%，而在发达国家，农业的份额和就业人数基本在 3%左右，这也决定了政府的监管任务重，难度大；③我国国土面积大，地形复杂，山区多。以上因素和国情都增加了监管的难度。因此，短期内，我国实行单一部门监管的时机还不成熟，但可以从现在的 7 家削减为 3 家，即由农业部、工商管理部门和商务部负责。分清部门之间的职责，尤其必须处理好当从一个部门的监管领域转到下一个部门时，由检验检疫部门保证从上一部门向下一部门转移时的质量安全问题。在长期内，我国农产品的质量安全应由农业部全权负责，这样就减少了由于部门不协调造成的效率低下和相互矛盾的政策导向。

4. 加强农产品源头监管

世界重大疫情爆发的教训表明，确保农产品质量安全，重在抓好源头控制。根据SPS协议及世界卫生组织的规定，结合中国农产品的实际，首先要认真做好水产养殖和动植物产品养殖过程的饲料、农兽药的源头控制，严把饲料、种子、农兽药的原料安全关、加工关，严防饲料、种子、农兽药和添加剂有毒、有害成分侵蚀水产品和动植物机体，污染产品品质。2006年，农业部首次召开了全国水产品质量安全管理工作会议，并开展了水产健康养殖行动，着重从源头治理和行业自律等关键环节入手，加快养殖环节标准化、品牌化和组织化进程，努力提高水产品质量安全水平。2006年对产地的2 546个样品检测，药残合格率达到97%。兽药的使用要严格区分处方药和非处方药，并对有处方权的兽医进行行医资格审定，从源头上严格规范兽药和疫苗的管理和使用，严格查处和严厉打击经营和使用化学添加剂如瘦肉精饲喂的违法行为，同时要宣传、教育、培训、指导水产养殖户和动植物养殖户，增强生产者科学使用饲料、种子、兽药、添加剂和疫苗的能力。其次，加强池塘和养殖场地的卫生环境安全控制。对养殖场要实行备案管理，建立健全责任兽医和场长共同作为猪场质量安全责任人制度，加强粪尿、污水、环境控制以及水产和动物群饲养方式和饲养密度管理，加强养殖车间的通风、温度、湿度控制，为动物饲养管理和肉品生产创造良好的小环境条件，尽力减少因饲养场卫生环境条件恶劣造成的动物死亡和肉品污染。第三，加强动物屠宰过程的安全控制，实行严格的宰前宰后检验。尤其要加强个体屠宰户、屠宰专业户、乡镇小型屠宰场的卫生和安全管理。同时要加强屠宰场地面、工具、器具的安全管理，防止地面污水、血水、动物毛发和器具等造成的污染。对卫生执法监督人员只收费、不监管，只盖章、不检验的失职行为，要严肃处理直至调离工作岗位。按照国际上对鲜活产品的抽检概率，加大对出口农产品抽检力度。第四，进一步加强源头病死动物的控制管理。严防随意将病死动物抛弃到河、沟渠道、田地造成传染病发生，从而对饲养场环境安全而构成威胁。

5. 强化我国农产品的 TTA 体系建设

农产品的追溯透明体系已经成为农产品竞争力的重要表现，我国在这些方面与发达国家差距较大，因此我们出口产品到发达国家必然受到影响。故我国应强化这一方面的工作，尤其是追溯体系的建设。这需要对农产品进行有效的标识，对农产品的生产者进行标识，一旦发生问题能立即追溯到源头，找到污染源，分清责任。但是追溯透明的建设需要企业保持数据，建立信息系统，对产品的生产过程有详细的档案记录。我国的大中型企业都具备这样的条件，但是小型企业为了成本节约，还不具备条件。因此，农产品的兼并重组必不可少。

6. 建立我国农产品、水产品质量、安全预警体系

目前我国的质检部门处于疲于应付的状态，当企业在国外出现问题后，质检部门才加强对该类产品和药物残留的检测力度。然而国外新闻媒体的曝光，对我国农食品已经造成巨大的影响。因此，必须建立我国农产品、水产品质量安全预警体系。该体系必须由单一部门负责，建议由农业部负责，组织专门人力，建设数据库，紧紧钉住我国贸易伙伴尤其是主要贸易伙伴的法规和标准变化，及时翻译国外的最新通报和法律文本。同时，与预警体系相配套的是快速反应体系。当预警体系发现问题后，必须第一时间通知和培训企业的相关人员，将损失消除在萌芽状态。

7. 强化我国农产品遵从 SPS 的资源体系建设

由于 SPS 措施是技术性贸易措施的一种，因此有很强的技术性，在某种程度上是一个国家科研实力的体现，这就决定了其设立和应对都离不开科研人员的参与。科研人员主要通过以下形式参与：一是为设立我国的 SPS 措施提供依据。根据 SPS 协议，任何新设立的 SPS 措施都必须有科学依据，如关于农残标准的设立，科研人员必须能够提供药物病理性、毒害性的试验数据。二是为一致性条款提供依据。根据 SPS 协议，当一国食品安全规则尽管与其他国家不同，但若能达到相同的保护水平，则应相互认可。但是要获得国外的认可，必须提供科学依据和进行相关的风险评估，这就要求科研人员提供有关风险评估结果。三是挑战国外 SPS 措施时，搜集证据的责任在于出口商，这同样需要科研的支持，提供依据证明国外 SPS 措施的非正当性。与科研人员同样重要的是农产品的检测检验系统，设备的更新和先进也决定检测和检验能否获得国外认可，为此，我国已经投入大量财力购买国外的先进设备。

7.4.2　“遵从”SPS 时中介组织应采取的措施

1. 中央级行业协会标准制定功能

我国农产品行业组织功能还比较弱，行业标准的制定还未成为其重要功能。今后随着行业组织影响力的扩大，这一功能不可回避。同时，行业协会可以率先在成员中采纳国际标准，作为提高成员产品竞争力的一个举措。我国行业协会也有各种标准，但大都比较落后甚至低于国家标准，很难起到引领国家标准的作用。我国行业协会应该紧盯主要进口国标准，适应农产品发展的实际需要更新标准。

2. 为协会会员提供良好的专业服务

国际先进强势协会都能对会员进行专业性服务，能够做到统一标准、统一价格、统一配额。而我国大部分协会这一方面的功能还比较弱，以致于我国出口企业的质量标准参差不齐，一个企业的问题往往造成整个行业受到连累。如个别企业的农残问题造成美国、欧盟和日本对我国整个行业设限。因此，就需要出口企业有一个良好的行业规范，加强行业自律。不过，也有一些成功的案例。如福建长乐鳗业协会将 76 家鳗鱼养殖场组织起来，采取“统一采购、统一送检、统一价格、统一配送”方式，直接从渔药厂家购买渔药。广东塘鱼协会在发生输港活鱼检出孔雀石绿药残事件后，立即组织对会员养殖场进行调查，并待港方查明真相后，代表全体会员与香港方面及时交换意见，维护了内地养殖企业的合法权益。

3. 完善我国农产品的供应链体系

长期以来，我国推行“公司＋农户”的产业化模式，在纯市场契约或自由市场（一般包括一年内的短期合同）下，企业与农户在市场上按照农产品供求关系的变化进行购销活动，如同短期订单，双方的责权利在合同中规定的比较清楚，由于受市场波动的影响，订单的履约率也会受到影响。无论是企业还是农民的违约行为，双方对簿公堂的机会都面临着成本与收益的权衡。在这种状况下，导致违约行为发生的频率相当高，所谓的市场契约如同“白纸”。在松散的准市场契约下，公司和农户之间存在一种相对稳定的合作关系，然而这种关系的稳定程度受市场波动的影响也很大，特别是在市场供过于求时，公司会利用其掌握的某一种农产品加工与收购这一垄断优势，对农户的产品提出不合理要求，所以既不会保障农户的剩余索取权，也不会保障农产品的质量①。因此，“公司＋农户”并不是最佳选择。

“公司＋基地”这种形式，即公司通过承租土地的方式和农户建立联系。由于公司直接与分散、独立的农户建立一体化经营关系操作成本较高，规模难以扩大，因此公司一般通过乡、村行政部门把农户组织起来。如果公司租用土地并自己经营或将失地农民变成拿薪的“准职工”，应该来说，这种方式生产出来的农产品质量最有保证，但企业会增加较多的监督成本和管理成本。

因此，建立“超市 ＋ 公司＋合作社＋农户”或者“超市 ＋ 公司＋协会＋农户”供应链模式是较为理想的模式。一是降低交易成本，企业直接与中介组织联系，并不直接与一家一户农户签约；二是为农户争取交易中的公平待遇，中介组织作为农户的代表，以组织的名义与企业签约，避免单个农户所面临的不公平待遇；第三，中介组织作为农户的代表通过其行业自律，能使产品的质量安全符合企业的要求，否则组织将要面临法律的诉讼。

4. 加强行业规范和自律行为，防止个别行为影响全行业发展

行业自律是我国行业组织面临的最主要问题。我国的企业数量多，层次差异大，加上各省为了完成外贸创汇指标，企业之间展开恶性竞争，导致国外一再对我国企业采取反倾销和特保措施，给整个行业带来灾难。在SPS措施的实施中，也是因为个别企业的问题给整个行业甚至整个国家带来巨大连锁反应，因此，行业自律迫在眉睫。行业协会根据市场预测，确定价格、品质，要求全行业执行，采用“黑名单”或禁止出口惩罚违规企业。如，行业协会制定价格协调机制并严格监管执行，一旦有企业违反行业价格自律规定，马上禁止出口。

① 王忠锐，郭红东．加快农民合作组织建设，应对绿色贸易壁垒．“食品安全：消费者行为、国际贸易及其规制”国际研讨会论文集，2003.10.

5. 加强国际合作与交流

如前文所述，为执行 SPS 协议的透明度原则，国外的 SPS 措施在颁布之前一般要通过评议，而评议则使壁垒消失在萌芽状态。因此，在评议期，中介组织一定要积极获取信息。在我国这种信息由 SPS 咨询点发布，在获知信息后，中介组织要组织行业内的企业（约占总出口总量 40%的企业）参与评议，因为执行国外 SPS 措施的是企业，只有企业才能了解执行的难度和该措施是否合理，因此，在评议中必须广泛听取企业的意见。而我国在这方面比较欠缺，行业组织没有将相关评议分发到企业，致使大部分企业根本不知悉评议之事，今后这方面的工作必须加强。同时，作为民间组织，行业协会应加强与国外同行的交流与合作，组织有关学术谈论会，学习国外行业管理的经验，提高企业管理的水平。

7.4.3　“遵从”SPS 的企业措施

企业遵从是指企业通过技术改造，提高产品质量安全水平，建立供应链系统，满足国外 SPS 要求。

国外的 SPS 措施不构成壁垒，且出口国具有遵从的资源和能力，企业的遵从成本小于收益，则大多数企业选择遵从。另一种情况是，国家虽然缺乏部分遵从资源，但大型企业经济实力雄厚，遵从的收益大于等于遵从的成本，则选择遵从。对于那些不构成壁垒，对于企业来说暂时困难，却在未来有很大的预期收入的情况下，企业应该进行技术革新努力向国际标准接轨，并以此为契机，提高我国的食品安全水平和动植物安全的控制水平。企业采取的遵从措施有：

1. 增加上游投入，加强源头控制

对于农产品而言，种植养殖环节是污染的主要源头。为了控制这个污染源，出口企业都在种植养殖环节的标准化上下硬功夫，大力投资。例如，海通集团为了控制源头的污染，从 2001 年起，公司狠抓原料基地的建设和控制，投资 1 000 余万元建立自有基地，目前拥有自有农场 5 000 多亩，加盟农场、订单农场等受控农场近 10 万亩。在种植管理上，大力推广“公司＋基地＋标准化”的管理模式，努力与国际先进管理标准接轨。近几年，先后建立了“基地备案”管理制度、质量溯源体系（TBS）

和绿色农产品的标准化建设。2006年开始，为应对日本肯定列表制度，公司还建立了严格的农残安全控制体系。另外，2001年公司就购买了一个玻璃温室及进口毛豆采收机等大型的农业设施设备，开展小试、中试、标准化作业示范及推广，开展基地巡视制度，成立田间巡视小组，对作物栽培实施全过程监控。青岛福生公司为使出口蔬菜农残基地不超标，按检验检疫部门“公司＋基地＋标准化”要求，2002年起，公司投资1 200万元建立了20个近万亩出口备案种植基地，从源头上确保了产品质量安全。基地对蔬菜种植实施了严格的五统一：“统一购买种子，统一田间管理，统一使用农药（免费），统一使用化肥，统一采收”，进行全过程监控。目前备案基地已经通过了EUREPGAP认证。在源头控制方面，山东一品实施“公司＋基地＋标准化”的生产经营模式，已经建立了完备的种植、收割、存储的标准化体系。山东一品拥有1 000亩的EUREPGAP认证的种植基地，同时，通过组建大蒜合作社，使得其受控原料基地扩大到10 000亩以上。几年来，山东一品在基地建设方面的投资累计超过了800万元。种植标准化控制了污染源头，保证了产品的品质和安全性。

为确保食品安全，打破SPS措施的限制，诸城外贸公司进一步加快标准化建设，建立完善的产品质量追踪系统。饲养环节，加快建设规模化、标准化鸡舍，对社会合同鸡场优存劣汰，投资6 000多万元新建了10处自属商品鸡场，改造了原有43处自属商品鸡场，达到了全部封闭、纵向通风、网上饲养、自动饮水、无害化处理的标准。同时与农民联手建立批次饲养在5 000只以上的标准化园区，已有71处商品鸡场通过了出入境检验检疫局的注册备案。公司出口和加工的禽肉70%来自自属养殖基地，20%来自协会农场，只有10%是收购农户的，因而最大限度地保证了原料鸡的安全。诸城外贸公司自属50个养殖基地全部按照国家质检总局要求实行“统一供苗、统一饲料、统一用药、统一防疫、统一屠宰”的“五统一”封闭式饲养管理和全程监控，从而建立起从鸡苗到餐桌的全程化质量保障体系。

2. 重视国际权威认证，获取进入国际高端市场的通行证

我国农产品出口企业在应对SPS措施过程中都非常重视产品的权威认证，为企业的出口增加保障。如山东一品目前已经通过ISO9001质量体系认证、ISO14001 环保体系认证、HACCP 食品安全管理体系认证、欧盟良好农业实践 EUREPGAP 认证、英国零售商 BRC 认证、穆斯林 HALAH 认证和犹太 Kosher 认证；大蒜、大姜深加工系列产品通过美国 FDA 的注册。海通集团通过了 ISO9001、ISO22000、美国烘烤技术研究所的 AIB 认证、英国零售商 BRC 认证、中国合格评定国家认可委员会 CNAS 认证、质量安全 QS 认证、犹太 KOSHER 认证、SYSCO 和有机食品等认可认证，自营原料基地通过了 GAP 认证。青岛福生通过了美国的 HACCP 认证、英国零售商 BRC 认证、海洋管理理事会 MSC 认证和英国道德贸易组织的 ETI 认证。这些认证虽然增加了企业的成本，但是确是通往国际市场的通行证。在这些认证中，IS9000 系列强调的是产品的质量，是一个终端认证；而 HACCP 强调的是产品的生产过程的流程，是预防和控制的过程，是食品法典委员会向全球企业推荐的认证，在欧美食品生产企业都必须通过此认证，目前我国在出口企业中强制推行 HACCP 认证；IS14000 强调的是产区的生产环境，如土壤、水质、重金属等指标。

3. 建立多渠道检测手段，检测标准尽量同国外对接

出口企业的出口产品在检测环节常常遇到国内检测标准同国外无法对接的问题，为了避免由于此类问题带来的损失，很多企业近年来开始自觉地建立自己的检测车间，同国外检测标准尽量对接。山东一品投资近 300 万元建设符合美国 FDA 以及欧盟检测标准的检测实验室，外商也会定期到公司对产品进行抽样检测。海通集团设有独立的检测中心，并且已通过了 CANS 认可，是浙江省继哇哈哈公司通过该认可后的第二家食品加工企业，现检测中心拥有各类检测仪器及设备总值达 600 多万元，公司检测能力已达到国内外同行业领先水平。青岛福生公司为了有效应对国外 SPS 措施，从 2002 年起投入 600 万元新建一个质控中心。根据市场需求每年投入一定数额资金，配置了安捷伦 6890 型气相色谱仪、1100 型液相色谱仪、气—质联用仪（GC－MS）、液—质联用仪等设备，进一步开展了农兽药残留、重金属、多种微生物、添加剂等 200 多项检测。配置了经过检验检疫部门培训合格的检验人员 15 人，按照 ISO/IEC17025 要求建立了实验室质量管理体系，通过了中国合格评定国家认可委员会的实验室认可。2002 年至今累计投入 1 253 万元。

认证工作在国外一直得到高度重视，这也是产品面向广大消费者的质量等相关保证的体现。认证体制可以为市场提供一种可以信任的证明，证明带有认证标志的产品符合相关标准。国外不断加严的SPS措施，使公司更为清醒地认识到，要突破国外SPS的防线，就必须改变观念，加大科技投入，提高自检自控能力，公司先后投资100多万元购置了最为先进的酶标免疫分析仪、气相色谱仪等检测设备和检测试剂，使公司由过去只能检测氯霉素一个药残指标，到现在可检测呋喃西林代谢物、呋喃唑酮代谢物、呋喃妥因代谢物、呋喃它酮代谢物、氟喹诺酮、氯霉素、四环素等十几个指标。同时重点开展人才的引进和培养工作，多次派送专业检验人员到上海及省出入境检验检疫局等地培训，掌握先进的检测技能，提高对违禁药物的检测能力，不断提高检测准确率、加大检测频率，扩大检测范围，力争检验技术与世界先进国家同步。2007年，企业投入技术改造费用100万元，自检费用达60万元。

4. 建立我国农产品的追溯和透明体系

只要在网上输入农产品食品包装上的检索号码，即使是远在国外的客户也能直接查询到产品的成长、生产、销售全过程信息，就连最后一次施肥、施药的时间都能一目了然。这种从农产品生产到加工、贮藏、流通都要建立档案资料的标准化管理方法，被形象地称为“档案农业”。通过档案农业，不但能保证农产品食品生产过程信息的公开透明，也有利于发生食品安全危机时的产品找回以及能够迅速找到相关责任人，弥补了由于市场信息不对称造成的市场失灵。在基地建设和食品安全保证上，海通集团不断吸收国际先进企业的管理理念，早在2003年，公司就从国外导入先进的出口农产品全程可追溯管理体系（TBS），该体系在2006年成立项目，并在2007年顺利通过了国家商务部的考评验收。从市场上随机抽取一箱产品，就能根据上面的TBS代码寻找到这个产品的种植地、农场主、品种、播种期、采收期、农药肥料的施用种类与时间等信息，海通集团的产品在实施严格的基地管理方式下，都有自己的“身份证”。经过近几年的摸索、完善，总结出以下几个要点：①对原料栽培采收过程进行工厂化管理，对其整个生长过程进行记录；②从原料进厂到成品入库进行批次管理，利用编码、表单进行追踪管理；③建立产品召回程序，定期开展模拟回收，一旦产品发生安全事故可以全线追踪回收。

山东新昌集团是2008年9月获准向欧盟出口熟制禽肉产品的9家企业之一。企业的每一个产品包装盒上都有一行数字追溯标识，其中包括产品身份证、生产日期、产地缩写、屠宰加工厂注册号码和养殖场的注册号码等。这套数字标识体系可以沿着产业链顺藤摸瓜，实现从餐桌到鸡苗的全过程质量追溯。同时，他们配合质量追溯的先进检测手段更是将检测精度提高到了微克水平，产品中含有一亿分之一甚至十亿分之一的药物都可以检测出来。

5. 增加农产品的加工转化

农产品加工转化后的产值可增加2～3倍，美国的加工增值甚至达10多倍。以蔬菜为例，目前我国蔬菜的加工量仅占总产量的25%左右（发达国家少则占40%～70%，多者达90%以上），而且以腌制品、罐头制品、冷冻等较低附加值的加工方法为主，保鲜、干制、汤制等较高附加值的加工偏少[①]。根据联合国粮农组织统计，中国大蒜出口约占世界大蒜贸易量的90%，在国际市场上具有较强的竞争力。近几年来，中国大蒜种植业和出口贸易发展迅速，已经连续4年出口超过110万吨，遍及131个国家和地区。据美国农业部消息，仅2006年，73%的中国大蒜销往美国市场，有3/4的美国消费者喜欢中国大蒜。纵观我国大蒜出口种类不难发现，目前，我国大蒜出口更多集中在速冻蒜米、脱水蒜片、蒜汁、油炸大蒜、大蒜饮料等初、中级产品上。大蒜成品出口只有1 000元/吨，而生产1吨蒜油虽然要消耗300～400吨鲜蒜，但是市场售价高达30～50美元/千克。因此，我国大蒜必须走深加工道路，提高大蒜深加工的科技含量，比如提炼大蒜油、大蒜素等。有数据显示，大蒜素在德国的销量已超过大众药品阿司匹林，在美国每年销售额超过3亿美元以上。而中国大蒜做到产品升级也并非难事，深加工前景可观。山东金乡县某大蒜加工集团运用速冻干燥真空技术让原来1 000元/吨的大蒜增值至2.5万元/吨，产值增长了25倍，成本却只需要5 000元。

山东一品深知加工转化不但可以增加产品的附加值，而且可以有效规

① 中国蔬菜为何难上国际餐桌［J］．蔬菜经济，2006（4）．

避SPS风险，也是产品差异化的有效途径，只有产品差异化了，才能在市场上取得定价权。目前，山东一品的大蒜制品涵盖了从保鲜、脱水、盐渍、罐头制品到大蒜精油的全部系列，深加工产品已经占到企业全部出口的一半。目前企业在积极研制大蒜素和大蒜美容产品等，积极探索大蒜制品的高端市场。如果我国现有的66.67万公顷大蒜全部应用提纯复壮、药物脱毒，实现深加工，那么，中国大蒜的国际霸主地位是无人可以撼动的。

目前国外对我国禽肉冻品设限多，出口风险大，相对而言，禽肉熟食品出口则设限少，市场潜力大，企业若能够抓住机遇，迅速调整产品结构，不但可以有效化解市场风险，而且可以拉长产业链，提高产品附加值，增强国际竞争力。山东诸城外贸集团与美国最大的肉鸡加工企业合作，研制了十多种熟食肉产品，出口效益很好。2000年以前，诸城外贸的出口产品以冻品为主，深加工产品较少，2002年以来，诸城外贸确立了禽肉加工以熟食品为出口主导产品，增强国际市场竞争力的战略，抓住日本劳动密集型产业向中国转移，禽肉熟食品需求快速增长的有利机遇，加大了资金投入，迅速扩大禽肉熟食品生产规模。两年中，诸城外贸先后投资3亿多元，扩大禽肉熟食品生产，目前已建成10多个禽肉熟食品生产车间。2004年4月7日，日本恢复对我国35家禽肉熟食品生产厂的进口，诸城外贸凭借对日、韩、新加坡禽肉熟食品出口代号及79家国家商检备案鸡场的优势，在当年剩余的8个月时间内，禽肉熟食品出口量达到2万吨，创汇6 400万美元。2005年1—4月，该公司禽肉熟食品出口量为6 700吨，创汇2 130万美元。据企业介绍，2000年是企业冻品出口最好的年份，出口量为3.1万吨，创汇4 673万美元，而2004企业出口禽肉熟食品为2万吨，创汇则高达6 400万美元。1吨冻鸡出口价格在1 400美元左右，1吨禽肉熟食品出口价格则达到3 700美元以上，产品附加值相当高。禽肉熟食品不但适应了日本等发达国家市场需求，有力化解了市场风险，而且为企业带来了高额回报。

6. 加工过程专业化、一体化

加工过程的专业化和一体化是为了减少蔬菜制品的污染。山东一品在加工环节的设备投入已超过7 000万元，公司的自动流水线可以生产40

多个品种的大蒜产品。在遵循多个质量标准体系的前提下，结合先进的自动化设备，将加工过程中的污染降低到几乎为零。海通集团在加工环节的设备投入已超过1亿元，公司7条自动流水线可以生产7大类200多个品种的果蔬产品，而且能够达到无污染。

禽肉产品出口过程复杂，从雏的引进、饲养过程（防疫、免疫、饲料、用药、企业检验部门对疫病、药残的监测）、屠宰加工、抽取样品检验检疫、直至装运出口，环节众多，完全靠人力进行现场监控，要达到监控完全有效是不可能的，目前国外先进的养殖场多采用全过程电子监控。完整的安全卫生电子监控体系除了有监控管理系统的作用之外，监控中发现的问题还可以成为预警机制的数据源。但在目前的条件下，完全实现安全卫生电子监控体系的所有功能是不太现实的，它需要的人力、财力是巨大的，许多出口生产加工企业还不具备这样的能力，但可以进行可行性研究，分阶段逐步实施。

为了保证病原菌的控制，诸城外贸公司建立了先进的HACCP体系，在检测环节，投资600多万元，建成了由药残、两毒、微生物和饲料检测四大检测室组成的检测中心，实行宰前由集团公司中心实验室、加工过程由宰杀厂实验室、成品由CIQ或CIQ指定的检测中心检测的三个层次的检测。宰杀环节，在三个宰杀加工厂全部通过了ISO9002质量体系认证、ISO14000环保认证和HACCP验证的基础上，对鸡源实施了饲养场兽医、肉鸡饲养鉴定小组、宰前兽医和宰杀线将小鸡、残鸡挑出的四次分类，形成了产品安全的“防护网”。2003出口的6.3万吨各类肉鸡产品无一出现问题。

陈志刚，宋海英，董银果，王鑫鑫．中国农产品贸易与SPS措施：贸易模式、影响程度及应对策略分析［M］．杭州：浙江大学出版社，2011.

邓竞成．走出“技术性贸易壁垒”的认识误区［J］．财贸经济，2003（6）．

丁三寅等．进出境动植物检疫与国际农产品贸易［J］．植物检疫，2004（5）：300－304.

董银果．SPS壁垒的评判标准探讨［J］．国际商务研究，2009（1）．

董银果，徐恩波．国内外关于SPS措施的研究动态综述［J］．国际商务—对外贸易大学学报，2007（1）．

董银果．SPS措施对猪肉贸易的影响及中国遵从方略研究［M］．北京：中国农业出版社，2005.

董银果，万广华，徐恩波．SPS措施及相关因素对猪肉贸易影响的量化分析［J］．中国农村经济，2005（10）：61－65.

董银果，严京．国际贸易中的官方标准和私营标准［J］．国际经贸探索，2011（5）．

董银果．国际贸易中SPS争议案的关键争议点分析［J］．国际经贸探索，2010（8）．

董银果．国际食品贸易规制述评［J］．西北农林科技大学学报（自然科学版），2005（9）．

董银果，侯军岐．SPS措施对猪肉贸易的影响分析［J］．农业技术经济，2005（2）．

董银果．SPS措施对福建省农产品出口影响研究［J］．福建农林科技大学学报，2011（2）．

董银果．SPS措施对中国水产品出口贸易的影响分析［J］．华中农业大学学报，2011（2）．

董银果．SPS措施对我国典型产品的影响分析［J］．南京农业大学学报（社会科学版）2009（4）：10－15.

董银果．SPS措施对中国农产品影响的理论模型［J］．国际贸易问题，2006（2）．

董银果．SPS措施影响中国水产品贸易的实证分析［J］．中国农村经济，2011（2）：43－51.

董银果．SPS措施对山东省农产品贸易影响的实证调研［J］．华南农业大学学报，2009（4）：12－16.

参考文献

董银果．SPS措施影响贸易的模式［J］．上海大学学报（社会科学版），2008（3）．

董银果，张洁．中国农产品SPS措施遵从成本的影响因素分析［J］．农业经济问题．2011．

董银果，姜盼．我国蔬菜出口遭遇SPS措施的调查分析［J］．西北农林科技大学学报，2011（10）．

董银果，姜盼．我国农产品出口遭遇SPS措施的因素分析［J］．中国农村经济，2012（1）．

董银果，徐恩波．中德猪肉安全控制系统比较研究［J］．农业经济问题，2005（2）．

段辉娜，王巾英．SPS措施对中国畜产品出口的影响及对策［J］．国际经贸探索，2007（12）．

冯宗宪．开放经济下的国际贸易壁垒［M］．北京：经济科学出版社，2001．

顾江，杨红利．SPS措施对出口产品成本因素影响的经济分析［J］．农业经济问题，2003（12）：35－38．

郭芳，王咏红，高瑛．技术壁垒影响中国水产品出口的实证分析［J］．中国农村经济，2007（11）．

郭留超，许冬至．药物残留标准对中国水产品出口影响的实证分析［J］．经济论坛，2009（21）．

国际质检总局．中国技术性贸易措施年度报告［R］．中华人民共和国国家监督检验检疫总局出版社．2006年．

贺军．食品安全问题推进政府改革［N］．社会科学报，2011－05－12．

黄卫平，程大为．国际贸易中动植物卫生检疫措施的壁垒含义分析［J］．中国人民大学学报．2001（3）：54－60．

姜励卿．浙江省中小企业实施HACCP体系现状及成本收益分析——基于浙江省中小食品企业的调查［J］．特区经济，2008（10）：59－60．

刘霞，郑风田，罗红旗．企业遵从食品安全规制的成本研究——基于北京市食品企业采纳HACCP的实证分析［J］．经济体制改革．2008（6）：73－78．

鲁虹．对设备新度系数的讨论［J］．广州大学学报（综合版），2001（11）．

路凯，林少彬，金银龙，刘丰茂，江树人．我国蔬菜农药残留标准对出口的影响［J］．现代预防医学，2005（4）．

罗应婷．杨钰娟．SPSS统计分析从基础到实践［M］．北京：电子工业出版社，2007．

商务部．2006年国外技术性贸易措施对我国对外贸易影响调查报告［R］．2007．

沈忠泉，曹海涛．SPS协议对我国食品贸易的影响及对策［J］．国际经贸探索，2002（2）：56－59．

石敏俊，吴子平，陈志钢，王秀清．食品安全、绿色壁垒与农产品贸易争端——发达国家食品安全管理与贸易争端解决的经验．北京：中国农业出版社，2005.
宋海英，陈志刚，董银果．国外 SPS 措施对农产品出口企业的影响分析［J］．中国农村经济，2009（1）．
宋海英，陈志刚．SPS 措施影响国际农产品贸易的研究述评［J］．农业经济问题，2008（6）．
孙东升，孙雯静，周锦秀．欧盟农药最大残留限量（MRLs）对中国茶叶出口的影响［J］．农业技术经济，2007（1）：68－73.
孙东升．技术性贸易壁垒与农产品贸易［M］．北京：中国农业科学技术出版社，2006.
孙龙中，徐松．技术性贸易壁垒对我国农产品出口的影响与对策［J］．国际贸易问题，2008（2）．
田东文，叶科艺．安全标准与农产品贸易：中国与主要贸易伙伴的实证研究［J］．国际贸易问题，2007（9）：108－113.
王忠锐，郭红东．加快农民合作组织建设，应对绿色贸易壁垒［C］//“食品安全：消费者行为、国际贸易及其规制”国际研讨会论文集，2003.10.
武玉英，郭珉．我国水产品出口欧盟遭遇技术性贸易壁垒的影响研究［J］．财贸研究，2007（2）．
危朝安．第一届国家农药残留标准委员会成立大会，2010.4.
肖亮，张社梅．引力模型在定量研究 SPS 措施对贸易影响中的应用［J］．世界农业，2005（5）：13－15.
肖冰．析 WTO 规制技术性贸易壁垒之实效性缺乏［J］．现代法学，2008（6）：121－129.
谢娟娟．关于贸易的技术性壁垒的实证研究综述［J］．南开经济研究，2005（6）．
杨文静：农产品出口突破技术贸易壁垒的思考［J］．科技创业月刊，2006（12）．
张海东．SPS 壁垒及其经济效应量度研究新进展［J］．管理世界，2008（2）．
张亚斌，姚志毅．技术标准还是技术壁垒［J］．世界经济与政治．2004（2）：72－74.
周建明．中国蔬菜为何难上国际餐桌［J］．蔬菜经济，2006（4）．
赵维田．世贸组织（WTO）的法律制度［M］．长春：吉林人民出版社，2002.
赵艳霞．美国的 SPS 政策协调机制、技术法规的通报评议工作以及对中国的启示．商务部世贸司网站：http：//sms.mofcom.gov.cn/.
张宝峰．中国质检与 SPS 贸易关注．中国农产品应对 SPS 措施会议，杭州，2008.12.
中国网．中国菠菜出口日本风波追踪——“标准”还是“壁垒”［EB/OL］，（2004－08－25）［2006－12－03］．
对虾出口解禁初现曙光—当前形势深度分析［N］．南方都市报，2007－10－12.
肯定列表制度影响福建对日农产品出口［N］，中国国门时报，2007－07－23.
中国农产品出口应对 SPS 措施：问题、挑战与应对课题组．内部报告．2008.12.

Maynard Smith. J. 演化与博弈论［M］. 上海：复旦大学出版社，2008.

Akerlof G. A. The Market for 'Lemons'：Quality，Uncertainty and the Market Mechanism (J)，Quarterly Journal of Economics，84，488－500. 1970.

Antle ，J. M. ：Benefits and Costs of Food Safety Regulation，Food Policy，24：605－623，1999.

Baldwin R. ，Cave M. Understanding Regulations：Theory，Strategy and Practice (M)，Oxford University Press，New York.

Baldwin，R. The Euro's trade effects. European Central Bank Working Paper Series 594，March，2006.

Bigsby，H. R. Whyte，C. F. Quantifying Phytosanitary Barriers to Trade［C］. In Interdisciplinary Food Safety Research. Edited by N. Hooker and E. Murano. Boca Raton：CRC Press. 2000.

Baldwin，Richard，2000，Regulatory Protectionism，Developing Nations and a Two-Tier World Trade System，CEPR Discussion Paper，No. 2574.

Beghin，J. C. and J. C. Bureau：Quantitative Policy Analysis of Sanitary，Phytosanitary and Technical Barriers to Trade，Economy International，87 (2)：107－130，2001.

Cao，K. and R. Johnson. Impacts of mandatory meat hygiene regulations on the New Zealand meat. 2006.

Codex Alimentarius Commission. Codex Committee on General Principles (14th Session，19－23Spril)：Review of the Statements of Principles on the Role of Science and the Extent to which Other Factors should be Taken into Account. CX/GP 99/09. FAO，Rome，1999.

Chang，H. and Kinnucan，H. Advertising，information，and product quality：The case of butter. American Journal of Agricultural Economics，73 (4)：1195－1203，1991.

Calvin，L. and B. Krissoff. Technical Barrier to Trade：A case Study of Phytosanitary Barriers and U. S－Japanese Apple Trade，Journal of Agriculture and Resource Economics，23 (2)：351－366，1998.

Calvin，L. and B. Krissoff. Technical Barriers to Trade：A Case Study of Phytosanitary Barriers and US－Japanese Apple Trade［J］. Journal of Agricultural and Resource Economics，1998，23 (2)：351 － 356.

Disdier，A. —C. ，Fontagné，L. and M. Mimouni. The impact of regulations on agricultural trade：evidence from SPS and TBT agreements. CEPII Working Paper No. 2007 － 04，Paris.

Deardorff，Alan V. ，and Robert M. Stern. Measurement of Nontariff Barriers：Studies in

International Economics. Ann Arbor MI: University of Michigan Press. Paper, 5377, 1998.

EU commission. Report on United Barrier to Trade and Investment, European Commission. Brussels, 2001.

Fisher R., Serra P. Standards and Protection [J]. Working Paper. Journal of International Economics. 2000.

Fliess, B. Overview of Non-Tariff Barriers: Findings from Existing Business Surveys, in OECD (2005): Looking Beyond Tariffs: the Role of Non-Tariff Barriers in World Trade, OECD Trade Policy Studies, Paris, 19-59.

Gandal N. Quantifying the Trade Impact of Compatibility Standards and Barriers: An Industrial Organization Perspective [C] //Paper prepared for the World Bank workshop on Trade and Standards. 2000.

Ganslandt, M., Markusen J. National Standards and International Trade [R]. Working Paper No. 547. The Research Institute of Industrial Economics, Stockholm, 2001.

Gasiorek, M., A. Smith and A. J. Venables. Trade and Welfare: A General Equilibrium Model. In: Trade Flows and Trade Policy After "1992." L. A. Winters (ed). Cambridge, U. K.: Cambridge University Press, 1992.

Gray et. al, Br, Matear, S, Boshoff, C and Matheson, P. Developing a Better Measure of Market Orientation. European Journal of Marketing, 32 (9/10), 884-903, 1998.

Gebrehiwet, Y. Ngqangweni, S. and Kirsten, J. F. Quantifying the Trade Effect of Sanitary and Phytosanitary Regulations of OECD Countries on South African Food Exports. Agrekon, 46 (1): 23-39, 2007.

Hobbs, J. E. and Kerr, W. A. Costs/benefits of microbial origin, Encyclopedia of Food Microbiology, in Robinson, R. and Patel, P (Eds) Academic Press, London, UK, 480-486, 1999.

Harrison, G., T. F. Rutherford, and D. G. Tarr. Increased Competition and Completion of the Market in the European Union: Static and Steady State Effects, Journal of Economic Integration, Vol 11, No. 3: 332-365, 1996.

Hirschman, A. O. The Strategy of Economic Development New Heaven: Yale University Press, 1969.

Henson, S., and R. Loader. Barriers to agricultural exports from developing countries: the role of sanitary and phytosanitary requirements. World Development 29 (1): 85-102, 2001.

Hooker, N, Caswell. J Trends in food quality management system in processed food trade and foreign direct investment [J] . Agribusiness 12 (5): 411 - 419, 1996.

Henson S. , Loader R. , Swinbank A. , Bredahal M. , Lux N. Impact of Sanitary and Phytosanitary Measures on Developing Countries [M] . Centre for Food Economics Research, University of Reading, April 2000.

Henson, S. , and R. Loader. Impact of sanitary and phytosanitary standards on developing countries and the role of the SPS Agreement [J] . Agribusiness 15 (3): 355 - 369, 1999.

Henson, S. and Loader, R. Barriers to Agricultural Exports from Developing Countries: the Role of Sanitary and Phytosanitary Requirements. World Development, 29 (1): 85 - 102, 2001.

Henson, S. J. , R. Loader, A. Swinbank, M. Bredahl, and N. Lux. Impact of Sanitary and Phytosanitary Measures on Developing Countries, Center for Food Economics Research, University of Reading, Reading, UK, 2000.

Henson, Spencer . Measuring the Economic Impact of Technical Measures on Trade in Agricultural Commodities [R] . Department of Agricultural Economics and Business, University of Guelph, 2002.

Henson S. , Caswell J. Food Safety Regulation and the Firm: Understanding the Compliance Process [J] . Food Policy. 23: 9 - 23, 1998.

John Spriggs, Grant Isaac. Food safety and international competitiveness: the case of beef [J] . CABI Publishing, 2001.

Jayasuriya, S. ; MacLaren, D. and Metha, R. Meeting Food Safety Standards in Export Markets: Issues and Challenges Facing Firms Exporting from Developing Countries. paper presented at the IATRC Summer Symposium, Food Regulation and Trade: Institutional Framework, Concepts of Analysis and Empirical Evidence, Bonn, Germany, 28 - 30 May, 2006.

Jaffee S. and Henson S. Standards and Agro-Food Exports from Developing Countries: Rebalancing the Debate. World Bank Policy Research Working Paper 3348, June, 2004.

Jayasuriya S. , MacLaren D. and Metha R. Meeting Food Safety Standards in Export Markets: Issues and Challenges Facing Firms Exporting from Developing Countries. Paper presented at the IATRC Summer Symposium, Food Regulation and Trade: Institutional Framework, Concepts of Analysis and Empirical Evidence, Bonn, Germany, 28 - 30 May 2006.

Krissoff B. , L. Calvin, and Gray. Barrier to Trade in Global Apple Markets. Fruit and Tree Nuts Situation and Outlook/ FTS - 280/August, Economic Research Service, US Department of Agriculture. 1997.

Kolstad, I., Wiig., A. A cost-benefit framework for allocating SPS-related technical assistance. www. cmi. no/public/pub2002.

Laird, S. and Yeats, A. Quantitative Methods for Trade Barrier Analysis. Macmillan, London and NUUP, New York. 1990.

Mahe, L. - P. Environment and quality standards in WTO: new protectionism in agricultural trade? A European perspective [M]. Conference paper at Eight Annual Congress of European Agricultural Economists. 3 - 7 September, Edinburgh, UK, 1996.

Moenius, J. The Good, the Bad and the Ambiguous: Standards and Trade in Agricultural Products. IATRC Summer Symposium, May 28 - 30, Bonn, Germany, 2006.

Moenius, J. Information versus product adaptation. The role of standards in trade, Kellogg School of Management Working Paper, Northwestern University, 2004.

Minten, Bart, Lalaina Randrianarison and Johan F. M. Swinnen. Global Retail Chains, International Trade and Developing Country Farmers: Evidence from Madagascar. IATRC Summer symposium, Bonn, Germany, May 28 - 30, 2006.

Mattoo A. Discriminatory Consequence of Non-Discriminatory Standards [J]. Journal of Economic Integration, 2001 (3).

Mattoo A. Discrimnatory Consequence of Non-Discriminatory Standards [J]. Journal of Economic Integration, March 2001.

Moenius, J. Information versus Product Adaptation: The Role of Standards in Trade. University of California, San Diego Working paper, 1999.

Manarungsan S., Naewbanij O,, Rerngjakrabhet, T. Costs of Compliance with SPS Standards: Thailand Case Studies of Shrimp, Fresh Asparag-us and Frozen Soybeans [J]. Agriculture and Rural Development. Discussion Papers , 2005.

Maskus, K., Otsuki, T. and J. S. Wilson. The costs of compliance with product standards for firms in developing countries: an econometric study. World Bank Working Paper 3590, Washington DC, 2005.

North, D. Institutions, Institutional Change and Economic Performance (Political Economy of Institutions and Decision). Cambridge University Press, Cambridge, 1990.

OECD. An Assessment of the Cost for International Trade in Meeting Regulatory Requirements. Organisation for Economic Development and Cooperation, Paris. 1999.

Oyejide T. A., Ogunkola., Bankole S. A. Quantifying the Trade Impact of Sanitary and Phytosanitary Standards: What is Known and Issue of Importance for Subsaharan Africa. Paper prepared for the Workshop on "Quantifying the Trade Effect of Standards and

Regulatory Barrier: Is it Possible?" holding at World Bank on Thursday, April 27, 2000.

Otsuki, T., Wilson, J. and M. Sewadeh. Saving two in a billion: Quantifying the trade effects of European food safety standards on African exports. Food Policy, 26 (5), pp. 495-514, 2001.

Otsuki, T., J. S. Wilson and M. Sewadeh. Saving two in a Billion: A case Study on Quantify the Trade Effect of European Food Safety Standards in African Exports. World Bank, Washington D. C. 2000.

Orden, D. and Romano, E. The Avocado Dispute and Other Technical Barriers to Agricultural Trade under NAFTA. paper presented at the conference on NAFTA and Agriculture: Is the Experiment Working? San Antonio, TX, November, 1996.

Otsuki, T. Wilson, J. S. and Sewadeh, M. Saving Two in a Billion: A Case Study on Quantify the Trade Effect of European Food Safety Standards in African Exports. Food Policy, 26 (3): 495-514, 2001.

Paarlberg P. and Lee, J. Import Restrictions in the Presence of a Health Risk: an Illustration Using FMD. American Journal of Agricultural Economics, 80 (1): 127-153, 1998.

Roberts, D. and DeKremer, K. Technical Barriers to US Agricultural Exports [R]. Economic Research Service, USDA, Washington DC. 1997.

Roberts, D., T. Josling, and D. Orden. A Framework for Analyzing Technical Trade Barriers in Agricultural Markets. Market and Trade Economics Division, U. S. Department of Agriculture Working paper (NO. 1876), 1999.

Robert D., Orden D., Josling T. A Framework for Analysing Technical Barrier in Agriculture Markets. Technical Bulletin No. 1876, Market and trade Economics Division. U. S. Department of Agriculture, 1999.

Swann, Peter, Paul Temple, and Mark Shurmer. Standards and Trade performance: The UK Experience. Economic Journal 106, (1996): 1297-1313.

Sterling Liddell and Dee Von Bailey. Market Opportunities and Threats to U. S Pork Industry posed by Traceability Systems. Department of Economics, Utah State University.

Thilmany, D. D and C. B. Barret. Regulatory Barriers in an Integrating World Food Market. Review of Agricultural Economics, Vol. 19, No. 1: 91-107, 1997.

United States General Accounting Office. Trade Barriers and Other Factors Limit Federal Programs' Potential to Increase Exports. United States General Accounting Office.

Williamson, O. E. Economic Organization: Firms, Markets and Policy Control, Harvester

Wheatsheaf, Hemel Hempstead, UK, 1986.

Wallner K. Mutual Recognition and the Strategic Use of International Standards [R] . Working Paper, Stockholm School of Economics. 1998.

Wilson, J. S. , Otsuki, T. and B. Majumdsar. Balancing food safety and risk: do drug residue limits affect international trade? . Journal of International Trade and Development, 12 (4), 377 - 402, 2003.

Wilson, J. S. and T. Otsuki. To spray or not to spray: pesticides, banana exports and food safety. Food Policy, 29: 131 - 145, 2004.

World Bank' s research program on sanitary and phytosanitary (SPS) standards. The impact of Food Safety and Agricultural Health standards on Developing Country Exports, 2005.

Wilson, J. S. and T. Otsuki. Standards and Technical Regulations and Firms in Developing Countries: New Evidence from a World Bank Technical Barrier to Trade Survey. World Bank, Washington DC. 2004.

World Bank Food Safety and Agricultural Health Standards: Challenges and Opportunities for Developing Country Exports. Report No. 31207, Poverty Reduction and Economic Management Trade Unit and Agriculture and Rural Development Department, Washington DC. 2005.

WTO. Agreement on The Application of Sanitary and Phytosanitary Measures.

Wilson, L. W. and J. Anton. Combining Risk Assessment and Economics in Managing a Sanitary and Phytosanitary Risk. American Journal of Agriculture Economics, 88 (1): 194 -202, 2006.

World Bank. The impact of Food Safety and Agricultural Health standards on Developing Country Exports. Working Paper, 2005.

Xing, Y. and Kolstad, C. Do lax environmental regulations attract foreign investment? [J] . Environmental and Resource Economics, 21 (1): 1 - 2, 2002.

Yue, C. , J. C. Beghin and H. H. Jensen. Tariff Equivalent of Technical Barriers to Trade with Imperfect Substitution and Trade Costs. Iowa State University, CARD Working Paper #05 - 383, 2005.

Yue, C. , Beghin, J. C. and H. H. Jensen. Tariff equivalent of technical barriers to trade with imperfect substitution and trade costs. American Journal of Agricultural Economics, 88 (4): 947 - 960, 2006.

致　谢

当完成以上文稿，即将交付出版之时，我的心中涌动的是无限的感慨和浓浓的谢意。

首先感谢我的博士论文指导老师徐恩波教授，他的谆谆教导和辛勤付出不但使我顺利地完成了博士论文的写作，而且得以在博士论文的基础上提炼自然基金的申请书。每当我失利时，导师时总是鼓励我，并且和我一起分析专家的评阅意见，指出修改的方向。如果没有导师的精心指导，我也不可能顺利申请到国家自然科学基金。获得项目后，徐老师经常教导我要尽最大努力做好项目，他严谨、科学和一丝不苟的学术精神值得我终身学习。

项目的调研是和商务部与中加小农项目支持课题“我国农产品应对SPS措施：问题、挑战与对策”一起进行的，中加小农项目陈志刚主任、浙江大学CARD中心黄祖辉教授给予了悉心指导，调研活动得到了商务部世界贸易组织司赵艳霞调研员、质检总局标准法规中心杨松主任、进出口食品安全局赵增连处长的关照，浙江省、山东省、福建省对外贸易经济合作厅和四川省商务厅及浙江省、四川省农业厅等单位对课题的调研给予了大力支持。课题研究也得到了浙江、山东、福建、四川等地一百多家企业，包括浙江海通集团、浙江北极品水产有限公司、浙江华发茶叶有限公司、山东一品集团、青岛福生食品有限公司、蓬莱汇洋食品有限公司、诸城外贸集团、福建八马集团、福建铁观音集团等，以及相关行业协会的热情支持与配合。作者谨此向上述单位的领导和相关个人表示衷心的感谢。同时，感谢浙江教育学院的宋海英博士和浙江大学王鑫鑫同学的合作。感谢上海大学经济学院郝丽同学、张洁同学、姜盼同学、韩立彬同学、尚慧琴同学、邱荷叶同学同学提供的部分资料和数据。

特别感谢西北农林科技大学原校长孙武学教授，他的理解和支持使我的工作调动得以顺利进行，他的不断鼓励使我成功应对了新环境中一个又一个考验。

也要特别感谢上海大学经济学院沈瑶院长，他的睿智观点和中肯评语使得项目在设计质量上不断提高。

还要特别感谢德国哥廷根大学的Stephan von Cramon-taubadel教授，他的帮助、指导和参与使得项目得以顺利完成。

感谢课题组其他成员的支持和参与，他们是：上海大学何树全副教授、陕西省技术监督局刘录民主任、陕西出入境检验检疫局陈茂盛副局长、西北农林科技大学王玉环副研究员、赵晓锋博士、王艳华博士。

感谢项目文稿中引用的作者，正是他们的辛勤贡献，才使项目能在前人的基础上更上一层楼。

感谢父母的养育之恩，感谢所有师长的培育之恩，感谢所有在我人生道路中给予我帮助和关心的领导、老师和朋友。感谢西北农林科技大学和上海大学的所有同事、感谢我本科、硕士及博士期间的所有同学。愿健康、幸福、快乐与你们同在！

图书在版编目（CIP）数据

中国农产品应对SPS措施的策略及遵从成本研究／董银果著．—北京：中国农业出版社，2011.11
ISBN 978-7-109-16197-9

Ⅰ.①中…　Ⅱ.①董…　Ⅲ.①食品检验-影响-农产品-国际贸易-研究-中国　Ⅳ.①F752.652

中国版本图书馆CIP数据核字（2011）第215945号

中国农业出版社出版
（北京市朝阳区农展馆北路2号）
（邮政编码100125）
责任编辑　赵　刚

北京中兴印刷有限公司印刷　　新华书店北京发行所发行
2011年11月第1版　　2011年11月北京第1次印刷

开本：720mm×960mm　1/16　　印张：17.5
字数：252千字　　印数：1～1 000册
定价：30.00元
（凡本版图书出现印刷、装订错误，请向出版社发行部调换）